山西警察学院规划教材

道路与交通设施概论

温志刚　张雪梅　主编

中国人民公安大学出版社
·北京·

图书在版编目（CIP）数据

道路与交通设施概论／温志刚，张雪梅主编．—北京：中国人民公安大学出版社，2020.5
ISBN 978-7-5653-3910-3

Ⅰ.①道… Ⅱ.①温…②张… Ⅲ.①道路工程—概论②交通运输管理—交通设施—概论 Ⅳ.①U41②U491.5

中国版本图书馆 CIP 数据核字（2020）第 034968 号

道路与交通设施概论

温志刚　张雪梅　主编

出版发行：	中国人民公安大学出版社
地　　址：	北京市西城区木樨地南里
邮政编码：	100038
经　　销：	新华书店
印　　刷：	北京市泰锐印刷有限责任公司
版　　次：	2020 年 5 月第 1 版
印　　次：	2022 年 7 月第 2 次
印　　张：	18.5
开　　本：	787 毫米×1092 毫米　1/16
字　　数：	337 千字
书　　号：	ISBN 978-7-5653-3910-3
定　　价：	72.00 元
网　　址：	www.cppsup.com.cn　www.porclub.com.cn
电子邮箱：	zbs@cppsup.com　zbs@cppsu.edu.cn

营销中心电话：010-83903254
读者服务部电话（门市）：010-83903257
警官读者俱乐部电话（网购、邮购）：010-83903253
综合分社电话：010-83901870

本社图书出现印装质量问题，由本社负责退换
版权所有　侵权必究

前　言

　　道路是人、车、路及其环境构成的道路交通运输系统的基础，是道路交通安全的基础条件；交通设施作为道路系统工程重要的组成部分，在交通安全、交通组织、交通管理中有不可或缺的重要作用。公安交通管理的目标是追求道路交通的有序、安全和高效，探究道路以及交通设施对于保障道路交通安全运行的功能和作用，是公安交通管理工程人才的基本专业素养和能力。为此，在交通管理工程专业课程体系中，有必要开设一门有关道路工程方面的专业基础课，作为诸如道路交通秩序管理、交通事故预防与处理、交通组织控制等专业课程的前置课程。从交通管理工程专业需求和课程知识逻辑体的角度而言，该课程立足陈述道路工程方面的基础性知识，属于概论性质的课程，重点在基本概念、基础性知识、相关技术规范与标准的介绍，其目的是使学生熟悉和了解公路与城市道路的分类、分级、基本组成、技术标准、路线设计的原理和要素；理解和把握各类交通设施，特别是交通管理设施的设计原则、功能、作用以及设置的相关技术规范；熟悉道路交叉口的分类、具体应用及相关的技术规范；了解和掌握道路技术条件对于行车安全的直接和间接影响；了解道路交通运行安全评价基础知识等。

　　目前，全国公安院校交通管理工程专业尚无本课程的规划教材，现出版和流通的相近教材，如《公路概论》《城市道路概论》《道路概论》等则偏重于路桥工程或路政专业方向，其他公安院校的自编教材，内容已显陈旧，无法满足教学要求。因此，根据山西警察学院交通管理工程专业人才培养方案以及专业教材建设的需要编写本课程教材。本教材立足于公安院校交通管理专业教学需要，兼顾公安机关人民警察在职培训的需求，教材定名为《道路与交通设施概论》。

  本书由山西警察学院交通管理系多年从事课程教学的教师团队编写。由温志刚、张雪梅担任主编，郝美英、谢宁洁、郎海香担任副主编。具体编写分工：张雪梅编写第一、二章；郎海香编写第三、八章；郝美英编写第四、六章；温志刚编写第五章；谢宁洁编写第七章。全书最后由温志刚统稿。

  本书是山西警察学院院级规划教材，属于2018年度山西省教学改革创新项目《基于校局合作的道路交通管理专业教材开发与建设》（项目编号J2018220）成果之一；2019年度山西省哲学社会科学规划课题《新时代社会治理创新公安执法能力提升研究》（项目编号2019B478）阶段性成果；山西警察学院科研创新团队建设计划资助。在此，感谢相关课题组成员的大力支持和帮助，特别感谢校局合作实战部门教官程根长、李东为此书的编纂所做的贡献。撰写中参考了许多文献，在此对文献作者也表示衷心感谢。

  由于时间仓促，内容涉及的知识点比较多，加之编者水平有限，书中难免有不足与错误之处，敬请同行和专家给予批评指正。

编　者

2020年2月26日

目 录

第一章 绪 论 …………………………………………… （1）
第一节 道路与交通设施的概念和分类 ………………… （1）
第二节 我国道路交通发展概况 ………………………… （5）
第三节 公路路线标识规则和国道编号 ………………… （19）

第二章 公 路 …………………………………………… （42）
第一节 公路技术标准 …………………………………… （42）
第二节 公路基本组成 …………………………………… （53）

第三章 公路路线 ………………………………………… （71）
第一节 平面线形 ………………………………………… （71）
第二节 行车视距 ………………………………………… （82）
第三节 纵面线形 ………………………………………… （87）
第四节 横断面 …………………………………………… （91）

第四章 城市道路 ………………………………………… （97）
第一节 城市道路交通 …………………………………… （97）
第二节 城市道路等级与技术标准 ……………………… （106）
第三节 城市道路横断面 ………………………………… （117）
第四节 城市道路平面和纵断面 ………………………… （125）
第五节 公共停车场和城市广场 ………………………… （130）

第五章 道路交叉 ………………………………………… （136）
第一节 平面交叉 ………………………………………… （138）
第二节 立体交叉 ………………………………………… （147）
第三节 公路交叉的技术规定 …………………………… （152）
第四节 城市道路交叉的技术规定 ……………………… （157）

第六章　道路交通设施 …………………………………………………（167）
第一节　道路交通设施的等级与设计原则 ………………………（167）
第二节　交通安全设施 ……………………………………………（170）
第三节　交通信号灯 ………………………………………………（193）
第四节　监控系统 …………………………………………………（201）
第五节　交通服务设施 ……………………………………………（204）

第七章　道路交通标志和标线 …………………………………………（217）
第一节　道路交通标志 ……………………………………………（217）
第二节　道路交通标线 ……………………………………………（254）

第八章　道路交通安全评价简介 ………………………………………（272）
第一节　道路交通安全评价现状 …………………………………（272）
第二节　道路交通安全评价工作流程和内容 ……………………（276）
第三节　公路及城市交通安全评价概述 …………………………（281）

参考文献 …………………………………………………………………（287）

第一章 绪 论

道路是人、车、路及其环境构成的道路交通运输系统的基础，是道路交通安全的基础条件。交通设施作为道路系统工程重要的组成部分，在交通安全、交通组织、交通管理中具有不可或缺的重要作用。公安交通管理的目标就是追求道路交通的有序、安全和高效，因此探究道路以及交通设施对于保障道路交通运行及其安全的意义和作用，是公安交通管理工程专业人才的基本素养和能力。

为加快建设综合交通运输体系、促进现代物流业发展，构建布局合理、功能完善、覆盖广泛、安全可靠的国家公路网络，编制《国家公路网规划》（2013—2030年）是公路交通基础设施的中长期布局规划，体现了国家发展综合交通运输的战略方针，是指导国家公路长远发展的纲领性文件。

《公路路线标识规则和国道编号》（GB/T 917-2017）完善和统一了各级公路的命名和编号规则，强化了国家公路网的整体性和系统性，建议对跨省（区、市）的省道进行统一命名和编号，以更有利于公路用户的使用，并为实现区域公路网之间的互联互通创造条件，进一步提升国家公路网的服务水平和信息化水平，满足国家公路网可持续发展的需求。

第一节 道路与交通设施的概念和分类

一、道路的基本概念与分类

（一）道路的基本概念

道路是供车辆和行人通行的路的总称，是一个比较宽泛的概念。它既包括行人和车辆惯性通行形成的便道，也包括专门修筑的道路。从土木工程学角度讲，道路是指建筑在地面上的专供车辆行驶的一种线形工程构造物。这个概念强调了道路的工程属性。线形说明道路必须具有特定的几何规范，结构说明它必须具有特定的材料、特定的工艺、特定的构造，结构必须符合线形的几何规范，线形必须通过结构完整的表现出来，线形与结构的统一就构成了道路。以上概念是从道路形成的角度阐述的，是一个广义的概念。

《道路交通安全法》中所指的道路，是指公安交通管理部门依法进行管控的空间，它包括公路、城市道路和虽在单位管辖范围内，但允许社会机动车辆通行的地方，包括广场、公共停车场等用于公众通行的场所。这个概念是从行政执法管辖范围而言的，是一个狭义的概念，它强调道路的使用者是不特定单位属性的公众，也即它所界定的道路具有公益性，而非专属于某一单位或个人的专有道路。

（二）道路的分类

道路根据其功能、性质和所承担的任务可以分为公路和城市道路。

1. 公路，是指连接各城镇、乡村、工矿基地和港口之间的主要供汽车行驶的郊外道路。此概念包括了供公众行驶的公路，也包括了厂矿、村镇自己修筑的仅供本单位车辆行驶的专用公路。一般意义上的公路仅指前一种情形，我们也可称其为法律意义上的公路，它指的是在中华人民共和国境内，按照国家规定的公路工程技术标准建设，并经公路主管部门验收认定的城间、乡间、城乡间以及连接重要的工矿基地和港口间主要供汽车行驶的公共道路。它明确了公路的投资主体是以中央和各级地方政府为主；明确了公路的技术标准；明确了中央和各级地方政府的交通主管部门代表国家对公路路政行使管辖权，并承担确保公路保持完好状态的义务；同时也明确了公路具有服务社会大众的公益属性。

2. 城市道路，是指城市规划红线以内的车行道、人行道、广场、停车场等供市区内车辆行驶、行人通行和车辆停放的场所，以及已经规划的红线范围内的道路建设用地。此概念所讲的城市道路是具有公益属性的城市道路，允许社会公众使用，市区内的党政机关、企事业单位和具有私人空间属性的内部道路不在此列。现行的城市道路规划建设的主要技术标准是（CJJ37-2012）《城市道路工程设计规范》（2016年版）以及（GB/T51328-2018）《城市综合交通体系规划标准》。

城市道路最基本的功能就是提供通行空间，根据在城市道路网中所担任的主要任务和角色的不同，一般道路具有两大功能，即交通功能（机动性）和接入功能（可达性）。对于等级高的道路，在道路网中的主要任务是实现快速的交通运行，即交通功能占主导地位；对于等级较低的道路，主要是实现方便的接入，使出行者可以方便地到达目的地，即接入功能占主导地位。城市道路系统等级分为快速路、主干路、次干路、支路四级。

此外，城市道路在城市发展过程中还具有形成和促进城市结构布局发展，提供通风与采光空间，作为上、下水道和煤气、电力、通信设施埋设通道的作用。

关于公路和城市道路的概念，究其本质而言都是路，均是社会交通运转的基础设施，但城市道路的功能要比公路复杂。公路主要承担远距离的物资和人员的输送，任务比较单一。城市道路不仅应满足城市内的车辆和行人的交通需求，同时还是城市重要的市政基础设施，城市不同功能区的划分要依靠城市道路完成，城市的各种公用管线设施也必须在城市道路的地下空间内敷设，城市的建筑一般也依道路的走向分布，因而城市道路规划建设直接反映城市的风貌，直接影响城市功能的发挥。公路和城市道路共同构成了全社会道路交通网，为全社会的交通运输提供了基础保障。

二、道路交通设施的概念与分类

广义的交通设施指的是交通运输中，必要的工具（包括车辆、船舶、飞机）、机械设备、场地、线路、通信设备、信号标志、房屋（包括车站、仓库、候车场地、售票场地）等。道路交通设施作为道路交通管理的工具，其规范化使用有利于道路交通效率的发挥。

（一）道路交通设施的概念

道路交通设施是指在道路用地空间内，为了保障道路交通安全、畅通、有序、节能、低公害而设置的交通工程设施。道路交通设施是道路的重要组成部分，是发挥道路经济效益，确保安全出行必不可少的配套设施，是道路现代化、智能化的标志之一。

城市道路交通设施的设置必须服从《城市道路交通设施设计规范》（GB50668-2011）（以下简称《城市设施规范》）及其引用的相关技术规范的要求；公路交通设施必须服从《公路交通安全设施设计规范》（JTG D81-2017）（以下简称《道路设施规范》）和《技术标准》及其引用的相关技术规范的要求。从公安交通管理的角度出发，本教材主要涉及与交通安全和公安交通管理密切相关的交通设施以及它们的基本功能，至于具体的技术标准和适用条件可参见各自相关的技术规范，在此不做详细阐述。

（二）道路交通设施的分类

道路交通设施包括交通标志、交通标线、安全防护设施、交通信号灯、交通监控系统、交通服务设施、道路照明及变配电、道路养护、管理处所及设备等系统。从功能上可以将其归纳为交通安全设施、交通管理设施、交通服务设施。

1. 交通安全设施。它是指为保障行车和行人的安全，充分发挥道路的作用，在道路沿线所设置的设施的总称。交通安全设施是车辆在行驶中发生意外，使行驶轨迹发生严重偏离，可能冲出路外、对向行驶车道以及冲向道路限界边缘外的结构物。其或为保护城市道路的人行道的行人安全；或为保护行驶中的车辆不致遭受抛落物的干扰；或为防止夜间对向行驶的车辆造成眩光；或为防止路外的人或动物进入道路用地范围干扰机动车正常行驶；或为道路以外的单位、学校、居民区提供防噪声保护的各类设施。

交通安全设施包括交通标志、交通标线、护栏和栏杆、视线诱导设施、安全护栏、隔离栅、人行地道与天桥、防落网、轮廓标、防眩设施、避险车道以及其他交通安全设施。从使用范围可将其分为城市道路防护设施和公路交通安全设施。

交通安全设施属于道路的基础设施，它对减轻事故的严重度，排除各种纵、横向干扰，提供路侧保护和视线诱导，防止眩光对驾驶人视觉性能的伤害，改善道路景观等起着重要的作用。良好的安全设施系统应具有交通管理、安全防护、交通诱导、隔离封闭、防止眩光等多种功能。为了防止交通事故，保证交通顺畅，全面发挥道路的功能，必须设置交通安全设施。

2. 交通管理设施。它作为重要的道路交通管理语言，为道路使用者提供全天候、多方位的管理信息和服务，是一种重要的道路交通管理与控制途径。

道路交通管理设施是道路交通管理系统的重要组成部分，是交通管理部门为了保证交通安全、畅通，依照交通法规，在道路路面及空间为交通行为人提供、传递法定信息，用以管制、警告及引导交通的交通信号、标志、标线、隔离装置及其他为交通参与者提供服务的设施的总称。交通安全管理设施的作用主要体现在以下三个方面：

（1）引导和指示作用。为交通参与者的交通行为进行指示和引导，提示路况，指引道路使用方法，对交通参与者进行必要的保护，防止或减轻交通伤害，保障人身财产安全和实现人货的有效运送。

（2）辅助执法作用。具体地、形象地向交通参与者提示其行为的规范，告知其道路使用条件，肯定正确的交通行为，防止并纠正错误的交通行为，也为执法人员在维护社会治安秩序、执行交通法规、处理交通违法行为和肇事过程中提供法律依据。

（3）交通组织的调整作用。这是实现交通控制系统科学化的重要手段之一。在城市中的交通信号灯和交通标志可以对混合交通进行疏导和分流，并可以提供交通情报，科学地调整交通流量，使交通秩序有条不紊。

道路交通管理设施包括交通标志、交通标线、交通信号灯、交通监控设备、沿线应急电话、交通情报传递、收费、供配电、照明和管理养护等设施，用于引导车辆通行、排除交通事故以充分发挥道路的作用。

为了防止夜间行车的交通事故、提高行车的顺畅性，在必要的道路上应连续或局部地设置照明设施。照明设施可以减少交通事故，提高道路利用率，还可以消除行人的不安全感，保证驾驶员必要的行车视距，消除其不安全感。

3. 交通服务设施。道路沿线附属设施是道路沿线交通安全、管理、服务、环保设施的总称。交通服务设施包括沿途休息设施、服务区、车辆维修站、加油站、停车区和客运汽车停靠站及交通事故应急服务设施等，为长途行驶的驾驶人员提供必要的休息场所与服务项目。

交通环保设施包括隔音墙、隔尘墙、防震设施及沿线绿化，其目的在于消除或降低汽车行驶对周围环境造成的空气污染、噪声污染及震动对周围建筑物的危害。

交通服务设施分为城市道路交通服务设施和公路交通服务设施。

(三) 我国道路交通设施发展目标

道路交通设施的发展是与道路发展的历史相伴相生的，道路交通设施的发展反映着人类对交通的认识和理解的变化过程。从中华人民共和国成立以来，交通管理设施的发展史可折射出我国几十年来科技管理水平的提高，综合国力的增强。未来交通设施建设总体目标为：交通管理设施水平达到中等发达国家城市水平，重点地区在设施设置规模上接近世界城市水平；交通设施整体建设系统化、规范化、人性化水平特大幅度提高；各种面向交通管理功能应用的系统粗具规模，并在实际应用中发挥着应有的效果；逐步完成交通设施由粗放向精细的转变，最大限度地发挥道路基础设施与交通设施的效能；逐步缩短城乡差异，提高郊区交通设施的设置率和覆盖率，适应城镇化发展的进程，在城区内，加强支路及胡同交通设施的完善，进一步规范城区角落的交通秩序。

第二节　我国道路交通发展概况

一、我国公路发展与建设概况

(一) 我国公路发展简况

1901年我国开始进口汽车，通行汽车的道路在原有大车道的基础上发展起来。1906年在广西友谊关修建了第一条通行汽车的公路；1913年又修建了长沙至湘潭50公里长的低级路。到1949年中华人民共和国成立时，全国勉强通车的公路只有8.07万公里，而且质量差、标准低，大多分布在沿海及中部地区，而广大山区、农村和边疆交通闭塞、行路艰难。

中华人民共和国成立以后，为了迅速恢复和发展国民经济，巩固国防，国家在经济基础非常薄弱的情况下，对公路建设作出了很大努力，举世闻名的川藏、青藏公路建于1954年。特别是改革开放的40多年来，国家把交通作为国民经济发展的战略重点之一，为公路交通快速发展提供了机遇。公路建设总的方针是统筹规划、条块结合、分层负责、联合建设；筹资渠道是国家投资、地方筹资、社会融资、引进外资。公路建设发展迅速,公路交通面貌发生了很大变化,已初步形成了一个以北京为中心沟通全国各地的国道网,以各城市为中心的公路通车里程也大大增加。截至 2018 年年底,中国公路网通车总里程已达 484.65 万公里,其中高速公路 14.26 万公里,居世界第 1 位。农村公路 403.97 万公里。我国用改革开放以来 40 多年的时间走过了发达国家一个世纪走的路程。我国公路建设实现了跨越式发展,取得了举世瞩目的成就。

道路发展最突出的成就是高速公路的飞速崛起,高速公路是交通运输现代化的重要标志之一。1988 年 10 月,我国建成了第一条高速公路,沈阳—大连高速公路,全长 375 公里,实现了零的突破。此后,高速公路的建设便一发而不可收,得到了迅猛发展。高速公路的建设带动了沿线经济的发展,快速运输日益显示出巨大的经济效益和社会效益,形成了快速发展的"高速公路产业带"。高速公路不仅技术标准高、线形顺畅、路面平整、沿线设施齐全,而且全立交、全封闭、双向隔离行驶、无混合交通干扰,为公路运输的快速、安全、高效、便捷和舒适提供了技术保证。

(二) 我国公路发展规划

20 世纪 90 年代初,国家陆续制定了几项重点规划:其中一个是国道主干线系统——"五纵七横",它对公路建设的影响是历史性的。由于政策和投资的支持,这个系统的建设进展非常迅速,原计划到 2015 年完成该项建设计划,而实际上到 2007 年年底,便已完成了该计划的 90%;到 2010 年"五纵七横"国道主干线和公路主枢纽系统提前 5 年全部建成通车,构筑出了以高速公路为主体的公路运输主骨架。

我国"五纵七横"国道主干线系统建设规划于 1991 年提出,在 2008 年年初基本完成。"五纵七横"国道主干线工程是我国规划建设的以高速公路为主体的公路运输主骨架,总里程约 3.5 万公里。贯通首都、各省省会、直辖市、经济特区、主要交通枢纽和重要对外开放口岸;约覆盖全国城市总人口的 70%。连接了全国所有人口在 100 万人以上的特大城市和 93% 的人口在 50 万人以上的大城市。

"五纵"国道主干线包括:黑龙江同江至海南三亚,长约 5200 公里;北京至福州,长约 2500 公里;北京至珠海,长约 2400 公里;二连浩特至云南河口,长约 3600 公里;重庆至湛江西南出海快速大通道,长约 1314 公里;重庆至湛江,长约 1400 公里。

"七横"国道主干线包括:绥芬河至满洲里,长约 1300 公里;丹东至拉萨,长约 4600 公里;青岛至银川,长约 1610 公里;连云港至霍尔果斯,长约 4400 公里;上海至成都,长约 2500 公里;上海至云南瑞丽,长约 2500 公里;衡阳至昆明,长约 2000 公里。

"五纵七横"国道主干线建设规划的实施,优化了我国交通运输结构,促进了高速公路持续、快速和有序的发展,对破除交通运输的"瓶颈"发挥了重要作用,有力地促进了我国经济发展和社会进步。

为贯彻中央提出的西部大开发战略的要求,交通运输部提出了四纵四横8条省际公路规划,功能目标是加强西部和中东部的联系,西北和西南的联系,提高西部通江达海的能力,改善与周边国家的交通运输条件。

考虑到中、东部地区的需求,特别是东部沿海一些发达地区,"五纵七横"的分布远远不能满足省域经济和交通发展需要,包括中等城市快速对外交通的需要,又提出了一个加密性质的规划,现阶段定义为"国家重点公路建设规划",作为一种过渡性的方案。该规划包括13条纵线和15条横线,规模71000公里。作为公路线路规划的补充,还提出了国家公路主枢纽规划,全国有45个。根据规划,我国至2020年公路网络总里程要达到300万公里,其中高速公路接近8万公里。

(三) 国家公路网规划(2013—2030年)

《中华人民共和国公路法》(以下简称《公路法》)(第一章第六条)明确,公路按其在公路路网中的地位分为国道、省道、县道和乡道。国家公路指《公路法》规定的国道,是综合交通运输体系的重要组成部分,包括普通国道和国家高速公路,由具有全国性和区域性政治、经济等意义的干线公路组成。其中,普通国道网提供普遍的、非收费的交通基本公共服务,国家高速公路网提供高效、快捷的运输服务。为加快建设综合交通运输体系、促进现代物流业发展,构建布局合理、功能完善、覆盖广泛、安全可靠的国家公路网络,特编制《国家公路网规划》(以下简称《规划》),规划期限为2013年至2030年。《规划》是公路交通基础设施的中长期布局规划,体现了国家发展综合交通运输的战略方针,是指导国家公路长远发展的纲领性文件。其中,国家高速公路网由原规划的"7射、9纵、18横",调整为"7射、11纵、18横",以及6条地区环线、16条并行线和104条联络线,总规模约11.8万公里,另有规划远期展望线约1.8万公里;普通国道网由原规划的"12射、28纵、30横"共70条路线,调整为"12射、47纵、60横",以及81条联络线,共200条路线,总规模约26.5万公里。

1. 规划基础。

(1) 发展形势。1981年,原国家计划委员会、国家经济委员会和交通部印发的《国家干线公路网(试行方案)》明确,国道由"12射、28纵、30横"共70条路线组成,总规模约11万公里;2004年,国家发展和改革委员会印发的《国家高速公路网规划》明确,国家高速公路网由"7射、9纵、18横"等路线组成,总规模约8.5万公里。截至2011年年底,全国公路总里程达到410.6万公里,其中普通国道10.6万公里,国家高速公路6.4万公里。

公路交通的快速发展,有效缓解了我国交通运输紧张的状况,显著提升了国家的综合国力和竞争力。但随着经济社会的快速发展,现有的国家公路网规划与建设仍面临一些亟待解决的问题:一是覆盖范围不全面。全国还有900多个县没有国道连接,有18个新增的城镇人口在20万人以上的城市和29个地级行政中心未实现与国家高速公路连接。二是运输能力不足。部分国家高速公路通道运能紧张、拥堵严重,不能适应交通量快速增长的需要。三是网络效率不高。普通国道路线不连续、不完整,国家公路与其他运输方式之间、普通国道和国家高速公路之间的衔接协调不够,网络效益和效率难以发挥。

(2) 发展要求。

①适应经济社会发展的要求。未来我国新型工业化、信息化、城镇化和农业现代化加快发展,人均国民收入稳步增加,经济结构加快转型,交通运输总量将保持较快增长态势,各项事业发展要求提高国家公路网的服务能力和水平。预计到2030年,全社会公路客运量、旅客周转量、货运量和货物周转量将分别是当前的2.7倍、3.2倍、2.2倍和2.4倍,主要公路通道平均交通量将超过10万辆/日,达到4倍以上,京沪、京港澳等繁忙通道交通量将达到20万辆/日以上。

②促进城乡区域协调发展的要求。未来国家将加快实施区域发展总体战略和主体功能区战略,加快推进城镇化和城乡一体化发展,继续加大对革命老区、民族地区、边疆地区、贫困地区的扶持力度,要求发挥国家公路引导区域空间布局的作用,优化东部地区公路网络结构,加强中部地区东引西联通道建设,扩大西部地区路网覆盖,统筹城乡协调发展,提升公路交通公共服务水平。

③提高应急保障能力的要求。保障国家安全,维护领土完整,要求统筹国防战略大通道、战役通道和边海防公路交通建设,有效提高军事交通的机动性和快速投送能力;有效应对重大自然灾害、突发事件,要求从国家层面统筹考虑重要通道及其辅助路线、迂回路线的布设,提高公路网的安全性、可靠性和应急保障能力。

④构建综合交通运输体系的要求。加快转变交通运输发展方式,优化运输组织结构,合理配置和优化利用交通资源,发挥各种运输方式的比较优势和综合运输的组合效率,促进综合运输协调发展,要求发挥普通公路的基础作用和高速公路的骨干作用,加强与各种运输方式的衔接。

⑤实现公路可持续发展的要求。发挥公路网络的整体效率和效益,进而实现可持续发展,要求做好路网顶层设计,明确各层次路网的功能定位,促进国家公路与其他层次路网的协调发展,并为科学制定公路行业发展政策,更好地

开展公路建设、管理和养护奠定规划基础。

2. 指导思想、基本原则和规划目标。

（1）指导思想。以邓小平理论、"三个代表"重要思想、科学发展观为指导，按照转变交通运输发展方式、加快构建综合交通运输体系的要求，扩大覆盖范围、增强通道能力、加强工作衔接、提高运输效率，合理布局国家公路网，加快普通国道建设，构建以非收费公路为主体、收费公路为补充的公路网络，服务经济社会发展，提升国家竞争力。

（2）基本原则。

①布局合理。按照区域发展总体战略、主体功能区战略和生态功能区划要求，与城镇化格局、城镇体系布局、资源分布和产业布局相适应，统筹经济欠发达地区发展和国防建设需要，合理布局国家公路网。

②结构优化。加强公路网结构顶层设计，注重发挥普通国道的干线作用和国家高速公路的主干线作用，构建层次清晰、功能完备的国家公路网。

③衔接顺畅。注重与其他运输方式的衔接，加强与城市交通的融合，发挥综合运输整体效率。提高与周边国家路网的连通性，形成国际运输通道，拓展国际合作与发展空间。

④规模适当。构建综合交通运输体系，科学把握未来公路交通运输需求，合理确定国家公路网总体规模，实现路网供给能力与经济社会发展要求相适应。

⑤绿色发展。统筹规划通道资源，充分利用既有路线，节约集约利用土地；加强生态环境保护，贯彻低碳发展理念，避让环境敏感区和生态脆弱区，走资源节约型、环境友好型发展道路。

（3）规划目标。形成布局合理、功能完善、覆盖广泛、安全可靠的国家干线公路网络，实现首都辐射省会、省际多路连通、地市高速通达、县县国道覆盖。1000公里以内的省会间可当日到达，东中部地区省会到地市可当日往返、西部地区省会到地市可当日到达；区域中心城市、重要经济区、城市群内外交通联系紧密，形成多中心放射的路网格局；沿边沿海公路线路贯通，国边防建设能力显著增强；有效连接国家陆路门户城市和重要边境口岸，形成重要国际运输通道，与东北亚、中亚、南亚、东南亚的联系更加便捷。其中：

——普通国道全面连接县级及以上行政区、交通枢纽、边境口岸和国防设施。

——国家高速公路全面连接地级行政中心、城镇人口超过20万人的中等及以上城市、重要交通枢纽和重要边境口岸。

3. 规划方案。国家公路网规划总规模约40万公里，由普通国道和国家高速公路两个路网层次构成，如图1-1所示。

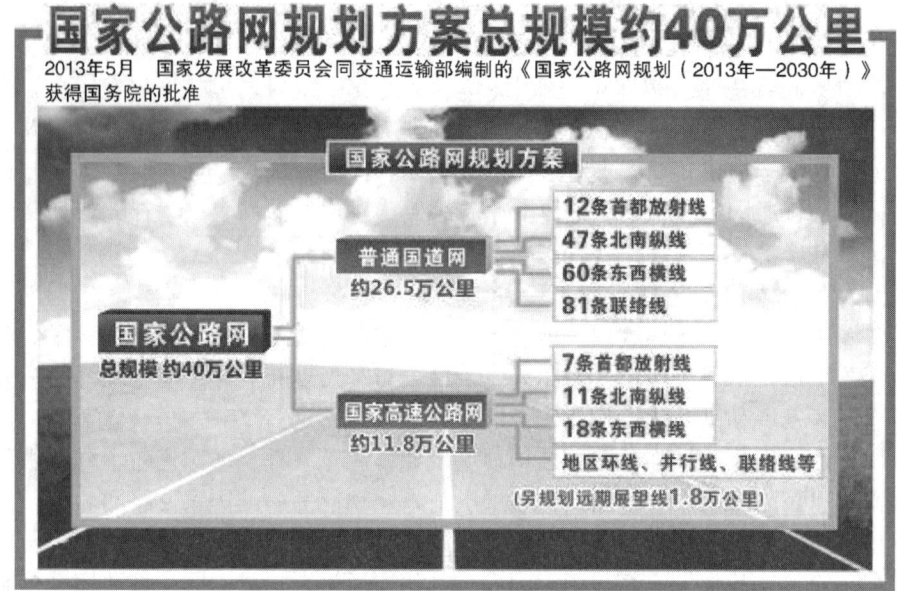

图 1-1　国家公路网规划方案示意图

（1）普通国道网。由 12 条首都放射线、47 条北南纵线、60 条东西横线和 81 条联络线组成，约 26.5 万公里。按照"主体保留、局部优化、扩大覆盖、完善网络"的思路，调整拓展普通国道网：保留原国道网主体，优化路线走向，恢复被高速公路占用的普通国道路段；补充连接地级行政中心和县级节点、重要的交通枢纽、物流节点城市和边境口岸；增加可有效提高路网运行效率和应急保障能力的部分路线；增设沿边沿海路线，维持普通国道网相对独立。

①首都放射线（12 条）：G101 北京—沈阳、G102 北京—抚远、G103 北京—滨海新区、G104 北京—平潭、G105 北京—澳门、G106 北京—广州、G107 北京—香港、G108 北京—昆明、G109 北京—拉萨、G110 北京—青铜峡、G111 北京—漠河、G112 北京环线。

②北南纵线（47 条）：G201 鹤岗—大连、G202 黑河—大连、G203 绥化—沈阳、G204 烟台—上海、G205 秦皇岛—深圳、G206 威海—汕头、G207 乌兰浩特—海安、G208 二连浩特—淅川、G209 苏尼特左旗—北海、G210 满都拉—防城港、G211 银川—榕江、G212 兰州—龙邦、G213 策克—磨憨、G214 西宁—澜沧、G215 马鬃山—宁洱、G216 红山嘴—吉隆、G217 阿勒泰—塔什库尔干、G218 霍尔果斯—若羌、G219 喀纳斯—东兴、G220 东营—深圳、G221 同江—哈尔滨、G222 嘉荫—临江、G223 海口—三亚（东）、G224 海口—三亚（中）、G225 海口—三亚（西）、G227 张掖—孟连、G228 丹东—东

兴、G229 饶河—盖州、G230 通化—武汉、G231 嫩江—双辽、G232 牙克石—四平、G233 克什克腾—黄山、G234 兴隆—阳江、G235 新沂—海丰、G236 芜湖—汕尾、G237 济宁—宁德、G238 南昌—惠来、G239 正蓝旗—阳泉、G240 保定—台山、G241 呼和浩特—北海、G242 甘其毛都—钦州、G243 开县—凭祥、G244 乌海—江津、G245 巴中—金平、G246 遂宁—麻栗坡、G247 景泰—昭通、G248 兰州—马关。

③东西横线（60条）：G301 绥芬河—满洲里、G302 珲春—阿尔山、G303 集安—阿巴嘎旗、G304 丹东—霍林郭勒、G305 庄河—西乌珠穆沁旗、G306 绥中—珠恩嘎达布其、G307 黄骅—山丹、G308 文登—石家庄、G309 青岛—兰州、G310 连云港—共和、G311 连云港—栾川、G312 上海—霍尔果斯、G314 乌鲁木齐—红其拉甫、G315 西宁—吐尔尕特、G316 长乐—同仁、G317 成都—噶尔、G318 上海—聂拉木、G319 高雄—成都、G320 上海—瑞丽、G321 广州—成都、G322 瑞安—友谊关、G323 瑞金—清水河、G324 福州—昆明、G325 广州—南宁、G326 秀山—河口、G327 连云港—固原、G328 启东—老河口、G329 舟山—鲁山、G330 洞头—合肥、G331 丹东—阿勒泰、G332 萝北—额布都格、G333 三合—莫力达瓦旗、G334 龙井—东乌珠穆沁旗、G335 承德—塔城、G336 天津—神木、G337 黄骅—榆林、G338 海兴—天峻、G339 滨州港—榆林、G340 东营港—子长、G341 胶南—海晏、G342 日照—凤县、G343 大丰—卢氏、G344 东台—灵武、G345 启东—那曲、G346 上海—安康、G347 南京—德令哈、G348 武汉—大理、G349 察雅—萨嘎、G350 利川—炉霍、G351 台州—小金、G352 张家界—巧家、G353 宁德—福贡、G354 南昌—兴义、G355 福州—巴马、G356 湄洲—西昌、G357 东山—泸水、G358 石狮—水口、G359 佛山—富宁、G360 文昌—临高、G361 陵水—昌江。

此外还有 81 条联络线。

（2）国家高速公路网。由 7 条首都放射线、11 条北南纵线、18 条东西横线，以及地区环线、并行线、联络线等组成，约 11.8 万公里，另规划远期展望线 1.8 万公里。按照"实现有效连接、提升通道能力、强化区际联系、优化路网衔接"的思路，补充完善国家高速公路网：保持原国家高速公路网规划总体框架基本不变，补充连接新增 20 万人以上城镇人口城市、地级行政中心、重要港口和重要国际运输通道；在运输繁忙的通道上布设平行路线；增设区际、省际通道和重要城际通道；适当增加有效提高路网运输效率的联络线。

①首都放射线（7条）：北京—哈尔滨、北京—上海、北京—台北、北京—港澳、北京—昆明、北京—拉萨、北京—乌鲁木齐。

②北南纵线（11条）：鹤岗—大连、沈阳—海口、长春—深圳、济南—广州、大庆—广州、二连浩特—广州、呼和浩特—北海、包头—茂名、银川—百

色、兰州—海口、银川—昆明。

③东西横线（18条）：绥芬河—满洲里、珲春—乌兰浩特、丹东—锡林浩特、荣成—乌海、青岛—银川、青岛—兰州、连云港—霍尔果斯、南京—洛阳、上海—西安、上海—成都、上海—重庆、杭州—瑞丽、上海—昆明、福州—银川、泉州—南宁、厦门—成都、汕头—昆明、广州—昆明。

此外还有6条地区环线以及若干条并行线、联络线等。

4. 规划实施。

(1) 实施方案。

①建设需求。普通国道：规划总计26.5万公里，其中利用原国道10.4万公里、原省道12.4万公里、原县乡道2.9万公里，合计占规划里程的97%，其余3%约0.8万公里需要新建；目前达到二级及以上技术标准的普通国道路线约占60%，按照未来基本达到二级及以上标准测算，共约10万公里需要升级改造；国家高速公路：规划总计11.8万公里，目前已建成7.1万公里，在建约2.2万公里，待建约2.5万公里，分别占60%、19%和21%。

②实施安排。"十二五"期间，加快推进普通国道改造，实现通车里程约26万公里，其中二级及以上公路比重达到70%以上；有序推进对加强省际、区域和城际联系具有重要作用的国家高速公路建设，提高主要公路的通行能力，国家高速公路通车里程达9.5万公里。基本建成普通国道网和国家高速公路网，大约需要20年。

③实施要求。统筹安排，集中力量，加快推进普通国道建设，以既有路线升级改造为主，着力提升技术等级、服务能力和水平。科学论证、量力而行，有序推进国家高速公路建设，把握好建设节奏，合理确定建设时机，因地制宜确定建设标准。慎重决策国家高速公路远期展望线，原则上到2030年左右，视区域经济社会和交通发展需求适时开展建设，灵活掌握建设标准。在满足安全和运输需求的前提下，努力降低公路建设和运营成本。

(2) 实施效果。

①扩大基本公共服务。普通国道规模由10.6万公里调增至26.5万公里，新增连接县（市）900多个，实现全国所有县级及以上行政区都有普通国道连接，提升公路交通基本公共服务能力，改善人民群众出行条件。

②有效促进城镇化发展。强化城市群内外交通联系，提升路网对中小城镇的覆盖水平，形成多中心放射的路网格局，为城镇化发展提供有效支撑。

③兼顾公平与效率。实现普通国道和高速公路的协调发展，明确普通国道侧重体现基本公共服务，高速公路侧重体现高效服务，加强两个网络在功能和布局上的衔接协调。

④实现资源环境协调发展。新增普通国道建设以既有公路升级改造为主，

高速公路合理把握建设规模和节奏，有效降低土地占用和环境影响，促进公路建设与资源环境和谐发展。

⑤完善综合交通运输体系。加强与其他运输方式的协调衔接，统筹主要通道运输能力配置，促进综合交通运输体系构建和现代物流业发展。

（3）保障措施。

①修订公路法律法规。推动修订《公路法》《收费公路管理条例》等法律法规，在法律上明确国家公路网的地位、性质及其组成结构。

②完善投资融资政策。进一步完善国家投资、地方筹资、社会融资相结合的多渠道、多层次、多元化投融资模式。继续实施收费公路政策，鼓励包括民间资本在内的社会资本参与国家高速公路建设。加大各级政府财政性资金投入，提高中央代发地方债券用于普通公路建设的比重，大幅增加中央资金对普通国道建设的补助力度，逐步建立高速公路与普通公路统筹发展机制，促进普通公路持续健康发展。实施差异化的区域投融资政策，加大对革命老区、民族地区、边疆地区、贫困地区的扶持力度。加强资金监管，严格防范债务风险。

③节约资源和保护环境。节约集约利用土地等资源，降低对环境的影响。跨江（河、湖、海）的路线尽可能与铁路、城市轨道交通等共用桥位；尽可能利用既有设施扩能改造，必须新建的尽可能利用既有交通走廊，多方案比选、合理布线，少占土地、占补平衡；尽可能避免对具有重要生态功能的生态系统的分割，从严控制穿越禁止开发区域和城市建成区，严禁新建公路穿越自然保护区的核心区，减少对生态脆弱区、环境敏感区的影响，加强生态保护，逐步实现从事后治理向事前规划和保护的转变。

④科技引领提升服务。积极推进国家公路网的信息化、智能化建设，提高与铁路、水运、航空等多种运输方式的中转和衔接能力，推进运输方式之间的联程联运，逐步实现交通运输一体化，提高运输服务水平，促进现代物流业发展；加大科技投入力度，支持公路发展关键技术的研发应用；强化公路行业人才队伍建设，加强技能型、管理型人才培养，完善教育培训制度，提高从业人员素质。

⑤促进公路协调发展。深化管理体制改革，落实各级政府在公路建设、运营、养护、管理中的事权和职责，提高公路养护质量和运营管理水平，增强公路的可持续发展能力。统筹安排国家公路网路线编号、线位规划、建设规划和前期工作，稳妥有序推进规划实施。研究建立国家公路网规划动态调整机制，根据经济社会发展变化，适时修订和完善规划。加强省级公路和乡村公路规划建设，合理确定规划目标和建设规模，注重与国家公路网的衔接，统筹各层次路网协调发展，提升路网整体服务能力和水平。

(四)高速公路在我国的肇始、发展历程

1. 高速公路发展基本情况。中国国家高速公路网采用放射线与纵横网格相结合布局方案，由7条首都放射线、9条南北纵线和18条东西横线组成，简称为"7918"网，总规模约8.5万公里，其中主线6.8万公里，地区环线、联络线等其他路线约1.7万公里，是世界上规模最大的高速公路系统。编号系统完成后，也能解决自中国首条沈大高速公路通车以来，中国高速公路有名无号的问题，更方便驾车者出行。2013年6月20日，交通运输部在国务院新闻办举行的新闻发布会上正式公布了《国家公路网规划（2013年—2030年）》，在新的规划里，国家高速公路网进一步完善，在西部增加了两条南北纵线，成为"71118"网，规划总里程增加到了11.8万公里。

中国高速公路建设起步于1984年，最早开工的是沈大高速公路，最早完工的是沪嘉高速公路。20世纪90年代后期，中华人民共和国政府实施积极的经济政策引导基础设施建设，对高速公路的资金投入执行倾斜政策，每年建成高速公路达到3000公里以上。至2018年年底，中国高速公路的通车里程达到14.26万公里，居世界第一，是世界上规模最大的高速公路系统。

2. 高速公路发展大事记。

(1) 1984年6月7日，沈大高速公路开工，全长375公里。这条公路在建设初期是按一级汽车专用公路标准实施的。

(2) 1984年12月21日，中国大陆首条高速公路——上海至嘉定高速公路开工。

(3) 1987年12月，（北）京（天）津塘（沽）高速公路动工，长142.69公里。该路是中国大陆利用世界银行贷款进行国际公开招标建设的第一条高速公路。

(4) 1988年10月31日，沪嘉高速公路正式通车，是中国大陆第一条全线通车的高速公路。沪嘉高速公路有四车道，全长20.4公里。

(5) 1989年8月1日，广佛高速公路建成通车，全长15.7公里。

(6) 1989年，中国高速公路通车里程为271公里。

(7) 1990年8月20日，经过6年多的努力，沈大高速公路全线建成并开放试通车。

(8) 1994年，中国大陆已建成通车的高速公路总里程达1603公里。

(9) 1998年，全年新增高速公路1741公里，通车总里程达8733公里，居世界第六；在建高速公路总里程达1.26万公里。

(10) 1998年9月3日，华北高速公路股份有限公司、东北高速公路股份有限公司、湖南长永高速公路有限公司、广西五洲交通股份有限公司被批准为第一批使用国家特批指标在国内发行A种股票的高速公路公司。至此，中国大陆高速公路建设融资也走上了股份化的道路。

（11）1999年，全年新增高速公路2872公里。10月31日，济南至泰安高速公路建成通车，中国大陆高速公路通车里程突破10000公里。至1999年年末，中国高速公路总里程已达11650公里，名列世界第三位；山东高速公路总里程率先突破1000公里，达到1354公里，居中华人民共和国各省、区、市首位，宁夏回族自治区高速公路建设实现了零的突破。

（12）2001年年底，中国大陆高速公路通车里程达到1.9万公里，跃居世界第二。

（13）2002年年底，中国大陆新修5583公里高速公路，总里程达到2.52万公里。

（14）2003年3月21日，沈大高速公路进行全线封闭改造，这是中国大陆第一条八车道高速公路。年底，新修4600公里高速公路，高速公路通车总里程达到2.98万公里。

（15）2004年年底，中国大陆高速公路里程新增4400公里，总里程已逾3.42万公里。

（16）2005年，中华人民共和国交通部发布高速公路"7918网"，北京与呼和浩特高速公路贯通。年底，高速公路新增6717公里，总里程达4.1万公里。

（17）2006年年底，中国大陆公路通车总里程达到348万公里（包括从2006年起纳入统计的155万公里村道）；新增高速公路4460公里，总里程达4.54万公里。

（18）2010年，截至年底，中国大陆高速公路的通车总里程达7.4万公里，继续居世界第二。

（19）2011年，截至年底，中国大陆高速公路的通车总里程达8.5万公里，跃居世界第一。

（20）2012年，截至年底，中国大陆高速公路的通车总里程达9.56万公里。

（21）2013年6月20日，中华人民共和国国新办新闻发布厅举办《国家公路网规划（2013年—2030年）》新闻发布会，根据这份规划，国家高速公路网按照"实现有效连接、提升通道能力、强化区际联系、优化路网衔接"的思路，保持原国家高速公路网规划总体框架基本不变，补充连接新增20万人以上城镇人口城市、地级行政中心、重要港口和重要国际运输通道，在运输繁忙的通道上布设平行路线，增设区际、省际通道和重要城际通道，适当增加有效提高路网运输效率的联络线。调整后的国家高速公路由7条首都放射线、11条北南纵线、18条东西横线以及地区环线、并行线、联络线等组成，约11.8万公里。

二、我国城市道路现状和发展目标

(一) 发展历史概况

道路是供各种车辆和行人等通行的工程设施,道路是伴随交通而产生的。《诗经·尔雅》中论述:"道者蹈也,路者露也。"即道路是人们踩光了路上的野草,露出了土面而形成的,路是人走出来的,道路是由人们的社会生产活动和社会生活活动而产生的。

社会生产活动是指以工作为目的的人的流动,进行生产所必需的物的流动以及信息的流动等。社会生活活动是指以生活为目的的人的流动(购物、社交、游憩、文体等)以及生活必需物质的流动(食品、日用品、废弃物等)。这些人和物的流动都有一定的目的,在城市中是以一定的城市用地为出发点,以一定的城市用地为终点,经过一定的用地和线路(城市道路)。城市道路是城市建设的主要项目之一,社会生产力越发展,社会物质生活和精神生活越丰富,城市道路就越发展。

我国城市(镇)道路有着悠久的发展历史。远在4000多年以前,我国劳动人民就已发明舟车,周朝在城镇建设中,重视道路的规划与设计,如《诗经·大雅·大东》中记载:"周道如砥,其直如矢。"这说明当时的道路平整,线形笔直,筑路技术已达到相当先进的水平。《考工记·匠人营国》中记载:"匠人营国,方九里,旁三门,国中九经九纬,经涂九轨,环涂七轨,野涂五轨……"这是说城镇道路规划为棋盘形格局,分经纬、环、野三个等级;"经纬涂"九轨约合15米宽,"环涂"七轨约合11.5米宽,"野涂"为市郊道路,五轨约合8.5米宽。这种棋盘式道路网规划方案一直沿用至今,成为目前国内外路网规划的典型图式之一。

汉代都城长安,城市建设规模宏大,有"八街、九陌和一百六十闾里"之称。经纬相通,衢路平整,有些干道的宽度并列12辙。隋唐长安,在道路建设方面,明显突出了道路系统功能。东西大街有11条,南北大街有14条,道路网呈棋盘形。通向城门的街道为主干道。隋唐长安的街道宽度是空前绝后的。据文献记载,前宫横街宽300步,实测为200米,实际上是个广场;丹凤门通大明宫的丹凤大街,是百官上朝的通道,宽120步,相当于176米;朱雀大街宽100步,相当于147米,其他南北向大街宽度,实测为20~134米;东西向大街宽39~88.2米。明清时代的北京,城市人口已达百万之众。街道规划整齐,犹如棋盘。从永定门到钟鼓楼的南北向中轴线,宽28米,长800米,笔直如矢。通向各城门的干道,纵横相交。当时修建的街道,供畜力车、行人和骑马通行。直到1886年发明了汽车,1902年中国开始进口汽车之后,我国城镇道路才逐渐考虑汽车行驶的要求。

1840—1949年，我国沦为半封建半殖民地社会，加之军阀混战，城市建设和城镇道路建设十分缓慢，且道路建设缺少规划。

近40多年，随着改革开放政策的深入，城市建设发展很快。至2014年年末，全国城市道路长度达到35.2万公里，道路面积达68.3亿平方米。

以北京为例：截至2014年年底，北京市域道路总里程达到2.92万公里，其中公路2.18万公里，城市道路桥梁2000余座，立交桥413座。北京的道路网规划为混合式。中心城道路系统仍保持方格网与环路、放射线相结合的布局，路网由快速路、主干路、次干路和支路组成。北京市的路网从外围看为环形放射式。内部为棋盘式，外围为环形放射式，组成混合式路网。

（二）城市道路发展现状

自中华人民共和国成立以来，我国大规模地对原有城市进行了建设和改造。指定、调整和完善了道路网规划，进行了大规模的城市道路改建、拓宽和绿化，修建了大量的立体交叉、人行天桥和地下通道，在大小江河、海湾建造了大批桥梁和过江隧道。特大城市、大城市还修建了中长距离的高架路、快速路和环城高速公路以及地下铁道。道路网普遍采用了点、线控制的交通管理系统，部分城市和地区还引进了先进的面控系统。城市道路随着城市人口的发展和经济繁荣而迅速发展。目前我国市级城市有662个①（见表1-1），县级城市1446个，地区级城市201个，镇17770个。发展速度从年均增长0.1%提高到年均增长1%。

表1-1　我国城市分类一览表

人口（万人）	<20	20~50	>50~100	>100~200	≥200	合计
个数	352	217	55	15	23	662

（三）治理与规划城市道路交通的对策以及城市道路发展的目标

为适应今后汽车工业的更大发展，缓解与改善城市道路交通，今后治理与规划的对策是继续深化多层次的城市规划与交通规划，注意工程建设与管理政策双管齐下。城市道路发展目标应与城市经济发展相适应，与人口增长和车辆增长相适应，建成布局得当、结构合理、设施完备的城市道路系统。

（四）城市道路发展工作的序列

城市道路发展工作的序列是规划、建设、养护并注意技术进步。

1. 道路规划应具有科学性、超前性、合理性。大城市应按交通需要完善

---

① 苏志忠编著：《道路与桥梁工程概论》（第二版），人民交通出版社2017年版，第7页。

路网结构。大中城市应进行非机动车交通规划，完善城市主干道系统。

2. 建成城市快速道路网络系统。对于特大型城市，要实现市区内的出行时间不超过60分钟的战略目标，必须构建一个高效的快速道路网络系统，形成城市各组团间的快速出行通道，引导长距离的过境交通，调整路网内交通流量的平衡关系，使交通的流动更加有序、更加有效。

3. 大城市应建设公交枢纽来解决地面公交和多种轨道交通方式（国铁、地铁、城市轻轨、磁悬浮铁路）的衔接换乘问题，提高城市公共交通系统的运输效率和服务水平。

4. 建立科学合理的静态交通系统。通过积极的引导和制约汽车的出行量和出行空间，达到平衡需求与供给矛盾的目的。

5. 重视交通安全。经济社会快速发展，带来了人流、物流、车流和车辆驾驶人的高速增长，我国已进入道路交通事故高发期，交通安全形势十分严峻。要高度重视道路交通安全工作，为预防和减少道路交通事故，要把道路交通安全作为经济社会协调发展的重要内容，人、车、路的协调发展，道路交通安全状况步入良性循环轨道；要进行综合治理，实现管理理念、对象、范围、方法、措施从传统向现代转变。

（五）城市道路发展的原则[1]

当前我国城市道路的发展应遵循下列5个原则：

1. 城市道路规划应以国民经济建设发展计划为依据，按城市总体布局，合理安排建设计划和投资比例，与城市经济和其他设施协调发展。

2. 贯彻近远期相结合的原则，城市道路建设的五年计划和年度计划应与远期规划相结合，从路网体系、道路宽度、道路结构等方面为城市道路的远景发展创造条件。

3. 贯彻配套建设的原则，在城市建设和新城区建设及旧城改造中，在商品经济指导下，对城市道路建设实行综合开发配套建设，以道路带动城市基础设施建设和城市发展。

4. 发挥整体功能的原则，从建设、养护维修、路政管理三个环节加强管理，制止乱占乱挖，改善道路环境，加强道路绿化，保证城市道路各种功能的充分发挥。

5. 道路工程是一项耗资巨大、占用土地多、对环境影响大的工程。因此，无论是城市道路还是公路，都要按照党中央的大政方针，为建立资源节约型、环境友好型社会而努力。

---

[1] 苏志忠编著：《道路与桥梁工程概论》（第二版），人民交通出版社2017年版，第7-8页。

（六）城市道路建设存在的问题

我国城市道路建设的发展是很快的，成绩显著，"城市化"水平不断提高。但与发达国家相比，距现代化城市交通的要求还有较大的差距：各城市仍然存在城市道路建设速度落后于城市车辆增加速度；城市交通基础设施相对薄弱；交通拥挤、堵塞、停车难和乘车难问题严重；混合交通的机动车、非机动车、行人干扰大，行车速度慢、事故较多、车流量大、人流集中；城市道路交通管理水平仍有待于提高等。随着我国城镇化速度的加快亦会加速汽车的产销，加大汽车行业成长空间，加紧城市道路规划与建设，尤其是街道、小区停车场地的规划与建设任务日益繁重。因此，加大城市道路建设的投资力度、加快建设速度是我国城市建设的主要任务。

第三节 公路路线标识规则和国道编号

为构建以国家公路网为中心、涵盖多种运输方式的综合交通指引体系，充分挖掘多式交通指引系统的优势和潜力，为广大公路使用者提供无缝隙、全方位的信息服务，保障公路使用者出行的便利、舒适和安全，在建设普通国道网和国家高速公路网过程中，急需统一、完善国家公路网命名编号，并优化调整现有指路标志体系。为此 2014 年 9 月由交通运输部提出，国家标准化管理委员会下达了《公路路线标识规则和国道编号》（GB/T 917-2009）的修订计划，以交通运输部公路科学研究院为主编单位，交通运输部科学研究院、交通运输部规划研究单位参加。主编单位在广泛调研、充分论证的基础上，同步承担并完成了"十二五"国家科技支撑计划专题"国家公路网指路系统构建与升级关键技术研究"的研究工作，对国家公路网的命名和编号方案进行了深入研究，研究成果已吸收到本标准中。

2017 年 9 月 7 日，国家质量监督检验检疫总局、国家标准化委员会联合发布了修订后的《公路路线标识规则和国道编号》（GB/T 917-2017），这是该标准在 2009 年由《公路路线标识规则 命名、编号和编码》（GB 917.1-2000）、《公路路线标识规则国道编号》（GB 917.2-2000）和《公路等级代码》（GB/T 919-2002）三部标准整合为一部标准以来的第一次修改，该标准自发布之日起在全国实施。

一、公路分级

根据《公路路线标识规则和国道编号》（GB/T 917-2017）（以下简称《公路编号》），公路分级包括公路行政等级和公路技术等级。

（一）公路行政等级

公路按行政等级分为国道、省道、县道、乡道、村道和专用公路六个等级。其中国道包括国家高速公路和普通国道，省道包括省级高速公路和普通省道。

从全国路网规划管理角度而言，构成全国公路网干线的是国道和省道，而把县乡公路包括村与村之间的村道称为农村公路。

1. 国道是指具有全国性政治、经济意义的主要干线公路，包括重要的国际公路，国防公路，连接首都与各省、自治区、直辖市首府的公路，连接各大经济中心、港站枢纽、商品生产基地和战略要地的公路。国道中跨省的高速公路由交通部批准的专门机构负责修建、养护和管理。

2. 省道是指具有全省（自治区、直辖市）政治、经济意义，并由省（自治区、直辖市）公路主管部门负责修建、养护和管理的公路干线。

3. 县道是指具有全县（县级市）政治、经济意义，连接县城和县内主要乡（镇）、主要商品生产和集散地的公路，以及不属于国道、省道的县际间公路。县道由县、市公路主管部门负责修建、养护和管理。

4. 乡道是指主要为乡（镇）村经济、文化、行政服务的公路，以及不属于县道以上公路的乡与乡之间及乡与外部联络的公路。乡道由乡人民政府负责修建、养护和管理。

5. 专用公路是指专供或主要供厂矿、林区、农场、油田、旅游区、军事要地等与外部联系的公路。专用公路由专用单位负责修建、养护和管理。也可委托当地公路部门修建、养护和管理。

（二）公路技术等级

公路按技术等级分为高速公路、一级公路、二级公路、三级公路及四级公路五个等级。其中，高速公路以外的其他公路称为普通公路，关于技术等级的相关内容，将在第二章专门讲述。

二、命名规则

（一）普通公路路线命名规则

根据《公路编号》，普通公路路线的命名，应按照首都或省会放射线、北南纵线和东西横线的起讫点方向顺序排名，采用起讫点所在地的主要行政区划名称：

——放射线以首都或省会城市为起点，放射线止点为终点；

——北南纵线以路线北端为起点，南端为终点；

——东西横线以路线东端为起点，西端为终点。

1. 普通公路路线的全称，由路线起讫点的地名中间加连接符"—"组成，称为"××—××公路"。其中普通国道和普通省道宜采用县级及以上的地名作为起讫点地名。

2. 普通公路路线的简称，用起讫点地名的首位汉字组合表示，或采用起讫点城市或所在省、自治区、直辖市的法定地名简称表示，称为"××线"。县道及以下的公路也可简称"××路"。

示例1："北京—香港公路"简称"京港线"。

示例2："通州—马驹桥公路"简称"通马路"。

3. 普通公路为城市绕城环线或地区环线时，全称为"××市（地区）环线公路"，简称"××环线"。

4. 国家和省级行政区域内普通国道和普通省道的路线全称和简称不应重复。不同起讫点的普通国道或普通省道路线简称出现重复时，采用起讫点地名的第二或第三位双字替换等方式加以区别。相同起讫点间存在两条及以上公路时，后通车公路称为"××—××复线公路"，简称"××复线"，也可根据路线所在方位命名，如"海口—榆林（东）公路"简称"海榆东线"等。

5. 普通省道与相邻省级行政区域的普通省道连接贯通时，宜视为一整条普通公路统一命名，命名规则参照上述普通公路命名规则。

6. 普通公路路线的起讫点地名，应取其所在地的主要行政区单一名称；名称不宜太长，全称不宜超过12个汉字，简称不宜超过8个汉字。

7. 普通公路路线名称应采用规范化的汉字地名表示。其中县级及以上的地名按GB/T 2260的规定，县级以下的地名按GB/T 10114的规定。未列入标准而实际存在或新变更的地区（地级市）、县（县级市）、乡（乡镇）、行政村（建制村）名称，也可采用国家或省级地名主管部门颁布的地名。

普通国道路线的名称见附录《公路路线标识规则和国道编号》（GB/T 917—2017）A.1。

（二）高速公路路线命名规则

高速公路路线的命名，应按照首都或省会放射线、北南纵线和东西横线的起讫点方向顺序排名，采用起讫点所在地的主要行政区划名称：

——放射线以首都或省会城市为起点，放射线止点为终点；

——北南纵线以路线北端为起点，南端为终点；

——东西横线以路线东端为起点，西端为终点。

1. 高速公路路线的全称，由路线起讫点的地名中间加连接符"—"组成，称为"××—××高速公路"。起讫点地名宜采用县级以上的地名。

2. 高速公路路线的简称，用起讫点地名的首位汉字组合表示，或采用起讫点城市或所在省、自治区、直辖市的法定地名简称表示，称为"××高速"。

示例："沈阳—海口高速公路"简称"沈海高速"。

3. 高速公路为地区环线时，以路线所在的地区名称命名，全称为"××地区环线高速公路"，简称"××环线高速"。

示例:"杭州湾地区环线高速公路"简称"杭州湾环线高速"。

4. 高速公路为城市绕城环线时,以路线所在的城市名称命名,全称为"××市绕城高速公路",简称"××绕城高速"。

示例:"沈阳市绕城高速公路"简称"沈阳绕城高速"。

5. 国家和省级行政区域内高速公路的全称和简称不应重复。不同起讫点高速公路简称出现重复时,采用起讫点地名的第二或第三位汉字替换等方式加以区别。相同起讫点间存在两条及以上高速公路时,后通车高速公路称为"××—××第二高速公路",简称"××第二高速";也可根据路线的方位或者地理特征命名,如"机场北线高速""广深沿江高速"等;也可增加一中间途经点,如"××—××—××高速公路"。同一城市或地区出现多条高速环线时,应以路线的编号顺序或方位顺序进行区别。

6. 省级高速公路与相邻省级行政区域的省级高速公路连接贯通时,宜视为一整条高速公路统一命名,命名规则参照上述高速公路命名规则。

7. 高速公路路线的起讫点地名,应取其所在地的主要行政区单一名称;名称不宜太长,全称不宜超过 12 个汉字,简称不宜超过 8 个汉字。

8. 高速公路路线名称应采用规范化的汉字地名表示,地名按 GB/T 2260 的规定。未列入标准而实际存在或新变更的地区(地级市)、县(县级市)名称,也可采用国家或省级地名主管部门颁布的地名。

9. 国家高速公路路线的名称见附录《公路路线标识规则和国道编号》(GB/T 917-2017) A.2 和 A.3。

三、编号规则

(一) 标识符

1. 公路路线编号的首位代表公路的行政等级,采用一位字母标识符表示。
2. 公路行政等级的字母标识符见表 1-2。

表 1-2 公路行政等级的字母标识符

公路行政等级	字母标识符
国道	G
省道	S
县道	X
乡道	Y
村道	C
专用公路	Z

(二) 编号结构

1. 普通公路路线编号结构，应由一位公路行政等级字母标识符"G（S/X/Y/C/Z）"和三位数字编号"×××"组配表示（见表1-3）。

表1-3 普通公路路线编号结构

普通公路类型	路线编号结构
普通国道	G×××
普通省道	S×××
县道	X×××
乡道	Y×××
村道	C×××
专用公路	Z×××

2. 高速公路路线编号结构。

（1）国家高速公路的首都放射线、北南纵线、东西横线和地区环线等主线编号，应由一位国道字母标识符"G"和不超过两位的数字编号"×"或"××"组配表示；国家高速公路的城市绕城环线、联络线和并行线编号，应由一位国道字母标识符"G"和两位主线编号"××"、一位路线类型识别号"*"和一位顺序号"#"组配的四位数字编号表示（见表1-4）。

表1-4 国家高速公路路线编号结构

国家高速公路类型		路线编号结构
主线	首都放射线	G×
	北南纵线	G××
	东西横线	G××
	地区环线	G××
城市绕城环线		G××*#
联络线		G××*#
并行线		G××*#

（2）省级高速公路的省级放射线、北南纵线、东西横线等主线编号，应由一位省道字母标识符"S"和不超过两位的数字编号"×"或"××"组配表示；省级高速公路的城市绕城环线和联络线的编号，宜由一位省道字母标识符

"S"和两位数字编号"××"组配表示（见表1-5）。

表1-5 省级高速公路路线编号结构

省级高速公路类型		路线编号结构
主线	省级放射线	S×
	北南纵线	S××
	东西横线	S××
城市绕城环线		S××
联络线		S××

（三）普通公路路线编号规则

1. 普通国道路线编号规则。

（1）普通国道的路线编号，由国道标识符"G"和三位数字编号组配表示，编号结构见表1-2。其数字编号的第一位用"1、2、3、5"分别标示首都放射线、北南纵线、东西横线和联络线，以全国为范围编制系列顺序号。

（2）普通国道的首都放射线编号，从正北方向起，总体上按顺时针方向排列编号。普通国道首都放射线12条（其中一条是北京外围环线），按顺时针方向统一编号为101~112，如表1-6所示。

表1-6 首都放射线国道编号、名称及里程

路线编号	路线名称	路线里程（km）
G101	北京—沈阳	909
G102	北京—哈尔滨	1321
G103	北京—塘沽	166
G104	北京—福州	2420
G105	北京—珠海	2717
G106	北京—广州	2466
G107	北京—深圳	2698
G108	北京—昆明	3393
G109	北京—拉萨	3972
G110	北京—银川	1178
G111	北京—加格达奇	1795
G112	宣化—宣化（北京环线）	878

（3）普通国道的北南纵线编号，按路线的纵向排列，总体上由东向西顺序编号。我国北南纵线国道，如表1-7所示。

表1-7 北南纵线国道编号、名称及里程

路线编号	路线名称	路线里程（km）
G201	鹤岗—大连	1745
G202	黑河—大连	1711
G203	明水—沈阳	641
G204	烟台—上海	995
G205	山海关—深圳	2985
G206	烟台—汕头	2341
G207	锡林浩特—海安	3582
G208	二连浩特—长治	990
G209	呼和浩特—北海	3270
G210	包头—南宁	2938
G211	银川—西安	691
G212	兰州—重庆	1252
G213	兰州—磨憨	2853
G214	西宁—景洪	3256
G215	红柳园—格尔木	655
G216	阿勒泰—巴伦台	1014
G217	阿勒泰—库车	1006
G218	伊宁—若羌	1073
G219	叶城—拉孜	2342
G220	东营—郑州	570
G221	哈尔滨—同江	668
G222	哈尔滨—伊春	363
G223	海口—三亚（东）	320
G224	海口—三亚（中）	309
G225	海口—三亚（西）	429
G226	楚雄—墨江（已撤销）	228
G227	巴宁—张掖	347
G228	台湾环线	956

(4) 普通国道的东西横线编号,按路线的横向排列,总体上由北向南顺序编号。东西横线国道,如表 1-8 所示。

表 1-8 三类国道编号、名称及里程

路线编号	路线名称	路线里程(km)
G301	绥芬河—满洲里	1487
G302	珲春—乌兰浩特	1028
G303	集安—锡林浩特	1263
G304	丹东—霍林郭勒	889
G305	庄河—巴林左旗	786
G306	绥中—克什腾旗	497
G307	黄骅港—银川	1351
G308	青岛—石家庄	637
G309	荣成—兰州	2208
G310	连云港—天水	1613
G311	徐州—西峡	748
G312	上海—伊宁	4967
G313	瓜洲—若羌(后撤销)	821
G314	乌鲁木齐—红其拉甫	1880
G315	西宁—喀什	2913
G316	福州—兰州	2462
G317	成都—那曲	1973
G318	上海—友谊桥	5476
G319	厦门—成都	2925
G320	上海—瑞丽	3625
G321	佛山—成都	2013
G322	衡阳—友谊关	1093
G323	瑞金—临沧	2330
G324	福州—昆明	2340
G325	佛山—南宁	868
G326	秀山—河口	1202
G327	菏泽—连云港	424

续表

路线编号	路线名称	路线里程（km）
G328	南京—海安	224
G329	杭州—普陀区	292
G330	温州—寿昌	327

（5）纳入普通国道的地区环线或城市绕城环线编号，可纳入首都放射线的编号区间。如表1-6所示的G112。

（6）普通国道联络线的编号，在全国范围内总体上按照路线起点位置由北向南的顺序编号，起点位于同一纬度附近的路线按照由东向西的顺序编号。

（7）新增普通国道的编号规则参照上述（1）~（6）内容，在相应编号区间内有空号的则使用该空号；利用原有路线延伸起点或终点的普通国道，按原有路线进行编号；其余新增普通国道在原编号序列之后进行编号。

（8）普通国道路线的编号见附录《公路路线标识规则和国道编号》（GB/T 917-2017）A.1。

2. 普通省道路线编号规则。

（1）普通省道的路线编号，由省道标识符"S"和三位数字编号组配表示，编号结构见表1-2。其数字编号的第1位用"1、2、3、5"分别标示省会放射线、北南纵线、东西横线和联络线，以省级行政区域为范围编制系列顺序号。

（2）普通省道的省会放射线、北南纵线、东西横线和联络线的编号规则参照上述普通国道（2）~（4）和（6）内容。

（3）未纳入普通国道的城市绕城环线编号，宜纳入普通省道省会放射线的编号区间。

（4）新增普通省道的编号规则参照上述（1）~（3）内容，在相应编号区间内有空号的则使用该空号；利用原有路线延伸起点或终点的普通省道按原有路线进行编号；其余新增普通省道在原编号序列之后进行编号。

（5）普通省道与相邻省级行政区域的普通省道连接贯通时，宜统一编号：

——跨省的普通省道为北南纵线时，宜以北侧省（自治区、直辖市）的路线编号为准；

——跨省的普通省道为东西横线时，宜以东侧省（自治区、直辖市）的路线编号为准。

3. 县道路线编号规则。

（1）县道的路线编号，由县道标识符"X"和三位数字编号组配表示，编号结构见表1-3。编号宜在本省级行政区域内，以县（县级市）或地区（地级市）级行政区域为范围编制系列顺序号，也可按省级行政区域为范围顺序编号。

（2）按省级行政区域为范围编号时，如县道的条数突破三位数字容量，应考虑将跨地区（地级市）的县道行政等级升级为省道，使县道的总条数在三位数字容量的允许范围内，否则应按县（县级市）或地区（地级市）级行政区域为范围编号。

（3）按县（县级市）或地区（地级市）级行政区域为范围编号时，一条县道可能跨越多个地区（地级市）或县（县级市）级行政区域，宜优先考虑将该县道的行政等级升级为省道。

（4）新增县道编号规则参照上述新增普通省道的编号规则。

4. 乡道路线编号规则。

（1）乡道的路线编号，由乡道标识符"Y"和三位数字编号组配表示，编号结构见表1-3。宜在本省级行政区域内，以县（县级市）级行政区域为范围编制顺序号，也可按地区（地级市）级或省级行政区域为范围编制系列顺序号。

（2）按县（县级市）级行政区域为范围编号时，一条乡道可能跨越多个地区（地级市）、县（县级市）或乡级行政区时，参照上述县级道路的编号规则进行编制。

5. 村道路线编号规则。

（1）宜对纳入国家里程统计范围的村道进行编号。

（2）村道的路线编号，由村道标识符"C"和三位数字编号组配表示，编号结构见表1-3。宜以县（县级市）级行政区域为范围编制顺序号。

（3）若一条村道跨越多个村级及以上行政区域时，参照上述县级道路的编号规则进行编制。

6. 专用公路路线编号规则。由专用公路标识符"Z"和三位数字编号组配表示，编号结构见表1-3。宜以各省级行政区域为范围编制系列顺序号。公路、林业、农垦、油田、矿区等行业管理养护的专用公路需要加以区别时，其编号可分别列入本省（自治区、直辖市）专用公路编号中的不同系列区间。

7. 其他编号规则。

（1）普通国道、普通省道及县道若是绕城环线，同一城市建有多条绕城环线时，其编号从主城区边缘到郊区由内向外按升序编排。

（2）县道、乡道及村道若分系列编号，均应按照GB/T 2260规定的行政区划代码序列顺序编排。

（四）高速公路路线编号规则

1. 国家高速公路路线编号规则。

（1）国家高速公路的主线编号，由国道标识符"G"和一至两位数字编号组配表示；城市绕城环线、联络线和并行线编号，由国道标识符"G"和四位数字编号组配表示，编号结构见表1-4。

（2）国家高速公路的首都放射线数字编号为一位数，总体上由正北开始按顺时针方向升序编排。首都"7条放射线"命名、编号和里程如表1-9所示。

表1-9 国家高速公路网"7条放射线"命名、编号和里程

序 号	全 称	简 称	编 号	里程（km）
1	北京—哈尔滨高速公路	京哈高速	G1	1280
2	北京—上海高速公路	京沪高速	G2	1245
3	北京—台北高速公路	京台高速	G3	2030
4	北京—港澳高速公路	京港澳高速	G4	2285
并行线	广州—澳门高速公路	广澳高速	G4W	
5	北京—昆明高速公路	京昆高速	G5	2865
6	北京—拉萨高速公路	京藏高速	G6	3710
7	北京—乌鲁木齐高速公路	京新高速	G7	2540

①北京—哈尔滨（G1，京哈高速）：北京—唐山—秦皇岛—锦州—沈阳—四平—长春—哈尔滨，1280公里。

②北京—上海（G2，京沪高速）：北京—天津—沧州—德州—济南—泰安—临沂—淮安—江都—江阴—无锡—苏州—上海，1245公里。

③北京—台北（G3，京台高速）：北京—天津—沧州—德州—济南—泰安—曲阜—徐州—蚌埠—合肥—铜陵—黄山—衢州—南平—福州—台北，2030公里（未达到台北）。

④北京—港澳（G4，京港澳高速）：北京—保定—石家庄—邯郸—新乡—郑州—漯河—信阳—武汉—咸宁—岳阳—长沙—株洲—衡阳—郴州—韶关—广州—深圳—香港（口岸），2285公里。

并行线：广州—澳门（G4W，广澳高速）：广州—中山—珠海—澳门（口岸）。

⑤北京—昆明（G5，京昆高速）：北京—保定—石家庄—太原—临汾—西安—汉中—广元—绵阳—成都—雅安—西昌—攀枝花—昆明，2865公里。

⑥北京—拉萨（G6，京藏高速）：北京—张家口—集宁—呼和浩特—包头—临河—乌海—银川—中宁—白银—兰州—西宁—格尔木—拉萨，3710公里。

⑦北京—乌鲁木齐（G7，京新高速）：北京—张家口—集宁—呼和浩特—包头—临河—额济纳旗—哈密—吐鲁番—乌鲁木齐，2540公里。

（3）国家高速公路的北南纵线数字编号为两位奇数，总体上由东向西按升序编排。北南"9条纵线"及联络线命名、编号和里程如表1-10所示。

表1-10　国家高速公路网北南"9条纵线"及联络线命名、编号和里程

序号	全称	简称	编号	里程（km）
1	鹤岗—大连高速公路	鹤大高速	G11	1390
联络线	鹤岗—哈尔滨高速公路	鹤哈高速	G1111	
	集安—双辽高速公路	集双高速	G1112	
	丹东—阜新高速公路	丹阜高速	G1113	
2	沈阳—海口高速公路	沈海高速	G15	3710
并行线	常熟—台州高速公路	常台高速	G15W	
联络线	日照—兰考高速公路	日兰高速	G1511	
	宁波—金华高速公路	甬金高速	G1512	
	温州—丽水高速公路	温丽高速	G1513	
	宁德—上饶高速公路	宁上高速	G1514	
3	长春—深圳高速公路	长深高速	G25	3580
联络线	新民—鲁北高速公路	新鲁高速	G2511	
	阜新—锦州高速公路	阜锦高速	G2512	
	淮安—徐州高速公路	淮徐高速	G2513	
4	济南—广州高速公路	济广高速	G35	2110
5	大庆—广州高速公路	大广高速	G45	3550
联络线	龙南—河源高速公路	龙河高速	G4511	
6	二连浩特—广州高速公路	二广高速	G55	2685
联络线	集宁—阿荣旗高速公路	集阿高速	G5511	
	晋城—新乡高速公路	晋新高速	G5512	
	长沙—张家界高速公路	长张高速	G5513	
7	包头—茂名高速公路	包茂高速	G65	3130
8	兰州—海口高速公路	兰海高速	G75	2570
联络线	钦州—东兴高速公路	钦东高速	G7511	
9	重庆—昆明高速公路	渝昆高速	G85	838
联络线	昆明—磨憨高速公路	昆磨高速	G8511	

①鹤岗—大连（G11，鹤大高速）：鹤岗—佳木斯—鸡西—牡丹江—敦

化—通化—丹东—大连，1390公里。

联络线一：鹤岗—哈尔滨（G1111，鹤哈高速）：鹤岗—伊春—绥化—哈尔滨。

联络线二：集安—双辽（G1112，集双高速）：集安（口岸）—通化—梅河口—辽源—四平—双辽。

联络线三：丹东—阜新（G1113，丹阜高速）：丹东（口岸）—本溪—沈阳—新民—阜新。

②沈阳—海口（G15，沈海高速）：沈阳—辽阳—鞍山—海城—大连—烟台—青岛—日照—连云港—盐城—南通—常熟—太仓—上海—宁波—台州—温州—宁德—福州—泉州—厦门—汕头—汕尾—深圳—广州—佛山—开平—阳江—茂名—湛江—海口，3710公里。

并行线：常熟—台州（G15W，常台高速）：常熟—苏州—嘉兴—绍兴—台州。

联络线一：日照—兰考（G1511，日兰高速）：日照—曲阜—济宁—菏泽—兰考。

联络线二：宁波—金华（G1512，甬金高速）：宁波—嵊州—金华。

联络线三：温州—丽水（G1513，温丽高速）：温州—丽水。

联络线四：宁德—上饶（G1514，宁上高速）：宁德—上饶。

③长春—深圳（G25，长深高速）：长春—双辽—阜新—朝阳—承德—唐山—天津—黄骅—滨州—青州—临沂—连云港—淮安—南京—溧阳—宜兴—湖州—杭州—金华—丽水—南平—三明—龙岩—梅州—河源—惠州—深圳，3580公里。

联络线一：新民—鲁北（G2511，新鲁高速）：新民—彰武—通辽—鲁北。

联络线二：阜新—锦州（G2512，阜锦高速）：阜新—锦州。

联络线三：淮安—徐州（G2513，淮徐高速）：淮安—宿迁—徐州。

④济南—广州（G35，济广高速）：济南—菏泽—商丘—阜阳—六安—安庆—景德镇—鹰潭—南城—瑞金—河源—广州，2110公里。

⑤大庆—广州（G45，大广高速）：大庆—松原—双辽—通辽—赤峰—承德—北京—霸州—衡水—濮阳—开封—周口—麻城—黄石—吉安—赣州—龙南—连平—广州，3550公里。

联络线一：龙南—河源（G4511，龙河高速）：龙南—河源。

⑥二连浩特—广州（G55，二广高速）：二连浩特—集宁—大同—太原—长治—晋城—洛阳—平顶山—南阳—襄樊—荆州—常德—娄底—邵阳—永州—连州—广州，2685公里。

联络线一：集宁—阿荣旗（G5511，集阿高速）：集宁—鲁北—乌兰浩特—阿荣旗。

联络线二：晋城—新乡（G5512，晋新高速）：晋城—焦作—新乡。

联络线三：长沙—张家界（G5513，长张高速）：长沙—常德—张家界。

⑦包头—茂名（G65，包茂高速）：包头—鄂尔多斯—榆林—延安—铜川—西安—安康—达州—重庆—黔江—吉首—怀化—桂林—梧州—茂名，3130公里。

⑧兰州—海口（G75，兰海高速）：兰州—广元—南充—重庆—遵义—贵阳—麻江—都匀—河池—南宁—钦州—北海—湛江—海口，2570公里。

联络线一：钦州—东兴（G7511，钦东高速）：钦州—防城—东兴（口岸）。

⑨重庆—昆明（G85，渝昆高速）：重庆—内江—宜宾—昭通—昆明，838公里。

联络线一：昆明—磨憨（G8511，昆磨高速）：昆明—元江—思茅—磨憨（口岸）。

（4）国家高速公路的东西横线数字编号为两位偶数，总体上由北向南按升序编排。东西18条横线及联络线命名、编号和里程如表1-11所示。

表1-11 国家高速公路网东西"18条横线"及联络线命名、编号和里程

序 号	全 称	简 称	编 号	里程（km）
1	绥芬河—满洲里高速公路	绥满高速	G10	1520
联络线	哈尔滨—同江高速公路	哈同高速	G1011	
2	珲春—乌兰浩特高速公路	珲乌高速	G12	885
联络线	吉林—黑河高速公路	吉黑高速	G1211	
	沈阳—吉林高速公路	沈吉高速	G1212	
3	丹东—锡林浩特高速公路	丹锡高速	G16	960
4	荣成—乌海高速公路	荣乌高速	G18	1820
联络线	黄骅—石家庄高速公路	黄石高速	G1811	
5	青岛—银川高速公路	青银高速	G20	1600
联络线	青海—新河高速公路	青新高速	G2011	
	定边—武威高速公路	定武高速	G2012	
6	青岛—兰州高速公路	青兰高速	G22	1795
7	连云港—霍尔果斯高速公路	连霍高速	G30	4280
联络线	柳园—格尔木高速公路	柳格高速	G3011	
	吐鲁番—和田/伊尔克什坦高速公路	吐和高速	G3012、G3013	
	奎屯—阿勒泰高速公路	奎阿高速	G3014	

续表

序号	全 称	简 称	编号	里程（km）
联络线	奎屯—塔城高速公路	奎塔高速	G3015	
联络线	清水河—伊宁高速公路	清伊高速	G3016	
8	南京—洛阳高速公路	宁洛高速	G36	712
9	上海—西安高速公路	沪陕高速	G40	1490
联络线	扬州—溧阳高速公路	扬溧高速	G4011	
10	上海—成都高速公路	沪蓉高速	G42	1960
联络线	南京—芜湖高速公路	宁芜高速	G4211	
联络线	合肥—安庆高速公路	合安高速	G4212	
11	上海—重庆高速公路	沪渝高速	G50	1900
联络线	芜湖—合肥高速公路	芜合高速	G5011	
12	杭州—瑞丽高速公路	杭瑞高速	G56	3405
联络线	大理—丽江高速公路	大丽高速	G5611	
13	上海—昆明高速公路	沪昆高速	G60	2370
14	福州—银川高速公路	福银高速	G70	2485
联络线	十堰—天水高速公路	十天高速	G7011	
15	泉州—南宁高速公路	泉南高速	G72	1635
联络线	南宁—友谊关高速公路	南友高速	G7211	
16	厦门—成都高速公路	厦蓉高速	G76	2295
17	汕头—昆明高速公路	汕昆高速	G78	1710
18	广州—昆明高速公路	广昆高速	G80	1610
联络线	开远—河口高速公路	开河高速	G8011	

①绥芬河—满洲里（G10，绥满高速）：绥芬河（口岸）—牡丹江—哈尔滨—大庆—齐齐哈尔—阿荣旗—满洲里（口岸），1520公里。

联络线一：哈尔滨—同江（G1011，哈同高速）：哈尔滨—佳木斯—双鸭山—同江。

②珲春—乌兰浩特（G12，珲乌高速）：珲春（口岸）—敦化—吉林—长春—松原—白城—乌兰浩特，885公里。

联络线一：吉林—黑河（G1211，吉黑高速）：吉林—舒兰—五常—哈尔滨—明水—黑河（口岸）。

联络线二：沈阳—吉林（G1212，沈吉高速）：沈阳—吉林。

③丹东—锡林浩特（G16，丹锡高速）：丹东—海城—盘锦—锦州—朝阳—赤峰—锡林浩特，960公里。

④荣成—乌海（G18，荣乌高速）：荣成—文登—威海—烟台—东营—黄骅—天津—霸州—涞源—朔州—鄂尔多斯—乌海，1820公里。

联络线一：黄骅—石家庄（G1811，黄石高速）：黄骅—沧州—石家庄。

⑤青岛—银川（G20，青银高速）：青岛—潍坊—淄博—济南—石家庄—太原—离石—靖边—定边—银川，1600公里。

联络线一：青岛—新河（G2011，青新高速）：青岛—新河。

联络线二：定边—武威（G2012，定武高速）：定边—中宁—武威。

⑥青岛—兰州（G22，青兰高速）：青岛—莱芜—泰安—聊城—邯郸—长治—临汾—富县—庆阳—平凉—定西—兰州，1795公里。

⑦连云港—霍尔果斯（G30，连霍高速）：连云港—徐州—商丘—开封—郑州—洛阳—西安—宝鸡—天水—兰州—武威—嘉峪关—哈密—吐鲁番—乌鲁木齐—奎屯—霍尔果斯（口岸），4280公里。

联络线一：柳园—格尔木（G3011，柳格高速）：柳园—敦煌—格尔木。

联络线二：吐鲁番—和田/伊尔克什坦（G3012/G3013，吐和高速）：吐鲁番—库尔勒—库车—阿克苏—喀什—和田/伊尔克什坦。

联络线三：奎屯—阿勒泰（G3014，奎阿高速）：奎屯—克拉玛依—阿勒泰。

联络线四：奎屯—塔城（G3015，奎塔高速）：奎屯—克拉玛依—塔城—巴克图（口岸）。

联络线五：清水河—伊宁（G3016，清伊高速）：清水河—伊宁。

⑧南京—洛阳（G36，宁洛高速）：南京—蚌埠—阜阳—周口—漯河—平顶山—洛阳，712公里。

⑨上海—西安（G40，沪陕高速）：上海—崇明—南通—扬州—南京—合肥—六安—信阳—南阳—商州—西安，1490公里。

联络线一：扬州—溧阳（G4011，扬溧高速）：扬州—镇江—溧阳。

⑩上海—成都（G42，沪蓉高速）：上海—苏州—无锡—常州—南京—合肥—六安—麻城—武汉—孝感—荆门—宜昌—万州—垫江—南充—遂宁—成都，1960公里。

联络线一：南京—芜湖（G4211，宁芜高速）：南京—马鞍山—芜湖。

联络线二：合肥—安庆（G4212，合安高速）：合肥—安庆。

⑪上海—重庆（G50，沪渝高速）：上海—湖州—宣城—芜湖—铜陵—安庆—黄梅—黄石—武汉—荆州—宜昌—恩施—忠县—垫江—重庆，1900公里。

联络线一：芜湖—合肥（G5011，芜合高速）：芜湖—巢湖—合肥。

⑫杭州—瑞丽（G56，杭瑞高速）：杭州—黄山—景德镇—九江—咸宁—岳阳—常德—吉首—遵义—毕节—六盘水—曲靖—昆明—楚雄—大理—保山—瑞丽（口岸），3405公里。

联络线一：大理—丽江（G5611，大丽高速）：大理—丽江。

⑬上海—昆明（G60，沪昆高速）：上海—杭州—金华—衢州—上饶—鹰潭—南昌—宜春—株洲—湘潭—邵阳—怀化—麻江—贵阳—安顺—曲靖—昆明，2370公里。

⑭福州—银川（G70，福银高速）：福州—南平—南城—南昌—九江—黄梅—黄石—武汉—孝感—襄樊—十堰—商州—西安—平凉—中宁—银川，2485公里。

联络线一：十堰—天水（7011，十天高速）：十堰—天水。

⑮泉州—南宁（G72，泉南高速）：泉州—永安—吉安—衡阳—永州—桂林—柳州—南宁，1635公里。

联络线一：南宁—友谊关（G7211，南友高速）：南宁—友谊关（口岸）。

⑯厦门—成都（G76，厦蓉高速）：厦门—漳州—龙岩—瑞金—赣州—郴州—桂林—麻江—贵阳—毕节—泸州—隆昌—内江—成都，2295公里。

⑰汕头—昆明（G78，汕昆高速）：汕头—梅州—韶关—贺州—柳州—河池—兴义—石林—昆明，1710公里。

⑱广州—昆明（G80，广昆高速）：广州—肇庆—梧州—玉林—南宁—百色—富宁—开远—石林—昆明，1610公里。

联络线一：开远—河口（G8011，开河高速）：开远—河口（口岸）。

（5）国家高速公路的地区环线数字编号为两位数，其中第1位为"9"，在全国范围总体上按照由北向南的顺序编排。"5条地区环线"及联络线命名和编号如表1-12所示。

表1-12　国家高速公路网"5条地区环线"及联络线命名和编号

序　号	全　称	简　称	编　号
1	辽中地区环线高速公路	辽中环线高速	G91
2	杭州湾地区环线高速公路	杭州湾环线高速	G92
联络线	宁波—舟山高速公路	甬舟高速	G9211
3	成渝地区环线高速公路	成渝环线高速	G93
4	珠江三角洲地区环线高速公路	珠三角环线高速	G94
联络线	东莞—佛山高速公路	东佛高速	G9411
5	海南地区环线高速公路	海南环线高速	G98

①辽中环线（G91）：铁岭—抚顺—本溪—辽阳—辽中—新民—铁岭。

②杭州湾环线（G92）：上海—杭州—宁波。

联络线：宁波—舟山（G9211）：宁波—舟山。

③成渝环线（G93）：成都—绵阳—遂宁—重庆—合江—泸州—宜宾—乐山—雅安—成都。

④珠三角环线（G94）：深圳—香港（口岸）—澳门（口岸）—珠海—中山—江门—佛山—花都—增城—东莞—深圳。

联络线：东莞—佛山（G9411）：东莞—虎门—佛山。

海南环线（G98）：海口—琼海—三亚—东方—海口。

（6）纳入国家高速公路的城市绕城环线的数字编号为四位数，由两位主线编号加一位识别号"0"再加一位顺序号组成，即G××0#，在全国范围内统一编排，如表1-12所示。主线编号和顺序号的选取应符合下列规定：

——主线编号应优先选取该城市绕城环线所连接的北南纵线、东西横线和地区环线中编号最小者，如该主线所连接的城市绕城环线编号空间已全部使用，则选用主线编号次小者，依次类推；

——城市绕城环线仅连接首都放射线时，主线编号前应以"0"补位，即G0×0#；

——同一条国家高速公路穿越多个省（自治区、直辖市）时，所连接城市绕城环线的顺序号，宜沿主线起讫方向增序排列。

城市环线如表1-13所示。

表1-13 城市环线

城市	环线编号	城市	环线编号	城市	环线编号	城市	环线编号
北京	G4501	长沙	G4001	呼和浩特	G6001	广州	G3501
天津	G2501	太原	G2001	乌鲁木齐	G3001	南京	G2501
济南	G2001	西安	G3002	沈阳	G1501	杭州	G2501
上海	G1501	成都	G4201	长春	G2501	深圳	G2501
合肥	G4001	昆明	G5601	哈尔滨	G1001	重庆	G5001
福州	G1501	银川	G2001	大连	G1101	贵阳	G6001
石家庄	G2001	兰州	G3001	青岛	G1501	南宁	G7601
郑州	G3001	西宁	G6001	宁波	G1501	海口	G1501
武汉	G4201	拉萨	G6001	厦门	G1501	南昌	G6001

（7）国家高速公路的联络线数字编号为四位数，由两位主线编号加一位识别号"1"再加一位顺序号组成，即G××1#，在全国范围内统一编排，如表1-11所示。联络线数量突破容量时，可将识别号扩容至"3"，即G××3#。主

线编号和顺序号的选取应符合下列规定：

——主线编号应优先选取联络线所连接的北南纵线、东西横线和地区环线中编号最小者，如该主线所连接的联络线编号空间已全部使用，则选用主线编号次小者，依次类推；

——联络线仅连接首都放射线时，主线编号前以"0"补位，即G0×1#；

——同一条国家高速公路主线穿越多个省（自治区、直辖市）时，所连接的联络线的顺序号宜沿主线起讫方向增序排列。

（8）国家高速公路的并行线数字编号为四位数，由两位主线编号加一位识别号"2"再加一位顺序号组成，即G××2#，在全国范围内统一编排。并行线数量突破容量时，可将识别号扩容至"4"，即G××4#。主线编号和顺序号的选取应符合下列规定：

——主线编号应优先选取并行线所连接的北南纵线和东西横线中编号最小者，如该主线所连接的并行线编号空间已全部使用，则选用主线编号次小者，依次类推；

——并行线仅连接首都放射线时，主线编号前以"0"补位，即G0×2#；

——同一条国家高速公路主线穿越多个省（自治区、直辖市）时，所连接的并行线的顺序号宜沿主线起讫方向增序排列。

主线编号应优先选取联络线所连接的北南纵线、东西横线和地区环线中编号最小者，如该主线所连接的联络线编号空间已全部使用，则选用主线编号次小者，依次类推。

（9）当新增国家高速公路路线时，原国家高速公路路线编号维持不变，新增的路线按其走向及所在位置，分别在原路线编号序列中的预留区间内顺序编号，预留区间不足时，在下一预留区间内编号；利用原有路线延伸起点或终点的国家高速公路，仍采用原路线的编号。

（10）国家高速公路路线的编号见附录《公路路线标识规则和国道编号》（GB/T 917-2017）A.2 和 A.3。

综上所述，高速公路并行线编号优化和城市绕城统一编号后，我国的国家高速公路编号体系将统一为两种形式，如图1-2所示。

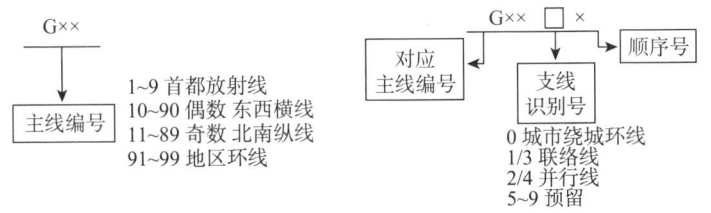

图1-2 国家高速公路编号体系

2. 省级高速公路路线编号规则。

（1）省级高速公路的主线编号规则宜与国家高速公路主线的编号规则保持一致，由省道标识符"S"加一到两位数字编号组配表示；省级高速公路城市绕城环线和联络线的编号，宜由省道标识符"S"加两位数字编号组配表示。编号结构见表1-5。

（2）省级高速公路与相邻省级行政区域的省级高速公路连接贯通时，宜统一编号：

——跨省的省级高速公路为北南纵线时，宜以北侧省（自治区、直辖市）的路线编号为准；

——跨省的省级高速公路为东西横线时，宜以东侧省（自治区、直辖市）的路线编号为准。

（3）各省（自治区、直辖市）编制省级高速公路编号时，可根据路网特征和实际需求安排两位数编号区间的使用方法。

（五）公路编号区间

1. 公路主线的编号区间。

表1-14　公路主线的编号区间

路线类型	编号区间	说明
普通国道首都放射线	G101~G199	系列顺序号
普通国道北南纵线	G201~G299	系列顺序号
普通国道东西横线	G301~G399	系列顺序号
普通省道省会放射线	S101~S199	系列顺序号
普通省道北南纵线	S201~S299	系列顺序号
普通省道东西横线	S301~S399	系列顺序号
县道	X001~X999	顺序号或系列顺序号
乡道	Y001~Y999	顺序号或系列顺序号
村道	C001~C999	顺序号或系列顺序号
专用公路	Z001~Z999	顺序号或系列顺序号
国家高速公路首都放射线	G1~G9	顺序号
国家高速公路北南纵线	G11~G89	奇数号
国家高速公路东西横线	G10~G90	偶数号
国家高速公路地区环线	G91~G99	顺序号
省级高速公路省会放射线	S1~S9	顺序号

续表

路线类型	编号区间	说明
省级高速公路北南纵线	S10~S99	顺序号或系列顺序号,宜采用奇数
省级高速公路东西横线	S10~S99	顺序号或系列顺序号,宜采用偶数

2. 普通公路联络线的编号区间(见表1-15)。

表1-15 普通公路联络线的编号区间

路线类型	编号区间	说明
普通国道联络线	G501~G599	系列顺序号
普通省道联络线	S501~S599	系列顺序号

3. 国家高速公路城市绕城环线、联络线和并行线以及省级高速公路城市绕城环线及联络线的编号区间(见表1-16)。

表1-16 高速公路城市绕城环线、联络线和并行线的编号区间

路线类型	编号区间
国家高速公路城市绕城环线	G××01~G××09 G0×01~G0×09
国家高速公路联络线	G××11~G××19[a] G0×11~G0×19[a]
国家高速公路并行线	G××21~G××29[b] G0×21~G0×29[b]
省级高速公路城市绕城环线和联络线	S××(根据需要确定编号区间)
a 超容后,识别号可用"3"扩容。	
b 超容后,识别号可用"4"扩容。	

(六)编号示例

公路路线编号示例参见附录《公路路线标识规则和国道编号》(GB/T 917-2017)B.1。

四、公路技术等级代码

(一)编码规则

公路的技术等级标识,按上述公路分级规定编制代码,其代码可作为路线

或路段的主要属性码与路线编号或代码组配使用。

（二）代码表

公路技术等级代码见表 1-17。

表 1-17　公路技术等级代码

公路技术等级	代码
高速公路	10
一级公路	11
二级公路	12
三级公路	13
四级公路	14

注：等外公路可根据需要采用代码"30"。

五、公路路段代码

（一）代码结构

1. 普通公路路段代码由四位路线编号与 GB/T 2260 规定的行政区划数字代码组配表示，其代码结构见图 1-3。

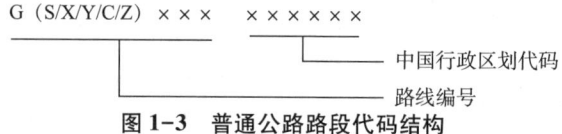

图 1-3　普通公路路段代码结构

2. 高速公路路段代码由五位路线编号与 GB/T 2260 规定的行政区划数字代码组配表示，其代码结构见图 1-4。

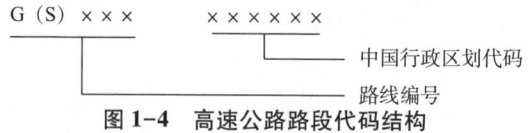

图 1-4　高速公路路段代码结构

（二）编码方法

1. 编制国道和省道的路段代码时，应将国道和省道编号与 GB/T 2260 规定的至少两位省级行政区划代码的数字码组配使用。

2. 行政区划代码若按行政等级分别标示时，可采用两位、四位或六位等长码；等长码中不标代码的空位可在代码后填充数字"0"。

3. 国家或省级高速公路主线数字编号为一位或两位时，应在数字编号前扩充数字"0"并保持代码位等长。

4. 国家高速公路的地区环线、联络线和并行线若组配行政区划代码，可按其实际所在地域组配不同层级的行政区划代码。若同一条地区环线穿越多个省级行政区域，各省、自治区、直辖市可独立组配本地的行政区划代码，但应采用本标准规定的编号。

5. 国家或省级高速公路的城市绕城环线若组配行政区划代码，同一条高速公路城市绕城环线穿越本地的多个行政区域，可按其实际所在地域组配不同层级的行政区划代码，但应采用本标准规定的城市绕城环线编号。

6. 公路路段代码示例参见附录《公路路线标识规则和国道编号》（GB/T 917-2017）B.1。

六、公共信息标识与处理

（一）公共信息标识

1. 路线编号适用于公路建设、养护管理和公路信息系统，以及公共信息载体等领域中公路路线的标识。

2. 道路及站场的标志（普通交通标志或可变信息标志）、里程碑、百米桩等对路线编号的标识，应同时符合 GB 5768.2 的有关规定。

3. 多条公路存在重合路段时，可在其公共信息载体上同时标出所在的各条路线编号；空间受限时，宜按照公路的行政等级由高到低、编号由小到大排列的顺序，优先标出主要前进方向的路线编号。

4. 公共信息标识示例参见附录《公路路线标识规则和国道编号》（GB/T 917-2017）B.2。

（二）公共信息处理

1. 用于公共信息处理时，应采用本标准规定的路线编号与编码规则。

2. 不同行业之间处理公共信息时，路段代码应采用等长码结构，并与本标准规定的编号与代码结构在整体上保持一致。不符合本标准规定而自行编制的公路路段代码，不应用于公共信息载体的标识。

3. 公共信息处理示例参见附录《公路路线标识规则和国道编号》（GB/T 917-2017）B.2。

思考题

1. 《道路交通安全法》界定的道路概念与广义的道路概念的关系是什么？
2. 公路与城市道路的功能与特点各是什么？
3. 按照功能与作用，交通设施可以分为几类？
4. 中华人民共和国成立后，我国公路与城市道路的建设各经历了哪几个阶段？

第二章 公　路

公路是建筑在大地上专供或主要供汽车行驶的线形工程构造物。线形表明公路的几何外廓是线形或带状的（公路路线在第三章专门介绍），工程构造物表明公路是由专门的建筑材料、经特定工艺建筑而成、具有特定结构的构筑物。不论是线形还是结构，公路均应服从相关的技术规范和标准的约束。交通运输部2014年颁布的《公路工程技术标准》（JTG B01-2014），是国家最新颁布的法定技术准则，反映了我国公路建设的方针政策和技术要求，是公路设计、新建、改扩建和养护的依据。

结合公安交通管理的特点，本章主要讲述公路基本概念、公路工程技术标准和公路组成结构的主要概念及相关知识。

第一节　公路技术标准

为了加强公路工程标准构成的科学性和系统性，适应公路建设、管理、养护、运营的需要，交通运输部发布了《公路工程标准体系》（JTG1001-2017），规范了从规划建设到养护管理全过程所需要制定的技术、管理与服务标准，也包括相关的安全、环保和经济方面的评价等标准。其中《公路工程技术标准》（以下简称《公路标准》）在公路工程标准体系中具有总体性、基础性的地位，是国家法律法规与公路技术规范衔接的纽带。从法学视域上讲，与《公路标准》关系最为密切的法律有《公路法》《道路交通安全法》《标准化法》，这些法律引用了标准中的概念和术语，从整体看，《公路标准》在形式上不具有法律和法规的特征，它是经协商一致制定的行业标准，属于公路工程领域的强制性标准，但从法律和法规对标准概念和内容的引用，以及在许多方面对社会行为和行政行为的约束功能，标准具有一定的法规约束效力，《公路法》明确规定：公路建设必须符合公路工程技术标准。实践告诉我们《公路标准》具有技术法规和技术标准的双重特性。现执行的《公路标准》（JTG B01-2014），是我国开始制定实施《公路标准》以来的第九个版本，历经多次修编，理念不断提高、内容逐渐丰富、技术更加全面，但编排结构基本没有变，以路为着眼点的思维方式没有变,标准的受众范围没有变,标准的执行力度没有变,适用于所有新建和改扩建的公路,是学习、认识和把握公路相关知识的重要工具,也是交通管理实践需经常运用到的基础知识。本节主要介绍《公路标准》(JTG B01-2014)的控制性要素的概念和相关规定。

一、公路功能

公路在路网中为车辆出行提供畅通直达、汇集疏散和出入通达的交通服务能力称为公路功能,也可称为公路的交通功能。

《公路标准》根据公路功能将其分为干线公路、集散公路和支线公路三类。其中干线公路可以细分为主要干线公路和次要干线公路;集散公路可以细分为主要集散公路和次要集散公路。不同类型的公路在公路网中的功能是不同的,主要干线公路和次要干线公路具有畅通直达的功能;主要集散公路和次要集散公路具有汇集疏散的功能;支线公路具有出入通达的功能。具有不同功能的公路在路网中所起的作用亦不相同,主要体现在联结的区域、节点不同,发挥的作用不同。

(一)干线公路

1. 主要干线公路。

(1)连接20万人口以上的大中城市、交通枢纽、重要对外口岸和军事战略要地;

(2)提供省际及大中城市间长距离、大容量、高速度的交通服务。

2. 次要干线公路。

(1)连接10万人口以上的城市和区域经济中心。

(2)提供区域内或省域内中长距离、较高容量和较高速度的交通服务。

(二)集散公路

1. 主要集散公路。

(1)连接5万人口以上的县(市)、主要工业生产基地、重要经济开发区、旅游名胜区和商品集散地;

(2)提供中等距离、中等容量及中等速度的交通服务;

(3)与干线公路衔接,使所有的县(市)都在干线公路合适距离内。

2. 次要集散公路。

(1)连接1万人口以上县(市)、大的乡镇和其他交通发生地;

(2)提供较短距离、较小容量、较低速度的交通服务;

(3)衔接干线公路、主要集散公路与支线公路,疏散干线公路交通、汇集支线公路交通。

(三) 支线公路

1. 以服务功能为主,直接与用路者的出行源点相衔接;
2. 衔接集散公路,为地区出行提供接入与通达服务。

《公路标准》根据公路允许的服务交通量、汽车的运行质量、控制出入、车道数与车道内是否专供汽车行驶等情况,划分了相应的技术等级、确定了对应的技术标准,适应不同类型公路在路网中应有的功能与作用,即不同类型公路应用的等级与技术标准是不同的,换言之,公路功能决定公路技术等级的选取。考虑我国不同地区经济发展水平与地形、地貌差异的影响,各地公路交通发展极不均衡。实践中,同一类型的公路也不宜只对应一个技术等级的公路,公路功能类别的确定详见《公路标准》。

二、公路等级

公路等级是表示公路通行能力和技术水平的指标。一般来讲,公路等级越高,允许汽车安全行驶的速度越高,可以适应的交通量和车辆荷载也越大,允许通行的车型也就越多;反之,公路等级越低,公路的通行能力和行车速度也越低,允许通过的车型也就越少。因此,知道了某一条公路的等级,就可大致知道它的一般运行情况。

(一) 公路分级

公路根据交通特性及控制干扰的能力分为高速公路、一级公路、二级公路、三级公路、四级公路五个技术等级。

1. 高速公路,为专供汽车分方向、分车道行驶,全部控制出入的多车道公路。高速公路的年平均日设计交通量宜在15000辆小客车以上。

2. 一级公路,为专供汽车分方向、分车道行驶,可根据需要控制出入的多车道公路。一级公路的年平均日设计交通量宜在15000辆小客车以上。

3. 二级公路,为专供汽车行驶的双车道公路。二级公路的年平均日设计交通量宜为5000~15000辆小客车。

4. 三级公路,为供汽车、非汽车交通混合行驶的双车道公路。三级公路的年平均日设计交通量宜为2000~6000辆小客车。

5. 四级公路,为供汽车、非汽车交通混合行驶的双车道或单车道公路。双车道四级公路年平均日设计交通量宜在2000辆小客车以下;单车道四级公路年平均日设计交通量宜在400辆小客车以下。

(二) 公路技术等级选用的基本原则

公路技术等级选用应遵循下列原则:

1. 公路技术等级选用应根据路网规划、公路功能,并结合交通量论证确定。

2. 主要干线公路应选用高速公路。
3. 次要干线公路应选用二级及二级以上公路。
4. 主要集散公路宜选用一、二级公路。
5. 次要集散公路宜选用二、三级公路。
6. 支线公路宜选用三、四级公路。

三、设计车辆

（一）设计车辆外廓尺寸

设计车辆的外廓尺寸、载质量和动力性能是确定公路几何参数的主要依据。

在公路项目设计中，应根据公路功能及车辆组成情况，综合确定所选用的设计车辆，并依据设计车辆的外廓尺寸、转弯行迹、综合性能等参数，进行公路路线及路线交叉的几何设计，使得公路主线、各类交叉与出入口等均能满足对应设计车辆的正常通行条件。设计车辆的外廓尺寸如表2-1所示。公路五种设计车辆代表车型外廓尺寸的示意图详见《公路标准》或《公路路线设计规范》（JTG D20-2017）（以下简称《路线规范》）。

表2-1 设计车辆的外廓尺寸

车辆类型	总长（m）	总宽（m）	总高（m）	前悬（m）	轴距（m）	后悬（m）
小客车	6	1.8	2	0.8	3.8	1.4
大型客车	13.7	2.55	4	2.6	6.5+1.5	3.1
铰接客车	18	2.5	4	1.7	5.8+6.7	3.8
载重汽车	12	2.5	4	1.5	6.5	4
铰接列车	18.1	2.55	4	1.5	3.3+11	2.3

（二）不同类型公路设计车辆的选用

从公路项目所承担的功能角度，干线公路和主要集散公路的设计车辆应选择小客车、大型客车、铰接客车、载重汽车、铰接列车五种；次要集散公路的设计车辆应选择小客车、大型客车、载重汽车三种；支线公路的设计车辆应包括小客车和大型客车。对于有特殊通行要求的公路，其设计车辆可论证确定。

四、交通量

不论是进行公路设计，还是对公路运行质量进行评定，实施有效的交通管理，交通量均是不可或缺的一个关键因素。从设计角度而言，选用的交通量标准直接决定了公路建设规模、运营状态和服务水平。

(一) 设计交通量

设计交通量采用远景年平均日交通量（AADT）。按照公路功能决定技术等级的原则，对于高速公路和一级公路，采用双车道二级公路上限交通量15000/日，作为高速公路和一级公路的交通量下限值，不确定上限值。具体的高速公路、一级公路远景年不同服务水平下的年平均日交通量，按式2-1计算：

$$AADT = \frac{C_D N}{KD} \quad (2-1)$$

式中：$AADT$——年平均日交通量（pcu/d）；

C_D——设计服务水平下单车道服务交通量；

N——单方向车道数；

K——设计小时交通量系数，由当地交通量观测数据确定；

D——方向不均匀系数。

二、三、四级公路设计小时交通量按整个断面交通量计算，因此其年平均日设计交通量按式2-2计算：

$$AADT = C_D \times R_D / K \quad (2-2)$$

式中：$AADT$——年平均日交通量；

C_D——二、三、四级公路的设计通行能力；

R_D——二、三、四级公路的方向分布修正系数；

K——设计小时交通量系数，根据当地交通量观测数据确定。

二、三、四级公路由于运行质量受双方向流量比、超车视距、管理水平、路测干扰等多项因素的影响，其设计通行能力与设计交通量的范围较大，并有一定的重叠交叉。设计推荐采用的双车道二、三、四级公路年平均日设计交通量如表2-2所示。

表2-2 二、三、四级公路年平均日设计交通量

公路等级	设计速度（km/h）	设计通行能力（pcu/d）	方向分布修正系数	设计小时交通量系数	年平均日设计交通量（pcu/d）
二级公路	40~80	550~1600	0.88~1.0	0.9~0.19	5000~15000
三级公路	30~40	400~700	0.88~1.0	0.1~0.17	2000~6000
四级公路	20	<400	0.88~1.0	0.13~0.18	<200

(二) 交通量预测年限

公路远景预测设计年限既要考虑适应一定时期内的交通需求，又要兼顾公路投资和结构物使用年限，应有所差异。但过长会因诸多因素的不确定性导致

预测交通量误差偏大，设施闲置。因此，在分析上述原因的基础上，确定新建和改扩建公路项目的设计交通量预测应符合下列规定：

1. 高速公路和一级公路设计交通量预测年限为 20 年；二、三级公路设计交通量为 15 年；四级公路可根据实际情况确定。
2. 设计交通量预测年限的起算年为该项目可行性研究报告中的计划通车年。

（三）交通量换算

交通量换算采用小客车为标准车型。各汽车代表车型及车辆折算系数规定如表 2-3 所示。

表 2-3　各汽车代表车型及车辆折算系数

汽车代表车型	车辆折算系数	说　　明
小客车	1.0	座位≤19 座的客车和载质量≤2t 的货车
中型车	1.5	座位>19 座的客车和 2t<载质量≤7t 的货车
大型车	2.5	7t<载质量≤20t 的货车
汽车列车	4.0	载质量>20t 的货车

1. 畜力车、人力车、自行车等非机动车，按路侧干扰因素计算。
2. 公路上行驶的拖拉机每辆折算为 4 辆小客车。
3. 公路通行能力分析所要求的车辆折算系数应针对路段、交叉口等形式，按不同的地形条件和交通需求，采用相应的折算系数。

（四）设计小时交通量

设计小时交通量是确定公路等级、评价公路运行状态和服务水平的重要参数。设计小时交通量越小，公路建设规模就越小，建设费用也就越低。但是不恰当地降低设计小时交通量，会使公路交通条件恶化、交通阻塞和交通事故增多，公路的综合效益降低。因此设计小时交通量宜采用年第 30 位小时交通量，或者根据项目特点与需求，结合当地调查结果和经济承受能力，控制在第 20~40 位小时交通量之间取值。

高速公路、一级公路的设计小时交通量（$DDHV$）应按式 2-3 计算：

$$DDHV = AADT \times D \times K \quad (2-3)$$

式中：$DDHV$ ——单向设计小时交通量（veh/h）；

$AADT$ ——预测年度年平均日交通量（veh/d）；

D ——方向不均匀系数（%），宜取 50%~60%，也可根据当地交通量观测资料确定；

K ——设计小时交通量系数（%），为选定时位的小时交通量与年平均日交通量的比值。

二级公路、三级公路设计小时交通量（DHV）应按式2-4计算：

$$DHV = AADT \times K \qquad (2\text{-}4)$$

式中：DHV ——设计小时交通量（veh/h）；

$AADT$ ——预测年度年平均日交通量；

K ——设计小时交通量系数（%），为选定时位的小时交通量与年平均日交通量的比值。

设计小时交通量系数 K 还可根据具体情况，按照《公路标准》和《路线规范》的相关规定确定。

五、服务水平

服务水平是道路使用者在不同的交通流状况下，所能得到的速度、舒适性、经济性等方面的服务程度，亦即公路在某种交通条件下为驾驶者和乘客提供的运行服务质量。

（一）服务水平划分

服务水平划分为六级，是为了说明公路交通负荷状况，以交通流状态划分为条件，定性地描述交通流从自由流、稳定流到饱和流、强制流的变化阶段。高速公路、一级公路采用饱和度（v/c 是在基准条件下，最大服务交通量与基准通行能力之比，基准通行能力是五级服务水平下对应的最大小时交通量）作为主要指标；二、三级公路以延误率和平均运行速度作为主要指标；交叉口则用车辆延误来描述其服务水平。详见《公路标准》。

1. 一级服务水平，交通流处于完全自由流状态。交通量小，速度高，行车密度小，驾驶员能自由地按照自己的意愿选择所需速度，行驶车辆不受或基本不受交通流中其他车辆的影响。在交通流内驾驶的自由度很大，为驾驶员、乘客或行人提供的舒适度和方便性非常优越。较小的交通事故或行车障碍的影响容易消除，在事故路段不会产生停滞排队现象，很快就能恢复到一级服务水平。

2. 二级服务水平，交通流状态处于相对自由流的状态，驾驶员基本上可按照自己的意愿选择行驶速度，但是开始要注意到交通流内有其他使用者，驾驶人员身心舒适水平很高，较小交通事故或行车障碍的影响容易消除，在事故路段的运行服务情况比一级差些。

3. 三级服务水平，交通流状态处于稳定流的上半段，车辆间的相互影响变大，选择速度受到其他车辆的影响，变换车道时驾驶员要格外小心，较小交通事故仍能消除，但事故发生路段的服务质量大大降低，严重阻塞后面形成排队车流，驾驶员心情紧张。

4. 四级服务水平，交通流处于稳定流范围下限，但是车辆运行明显地受到交通流内其他车辆的相互影响,速度和驾驶的自由度受到明显限制。交通量稍有增加就会导致服务水平的显著降低,驾驶人员身心舒适水平降低,即使较小的交通事故也难以消除,会形成很长的排队车流。

5. 五级服务水平,为交通流拥堵流的上半段,其下是达到最大通行能力时的运行状态。对于交通流的任何干扰,例如车流从匝道驶入或车辆变换车道,都会在交通流中产生一个干扰波,交通流不能消除它,任何交通事故都会形成长长的排队车流,车辆行驶灵活性极端受限,驾驶人员身心舒适水平很差。

6. 六级服务水平,是拥堵流的下半段,是通常意义上的强制流或阻塞流。这一服务水平下,交通设施的交通需求超过其允许的通过量,车流排队行驶,队列中的车辆出现停停走走现象,运行状态极不稳定,可能在不同交通流状态间发生突变。

(二)各级公路设计服务水平

各级公路设计服务水平应不低于表2-4的规定:

表2-4 各级公路设计服务水平

公路等级	高速公路	一级公路	二级公路	三级公路	四级公路
服务水平	三级	三级	四级	四级	——

注1:一级公路用作集散公路时,设计服务水平可低一级。

注2:长隧道及特长隧道路段,非机动车及行人密集路段、互通式立体交叉的分合流区段以及交织区段,设计服务水平可降低一级。

六、速度

设计速度是确定公路几何设计指标并使其相互协调的基本要素。一经选定,公路的所有相关要素如平曲线半径、视距、超高、纵坡、竖曲线半径等指标均应与其配合以获得均衡设计。

设计速度一般是指在气象条件良好,车辆行驶只受公路本身条件影响时,具有中等驾驶技术的人员能够安全、舒适驾驶车辆的速度,因此它与运行速度密切相关。根据国内外观测研究,当设计速度高时,运行速度低于设计速度;当设计速度低时,运行速度高于设计速度。这也说明设计速度与运行速度有关。

(一)各等级公路设计速度的选用及相关规定

设计速度的选用应根据公路的功能与技术等级,结合地形、工程经济、预期的运行速度和沿线土地利用性质等因素综合论证确定,并应符合表2-5的规定。

表 2-5 设计速度

公路等级	高速公路			一级公路			二级公路		三级公路		四级公路	
设计速度（km/h）	120	100	80	100	80	60	80	60	40	30	30	20

1. 高速公路设计速度不宜低于 100km/h，受地形、地质等条件限制时，可以选用 80km/h。上述规定的目的是保证高速公路的安全与舒适。国内外高速公路的运营实践表明，设计速度低与驾驶员的期望差异较大，运行过程中极易诱发交通事故，而且复杂地形条件下的高速公路大多选在一个区域走廊带内，待经济发展需改造时，提升线形指标很困难，故将 80km/h 作为高速公路设计速度的最低要求。

2. 作为干线的一级公路，设计速度宜采用 100km/h；受地形地质等条件限制，可采用 80km/h。作为集散的一级公路，设计速度宜采用 80km/h；受地形、地质等条件限制，可采用 60km/h。

3. 高速公路和作为干线的一级公路的特殊困难局部路段，且因新建工程可能诱发工程地质病害时，经论证，该局部路段的设计速度可采用 60km/h，但长度不宜大于 15km，或仅限于相邻两互通式立体交叉之间的路段。

高速公路和作为干线一级公路的特殊困难局部路段的论证，其含义是包括技术、经济、安全、环保和社会等方面的综合比选论证，而非传统意义的技术经济论证。论证通过后才作为特殊困难的路段考虑，并且要求小于一个设计路段的长度即小于 15km；同时考虑到个别越岭路段地形条件受限时，往往可能大于 15km，针对这一特定条件将其放宽到相邻两互通式立体交叉之间的路段，但应注意线形衔接和交通工程设施的配合。

4. 作为干线的二级公路，设计速度宜采用 80km/h；受地形、地质等条件限制，可采用 60km/h。作为集散的二级公路，设计速度宜采用 60km/h；受地形、地质等条件限制，可采用 40km/h。

5. 三级公路设计速度宜采用 40km/h；受地形、地质等条件限制，可采用 30km/h。

6. 四级公路设计速度宜采用 30km/h；受地形、地质等条件限制，可采用 20km/h。

（二）设计速度检验

公路设计应采用运行速度进行检验。运行速度，是指驾驶人员根据实际道路条件、交通条件、良好气候条件等能保持安全行驶的最高速度，一般采用速度累计分布曲线上第 85 位百分点的车辆行驶速度作为运行车速,即 85% 位车速(常用 Δv_{85} 表示)。

对于采用设计速度设计的公路,进行检验时,相邻路段运行速度之差应小于 20km/h;同一路段运行速度与设计速度之差宜小于 20km/h,实践证明,上述差值控制在 10km/h 是最理想的,速度差越大行车越不安全。

(三) 限制速度

公路限制速度应根据设计速度、运行速度及路侧干扰与环境等因素综合论证确定。

目前我国公路限速值多采用设计速度,由于限速值确定不合理,影响了公路的运行效率,在社会上也造成了一定的负面影响。因此,标准把限制速度设计作为公路设计的一个重要环节提出,以便在设计阶段科学合理地确定限速值以及限速方式和方法,在保障车辆安全运行的情况下,充分发挥道路的运输效率。

七、公路建筑限界

公路建筑限界,是指为了保证公路上各种车辆正常运行与安全,在一定宽度和高度范围内不得有任何障碍物侵入的空间范围。公路标志、护栏、照明灯柱、电杆、管线、绿化、行道树以及跨线桥的梁底、桥台、桥墩也不得侵入公路建筑限界范围以内。

各级公路的建筑限界应符合图 2-1 所示,并应符合下列规定:

1. 设置加(减)速车道、紧急停车带、爬坡车道、错车道、慢车道、车道隔离设施等路段,行车道应包括该部分的宽度。
2. 八车道及以上的高速公路(整体式断面),设置左侧硬路肩时,建筑限界应包括相应部分的宽度。
3. 一条公路应采用同一净高。
4. 人行道、自行车道、检修道与行车道分开设置时,其净高应为 2.5m。
5. 路基、桥梁、隧道相互衔接处,其建筑限界应按过渡段处理。

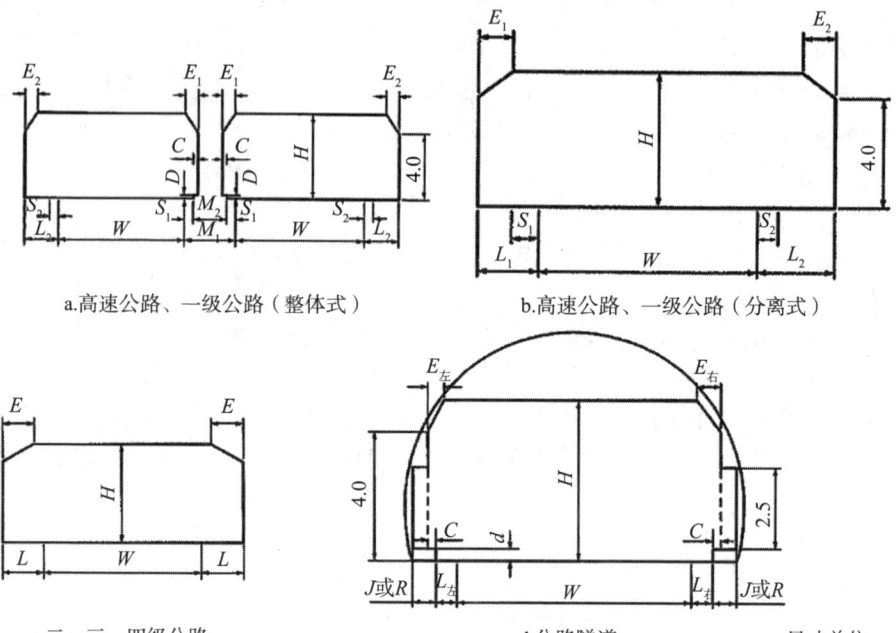

a.高速公路、一级公路（整体式）　　b.高速公路、一级公路（分离式）

c.二、三、四级公路　　　　　　d.公路隧道　　　　尺寸单位：m

图 2-1　各级公路的建筑限界

图中：W——行车道宽度；

L_1——左侧硬路肩宽度；

L_2——右侧硬路肩宽度；

S_1——左侧路缘带宽度；

S_2——右侧路缘带宽度；

L——侧向宽度。二级公路的侧向宽度为硬路肩宽度。三、四级公路的侧向宽度为路肩宽度减去 0.25m。设置护栏时，应根据护栏需要的宽度加宽路基；

$L_左$——隧道内左侧侧向宽度；

$L_右$——隧道内右侧侧向宽度；

C——当设计速度大于 100km/h 时为 0.5m，小于或等于 100km/h 时为 0.25m；

D——路缘石高度，小于或等于 0.25m。一般情况下，高速公路可不设路缘石；

M_1——中间带宽度；

M_2——中央分隔带宽度；

J——检修道宽度；

R——人行道宽度；

d——检修道或人行道高度;

E——建筑限界顶角宽度,当 $L \leqslant 1m$ 时,$E = L$;当 $L > 1m$ 时,
  $E = 1m$;

E_1——建筑限界顶角宽度,当 $L_1 < 1m$ 时,$E_1 = L_1$,或 $S_1 + C < 1m$,$E_1 = S_1 + C$;当 $L_1 \geqslant 1m$ 或 $S_1 + C \geqslant 1m$ 时,$E_1 = 1m$;

E_2——建筑限界顶角,$E_2 = 1m$;

$E_{左}$——建筑限界左顶角宽度,当 $L_{左} \leqslant 1m$ 时,$E_{左} = L_{左}$;当 $L_{左} > 1m$ 时,
  $E_{左} = 1m$;

$E_{右}$——建筑限界右顶角宽度,当 $L_{右} \leqslant 1m$ 时,$E_{右} = L_{右}$;当 $L_{右} > 1m$ 时,
  $E_{右} = 1m$;

H——净空高度。

八、公路用地范围

公路用地应贯彻切实保护耕地、节约用地的原则,在确定公路用地范围时应遵循下列规定。

1. 公路用地范围为公路两侧排水沟外边缘(无排水沟时为路堤或护坡道坡脚)以外,或路堑坡预截水沟外边缘(无截水沟为坡顶)以外不小于1m范围内的土地;在有条件的地段,高速公路、一级公路不小于3m,二级公路不小于2m范围内的土地为公路用地范围。

2. 在风沙、雪害等特殊地质地带,设置防护、整治设施时,以及在膨胀土、盐渍土等特殊土地带采取整治措施时,应根据需要确定用地范围。

3. 桥梁、隧道、互通式立体交叉、分离式立体交叉、平面交叉、交通安全设施、服务设施、管理设施、绿化以及料场、苗圃等用地,应根据实际需要确定用地范围。

4. 有条件或环保要求种植多行林带的路段,应根据实际情况确定用地范围。

5. 改扩建公路可参照新建公路用地范围的规定执行。

第二节 公路基本组成

一、概述

公路主要承受行车载荷的重复作用并经受各种自然因素的长期影响和破坏。因此,公路不仅要有平顺、均衡满足技术标准和规范要求的线形,还要有坚实稳定的路基,平整和防滑性能好的路面,牢固耐用的桥涵隧道和其他人工

构造物以及不可或缺的附属工程和交通设施，以满足安全行车的要求。公路还应该保证在使用期内，技术条件和工程质量不会显著下降，控制在容许的限度内。

公路由路基、路面、桥梁、涵洞、隧道等基本构造物组成；还有路线交叉工程、路基防护工程和排水工程；山区特殊构造物；以及沿线附属设施，如安全设施、管理设施、服务设施和公路绿化等。

二、路基

路基是根据选定的公路平面、纵面和横断面线形设计标准确定的路线位置，依据《公路路基设计规范》（JTG D30-2015）的技术规范，在自然地面上开挖或堆填成一定断面形状的土质或石质的带状（线形）构造物，是路面的基础，承受由路面传来的行车载荷。一般把路面结构层以下 0.8m 或 1.2m 范围内的路基部分称为路床，路床分为上路床及下路床两层，上路床厚度 0.3m，下路床厚度在轻、中等及重交通公路为 0.5m，特重、极重交通公路为 0.9m。公路使用品质与通过能力不仅与公路路线有关，还与路基、路面的工程结构和工程质量密切相关。同时，路基路面的质量也直接关系到行车的安全性与舒适性。

（一）路基的作用与基本要求

路基是公路的基本构造物，为路面提供一个具有足够强度的平整层，它既要承受路面的自重和由路面传递下来的行车载荷、与路面共同承受行车载荷的作用，又要承受自然因素变动影响的作用，公路的平面、纵面、横断面线形通过路基予以准确、完整表达。坚实的路基不仅可以承受行车载荷的作用、抵御各种自然因素的侵害，还可减少路面结构层的厚度，降低工程造价及使用期的养护费用。为了保证路基质量，从而保障汽车行驶的畅通与安全，对路基提出以下基本要求：

1. 具有足够的整体稳定性。路基是直接在地面上填筑或挖去一部分地面建成的。路基修建后，改变了原地面的天然平衡状态。特别是在工程地质不良的地区，加剧原地面的不平衡状态，在行车荷载及自然作用下，从而发生多种类型的路基破坏现象。因此，修建路基则可能为防止路基结构不致发生超过允许限度的变形或破坏，必须因地制宜采取一些措施来保证路基整体结构的稳定性。

2. 具有足够的强度。路基强度，是指行车荷载作用下路基抵抗变形的能力。因行车荷载及路基路面的自重同时产生一定的变形，直接损坏路面的使用品质。因此为保证路基在外力作用下，不致产生超过容许范围的变形，要求路基应具有足够的强度。

3. 具有足够的水温稳定性。路基在地面水和地下水的作用下,其强度将发生显著的降低。在季节性冰冻地区,由于水温状况的变化,路基将发生周期性冻融,形成冻胀与翻浆,使路基强度急剧下降。因此,对于路基,不仅要求有足够的强度,还要保证在最不利的水温状况下,强度不致显著降低,这就要求路基应具有一定的水温稳定性。

(二) 路基断面形式

公路路基断面形式,根据纵面线形确定的设计标高与自然地面标高的落差、施工方式,其基本形式可归纳为:路堤(全填)、路堑(全挖)、填挖结合(半填半挖)和不填不挖四种类型,如图2-2所示。

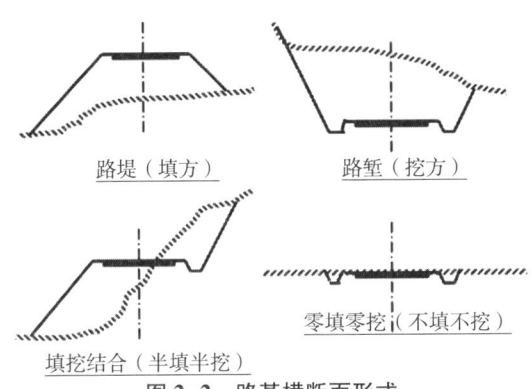

图 2-2 路基横断面形式

(三) 路基的技术规定

1. 路基宽度与横断面组成。公路路基宽度为路肩外侧边缘至路肩外侧边缘之间、垂直于道路中心线的水平距离。公路行车道面的各项设施,如中间带、变速车道、爬坡车道、应急停车带等,均包含在路基宽度范围之内,路基横断面组成部分宽度应以满足行车安全要求为前提,根据项目交通功能、各组成部分所具备的功能、设计交通量以及沿线地形等建设和通行条件综合确定。在具体项目中进行横断面形式选择时,尤其是在各类构造物与路基宽度变化路段,应首先保持与驾驶员行车安全密切相关的行车道、路缘带,包括侧向余宽的连续性。路基横断面的布置形式一般分为整体式和分离式。

由于一般公路项目设计和服务的交通量均为双向、等值的,因此,除局部单一方向设置的辅助车道、加(减)速车道、紧急停车带、避险车道、爬坡车道等外,一般公路路基横断面中各部分宽度上下行方向应该对称设置。图2-3所示为高速公路、一级公路整体式路基横断面与二、三、四级公路路基横断面组成示意图。

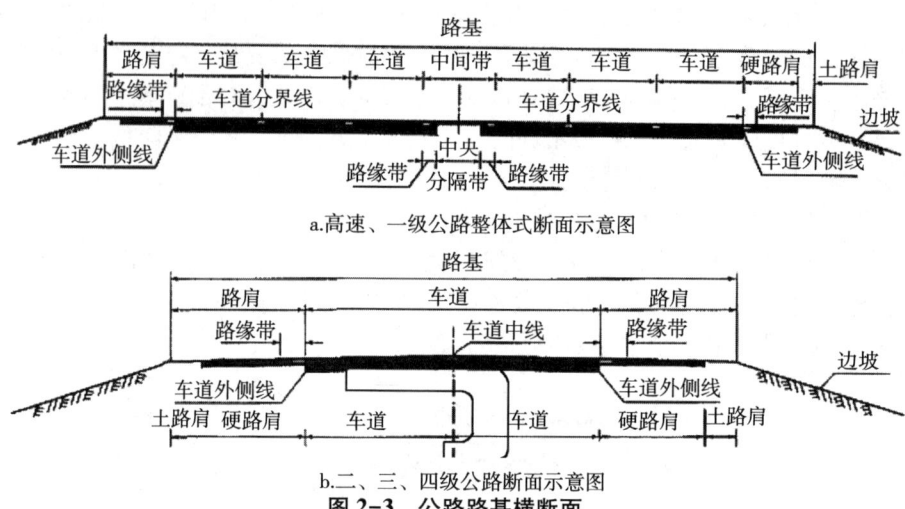

a.高速、一级公路整体式断面示意图

b.二、三、四级公路断面示意图

图 2-3　公路路基横断面

2. 路基设计洪水频率。它是公路路基的防洪标准，是公路设计时必须要考虑的一项重要因素，决定了公路在全寿命中期内抵御洪水的能力。《公路标准》规定了各级公路的路基设计洪水频率（见表 2-6）。

表 2-6　路基设计洪水频率

公路等级	高速公路	一级公路	二级公路	三级公路	四级公路
设计洪水频率	1/100	1/100	1/50	1/25	按具体情况确定

城市周边地区的公路路基设计洪水频率应结合城市防洪标准，考虑救灾通道和泄洪需求综合确定。

3. 路基高度。它包括设计标高与建筑高度。设计标高（通常由公路纵面设计决定）是指公路没有设置加宽和超高之前的标高。一般二级及以下公路采用路基边缘标高，高速和一级公路采用中央分隔带外侧边缘（与行车道连接的路缘带）标高。公路路基的建筑高度，为路堤中心自然地面高程与路基设计标高之差。路基高度应符合下列规定：

（1）路基高度设计应使路肩边缘高出路基两侧地面积水高度，同时考虑地下水、毛细水和冰冻的作用，不使其影响路基的强度和稳定性。

（2）沿河及受水浸淹的路基边缘高程，应高出表 2-6 规定设计洪水频率的计算水位加壅水高、波浪侵袭高和 0.5m 的安全高度。

4. 路基边坡。道路两侧的土（或石）坡叫边坡，根据路基横断面形式分为路堤边坡（填方边坡）和路堑边坡（挖方边坡）。边坡坡度大小取决于地质、水文条件、路基高度、横断面经济性和行车安全性等多方面因素，要协调兼顾、综合确定。如图 2-4 所示。

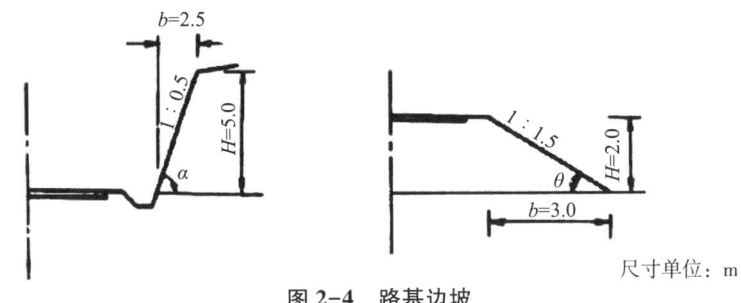

图 2-4　路基边坡

三、路面

（一）路面的作用及基本要求

路面是用各种筑路材料分层铺筑在路基上供车辆行驶的层状构筑物，是公路工程的重要组成部分。路面与路基共同承受行车载荷的作用，并直接受到自然因素变动的影响，为车辆以一定速度安全而舒适行驶提供良好的条件。

路面质量直接关系到行车的安全性与舒适性，也影响到路基路面的使用寿命。为了保证路面在标准的使用周期内维持符合要求的质量，保持良好的品质，对路面提出以下基本要求。

1. 强度、刚度和稳定性。路面应有足够的强度和刚度，以承受行车荷载的作用，而不产生招致路面破坏的变形和磨损。同时，这种强度和刚度又应有足够的稳定性，在不利的自然因素（水、温度等）作用下，其变化幅度减少到最低限度。

2. 平整度。路面应平整，以减轻车轮对路面的冲击力，保证行车的平稳、舒适和达到要求的速度，不致产生行车颠簸和震动、速度下降、运输成本提高以及路面破坏加剧。

3. 抗滑性。路面要有一定的粗糙度，以免车轮与路面间的摩擦系数过小，而在气候条件不利（雨、雪天）时产生车轮打滑，迫使车速降低、燃料消耗增加，甚至在车辆转弯或制动时发生由于抗滑性不足的安全事故。

一方面，路面要平整，但不宜光滑，光滑的路面将使车轮与路面之间缺乏足够的摩擦阻力（附着力），车轮容易打滑和空转，不能保证高速行车；另一方面，抗滑性差将使汽车制动距离增加，行车安全不能保证，容易引起交通事故。抗滑性直接影响到行车安全和经济效益，行车速度越高，对抗滑性的要求也越高，越是高级路面，越应重视抗滑性问题。

4. 少尘。应使路面在汽车通行时飞尘较少，飞尘直接影响空气质量，同时对行车视距、汽车零件、乘客舒适度以及环境卫生带来不良影响，也不利于沿线农作物的生长。

5. 耐久性。路面要承受行车荷载和气候因素的多次重复作用，由此而逐渐出现疲劳破坏和塑性变形累积；路面材料还因老化衰变而破坏，这些都导致养护工作量增大、路面寿命缩短。所以，路面必须经久耐用，具有较高的抗疲劳、抗老化及抗变形累积的能力。

6. 噪声低。当道路上有机动车辆行驶时，车辆发动机的轰鸣、排气、轮胎与路面摩擦及喇叭声等形成的噪声，使人感到厌烦，影响沿线人民的生产和生活。所以，路面应尽可能平整、无缝，以减小噪声。

（二）路面结构与类型

1. 路面结构。路面是一种层状构筑物，完整的路面结构，一般包括面层、基层、底基层和垫层，分层铺筑于路基顶面的路槽之中。由于不同结构层发挥的作用不同，所用的材料亦不相同，但材料总体均应满足强度、稳定性、耐久性的要求。路面结构设计标准轴载为双轮组单轴100kN，轮胎压力为0.7MPa。重载交通路段可根据实际情况采用分向、分道方式进行路面结构设计。

为使路面上的雨水及时排除，路面的表面通常做成中间高、两边低的形状，称为路拱。从路中心到路面边缘的平均坡度叫路拱横坡。路面两侧至路基边缘称为路肩。图2-5为上述各部分示意图。

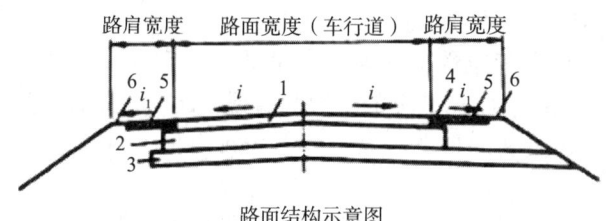

路面结构示意图

1.面层（包括面层上层、面层下层、磨耗层和联层） 2.基层（包括底基层） 3.垫层
4.路缘石 5.加固路肩 6.土路肩 i.路拱横坡度
i_1.路肩横坡度

图2-5 路面结构

2. 路面类型。路面根据其受到行车荷载作用后所表现出的力学特性，可分为柔性路面、刚性路面和半刚性路面三类。

（1）柔性路面。柔性路面，是指路面整体结构刚度比较小，抗弯拉强度较低，主要靠抗压、抗剪强度来承受车轮荷载作用的路面。一般包括除用水泥混凝土作面层和基层外的各种路面结构，适用于各等级公路路面。柔性路面在车轮荷载作用下产生较大弯沉变形，通过各结构层紧密配合、共同承受行车荷载，并将荷载传递给路基，此种路面的板体效应弱，竖向变形较大，工作在弹性—塑性变形阶段，经车轮长时间重复碾压，会产生残余形变，因此，路基承受较大的单位压力，路基需要有较高的强度和稳定性。

（2）刚性路面。刚性路面，是指路面整体结构刚度较大，抗弯抗拉强度较高的路面，一般包括各种水泥混凝土作面层或基层的路面，适用于各等级公路路面。此种路面板体效应强，竖向变形很小，工作在弹性变形阶段，脆性大，当支撑路面面层的基层或土基产生不均匀沉陷时，可引起水泥混凝土面板折裂，路基需要有较高的整体稳定性。

（3）半刚性路面。用水泥、石灰等无机结合料处治的土或碎（砾）石及含有水硬性结合料的工业废渣修筑的基层，在前期具有柔性路面的力学性质，后期的强度和刚度均有较大幅度的增长，但是最终的强度和刚度仍远小于水泥混凝土。由于这种材料的刚性处于柔性路面与刚性路面之间，因此，把含有上述材料作基层的沥青路面结构称为半刚性路面，确切地应称为半刚性基层沥青路面。

通过上述分析可以看出，不同力学特性的路面类型与所采用的路面建筑材料密切相关，决定了不同的路面结构形式。

路面类型的选用应根据公路功能、技术等级、交通量、环境保护、工程经济等因素进行综合论证后选用；路面结构形式应根据当地气候条件、交通荷载、当地材料，并结合面结构耐久性、资源循环利用等因素进行全寿命周期经济分析后合理确定。根据标准规定公路路面结构设计使用年限应不低于表2-7的规定。

表2-7 公路路面结构设计使用年限

公路等级		高速公路	一级公路	二级公路	三级公路	四级公路
设计使用年限（年）	沥青混凝土路面	15	15	12	10	8
	水泥混凝土路面	30	30	20	15	10

四、桥梁、涵洞的基本知识

（一）公路桥涵的一般规定

桥涵是公路的重要组成部分，特别是大、中型桥梁对当地的政治、经济、国防都具有重要的意义，属于公路的控制性工程。因此，公路桥涵应根据所在公路的使用任务、性质和将来发展的需要，按照适用、经济和适当照顾美观的原则进行设计。

1. 桥涵应根据公路功能、技术等级、通行能力及防灾减灾等要求，结合水文、地质、通航和环境等条件进行综合设计。

2. 桥涵应按照安全、耐久、适用、环保、经济和美观的原则，考虑因地制宜、就地取材、便于施工和养护等因素，进行全寿命设计。

3. 桥涵应与自然环境和景观相协调。特殊大桥宜进行景观设计。

4. 桥涵的设置应结合农田基本建设考虑排灌的需要。

5. 特大桥、大桥桥位应选择河道顺直稳定、河床地质良好、河槽能通过大部分设计流量的河段，并应避开断层、岩溶、滑坡、泥石流等不良地质地带。在受条件限制而选取不利桥位时，必须采取防控措施并进行严格论证。

6. 桥面铺装应有完善的桥面防水、排水系统。

7. 桥涵跨径小于或等于50m时，宜采用标准化跨径、装配式结构、机械化和工厂化施工。

8. 对于分期修建的桥梁，应选择先期与后期易衔接的结构形式。

9. 桥涵应设置维修养护通道，特大桥和大桥应设置必要的养护设施。

（二）桥梁的基本组成

桥梁由四个基本部分组成，即上部结构、下部结构、支座和基本附属设施。

图2-6为一座公路桥梁的概貌，从图中可见，涉及一般桥梁工程的几个主要名词解释如下：

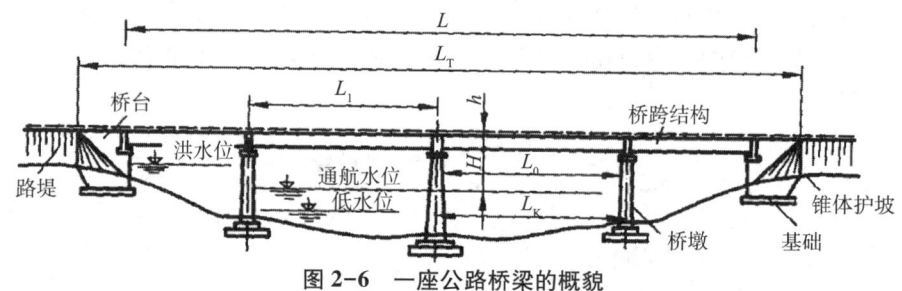

图2-6　一座公路桥梁的概貌

上部结构：是在线路中断时跨越障碍的主要承重结构，是桥梁支座以上（无铰拱起拱线或刚架主梁底线以上）跨越桥孔的总称；当跨越幅度越大时，上部结构的构造也就越复杂，施工难度也相应增加。

下部结构：包括桥墩、桥台和基础。

桥墩和桥台：是支撑上部结构并将其传来的恒载和车辆等活载再传至基础的结构物。通常设置在桥两端的称为桥台，设置在桥中间部分的称为桥墩。桥台除了上述作用外，还与路堤相衔接，并抵御路堤土压力，防止路堤填土的坍落。单孔桥只有两端的桥台，而没有中间的桥墩。

桥墩和桥台底部的奠基部分，称为基础，基础承担了从桥墩和桥台传来的全部荷载，这些荷载包括竖向荷载以及地震力、船舶撞击墩身等引起的水平荷载，由于基础往往深埋于水下地基中，在桥梁施工中是难度较大的一个部分，也是确保桥梁安全的关键之一。

支座：是设在墩（台）顶，用于支撑上部结构的传力装置，它不仅要传递很大的荷载，而且要保证上部结构按设计要求能产生一定的变位。

基本附属设施：包括桥面系、伸缩缝、桥梁与路堤衔接处的桥头搭板和锥形护坡等。

（三）桥涵的基本尺寸

1. 桥梁的基本尺寸。它主要是指长度和高度两个方面的尺寸，如图 2-6 所示。

长度方向的尺寸：计算跨径 L_1——桥跨结构两支点间的距离。桥跨结构的力学计算均以 L_1 为准。

净跨径 L_0——设计洪水位线上相邻两桥墩（或桥台）间的净距。

标准跨径 L_K——梁式桥为相邻两桥墩中线或桥墩中线与桥台台背前缘间的距离；而拱桥的标准跨径则为两起拱线间的水平距离（即净跨径）。桥涵的跨径小于或等于 50m 时，宜采用标准跨径。

标准化跨径规定如下：0.75m、1.0m、1.25m、1.5m、2.0m、2.5m、3.0m、4.0m、5.0m、6.0m、8.0m、10m、13m、16m、20m、25m、30m、35m、40m、45m、50m。

桥梁全长 L——有桥台的桥梁应为两岸桥台侧墙或八字尾端间的距离；无桥台的桥梁应为桥面系长度。

高度方向的尺寸：桥下净空高度 H——设计洪水位或计算通航水位与桥跨结构最下缘的高差。

桥梁建筑高度 h——桥面（包括路拱）与桥跨结构最低边缘的高差。

2. 涵洞的基本尺寸。涵洞是横穿路堤的人工构造物，它由洞身和洞口建筑两部分组成。位于河流上游的洞口，叫进水口；位于下游的洞口，叫出水口。路线在跨越水流流量不大的河沟、谷沟和灌溉渠时常修建涵洞来宣泄水流，有的涵洞还可兼作交通道口。

与桥梁不同的是，涵洞的长度 L 指的是沿水方向涵洞进、出口帽石前缘间的距离（见图 2-7）。

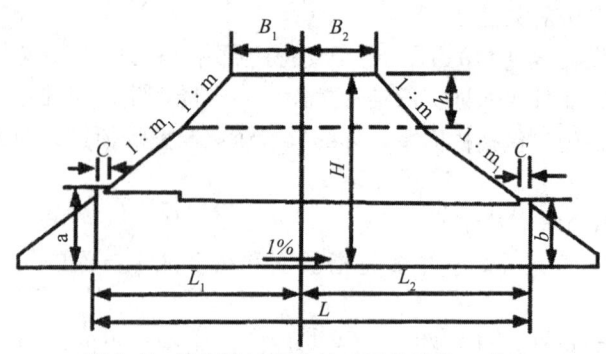

图 2-7 路堤边坡有变坡时涵长计算示意图

注：L_1 及 L_2—涵洞上、下游半部长度；B_1 及 B_2—上、下游路基宽度；a 及 b—进、出口翼墙帽石至基础顶面高度；c—翼墙帽石宽；H—路肩至涵洞中心基础顶面的高度。

（四）桥梁净空

桥梁净空包括桥面净空和桥下净空。

1. 桥面净空，是为了保证车辆和行人的安全通过，在桥面上垂直于行车方向应保留的限界空间，包括净宽和净高。桥面净空应服从公路建筑限界的规定，并应符合下列规定：

（1）多车道公路上的特大桥为整体式上部结构时，中央分隔带宽度应根据所采用的护栏形式决定；

（2）特大桥路肩宽度经论证后可采用标准规定路肩的最小值；

（3）路、桥不同宽度间应顺适过渡；

（4）桥上设置的各种管线、安全设施及标志不得侵入公路建筑限界。

2. 桥下净空，指的是为满足桥下通航（行车、行人）的需要，对上部结构底缘以下规定的空间限界。标准要求桥下净空应符合以下规定：

（1）通航或流放木筏的河流，桥下净空应符合通航标准或流放木筏的要求；

（2）跨线桥桥下净空，应符合被交叉公路、铁路、其他道路等建筑限界规定；

（3）桥下净空应考虑排洪、流水、漂流物、冰塞以及河床冲淤等情况。

（五）桥梁及引道线形要求

标准对桥梁及引道线形作了如下规定：

1. 桥梁及引道的平、纵、横技术指标英语路线总体布设相协调；
2. 桥上纵坡不宜大于4%，桥头引道纵坡不宜大于5%；
3. 位于市镇混合交通繁忙处，桥上纵坡和桥头引道纵坡均不得大于5%；
4. 桥头两端引道线形应与桥上线形相配合。

（六）汽车及人群载荷

汽车及人群载荷，是桥涵结构力学计算的重要依据，关系到桥涵的承载能力与行车安全性。

1. 汽车载荷。《公路标准》将汽车荷载分为公路—Ⅰ级和公路—Ⅱ级两个等级，由车道荷载和车辆荷载组成，并规定如下：

（1）车道荷载由均布荷载和集中荷载组成，用于桥梁结构整体分析计算。

（2）车辆荷载用于桥梁结构局部分析计算和涵洞、桥台、挡土墙土压力等的分析计算。

（3）车道荷载与车辆荷载的作用不得相互叠加。

各级公路桥涵设计的汽车荷载等级应符合表2-8的规定。

表2-8 汽车荷载等级

公路等级	高速公路	一级公路	二级公路	三级公路	四级公路
汽车荷载等级	公路—Ⅰ级	公路—Ⅰ级	公路—Ⅰ级	公路—Ⅱ级	公路—Ⅱ级

注1：二级公路作为集散公路且交通量小、重型车辆少时，其桥涵设计可采用公路—Ⅱ级荷载。

注2：对交通组成中重载交通比重较大的公路，宜采用与该公路交通组成相适应的汽车荷载模式进行结构整体和局部验算。

2. 人群载荷。标准规定，公路桥涵设置人行道时，应同时计入人群载荷。并应符合下列规定：

（1）桥梁计算跨径小于或等于50m时，人群载荷的标准为3.0kN/m^2；桥梁计算跨径大于或等于150m时，人群载荷的标准为2.5kN/m^2；桥梁计算跨径大于50m、小于150m时，可由线性内插得到人群载荷标准值。跨径不等的连续结构，采用最大计算跨径的人群载荷标准值。

（2）非机动车、行人密集的公路桥梁，人群荷载标准值为上述标准值的1.15倍。

（3）专用人行桥梁，人群荷载标准值为3.5kN/m^2。

（七）桥涵设计使用年限

桥涵主体结构和可更换部件的设计使用年限见表2-9的规定。

表 2-9　桥涵设计使用年限　　　　　　　　　　　　单位：年

公路等级	主体结构			可更换部件	
	特大桥 大桥	中桥	小桥 涵洞	斜拉索 吊索 系杆等	栏杆 伸缩缝 支座等
高速公路 一级公路	100	100	50	20	15
二级公路 三级公路	100	50	30		
四级公路	100	50	30		

（八）桥梁的分类

桥梁结构种类繁多，形式多样。为了方便学习掌握，有必要对桥梁进行分类，以便统一对它们的认识，下面介绍几种常见的分类方法。

1. 按桥梁的结构体系划分。

（1）梁式桥。其桥跨结构是一种梁或梁式桁架。它的受力特征是在垂直荷载作用下，支座反力也是垂直的。梁式桥又可分为简支梁桥、连续梁桥和悬臂梁桥，如图 2-8 所示。

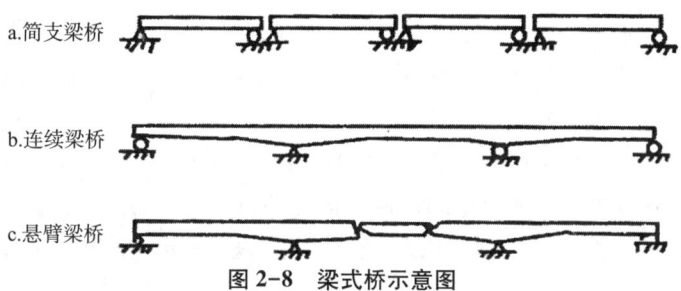

图 2-8　梁式桥示意图

（2）拱桥。其桥跨结构是拱，即两端支撑在墩台上的曲梁。曲梁的曲线形式有圆弧线、抛物线、悬链线等几种。它的受力特征是在垂直荷载作用下，拱脚和墩台间不仅有垂直反力，同时还有水平反力，有的甚至尚有力矩存在，如图 2-9 所示。

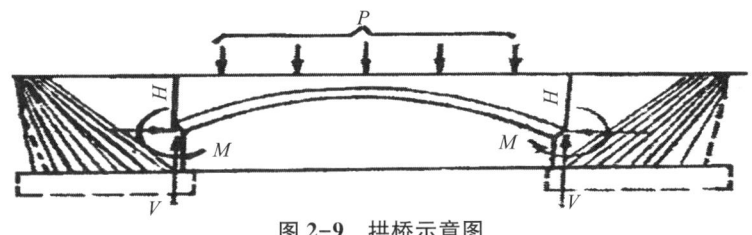

图 2-9　拱桥示意图

（3）刚架桥。其基本单元是上部结构与桥墩固结，在立面上呈"T"字形的结构。桥跨在组成多孔时有两种方式，一种是跨中设剪力铰，如图 2-10a 所示；另一种是跨中设柱梁，如图 2-10b 所示，这两种桥跨均属无推力结构，但前者属超静定结构，后者属静定结构。

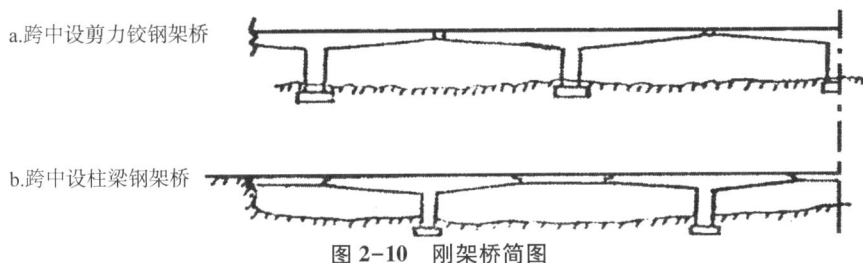

图 2-10　刚架桥简图

（4）吊桥。它以承受拉力的缆索为主要承重构件，由悬索、塔架和桥道三个主要部分组成。桥道直接承受车辆荷载，并将恒载和车辆荷载通过悬杆传给悬索。曲线形的悬索挂于塔架上，并在两端锚固，是吊桥的承重构件，如图 2-11 所示。

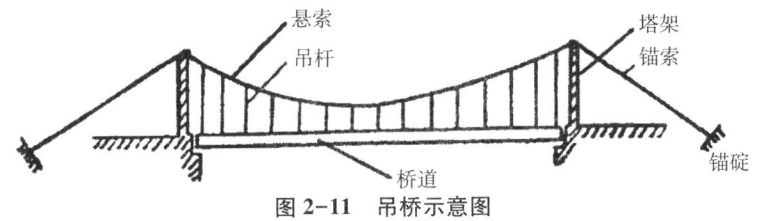

图 2-11　吊桥示意图

（5）斜拉桥。它是一种组合体系桥，它主要由斜钢缆、塔柱和主梁三部分组成（见图 2-12）。主梁可采用钢结构、预应力混凝土等制作。当主梁采用钢结构时，就称为钢斜拉桥；主梁采用预应力混凝土时，则称为预应力混凝土斜拉桥。斜拉桥是利用塔柱伸出的高强度斜钢缆拉住主梁，每一根钢缆相当于一个支座，它具有较大的弹性。主梁借助于这些钢缆的弹性支撑，减少了中间桥墩，降低了主梁截面的弯矩，并能减轻自重，增大跨越能力。

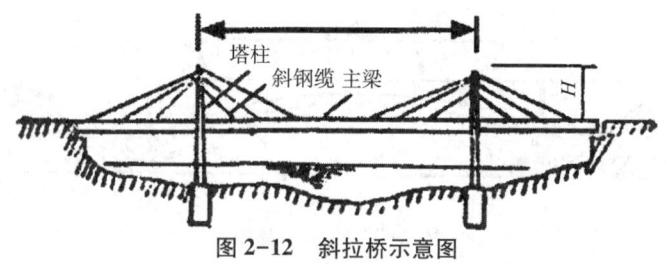

图 2-12　斜拉桥示意图

图 2-13 所示为杭州湾大桥南航道 A 形独塔斜拉桥效果图。

图 2-13　杭州湾大桥南航道 A 形独塔斜拉桥效果图

2. 按跨径对桥梁进行划分，如表 2-10 所示。

表 2-10　桥涵分类

桥涵分类	多孔跨径总长 L（m）	单孔跨径 L_k（m）
特大桥	L>1000	L_k>150
大桥	100≤L≤1000	40≤L_k≤150
中桥	30<L<100	20≤L_k<40
小桥	8≤L≤30	5≤L_k<20
涵洞	—	L_k<5

注1：单孔跨径系指标准跨径。

注2：梁式桥、板式桥的多孔跨径总长为多孔标准跨径的总长；拱式桥为两端桥台内起拱线间的距离；其他形式桥梁为桥面系车道长度。

注3：管涵及箱涵不论管径或跨径大小、孔数多少，均称为涵洞。

注4：标准跨径：梁式桥、板式桥以两桥墩中线间距离或桥墩中线与台背前缘间距为准；拱式桥和涵洞以净跨径为准。

3. 按桥梁的用途桥梁可划分为：公路桥、铁路桥、公路铁路两用桥、农桥、人行桥、运水桥（渡槽）及其他专用桥梁（如通过管线、电缆等）。

4. 按主要承重结构所用的材料可将桥梁划分为：圬工桥（包括砖、石、混凝土桥）、钢筋混凝土桥、预应力混凝土桥、钢桥和木桥等。

5. 按跨越障碍物的性质可将桥梁划分为：跨河桥、跨线桥、高架桥等（高架桥一般指代替高路堤的桥梁）。

6. 按桥跨结构在桥梁中的位置可将桥梁划分为：上承式桥、下承式桥和中承式桥，如图 2-14 所示。桥面布置在主要承重结构之上的称为上承式桥；桥面布置在承重结构之下的称为下承式桥；桥面布置在桥跨结构高度中间的称为中承式桥。

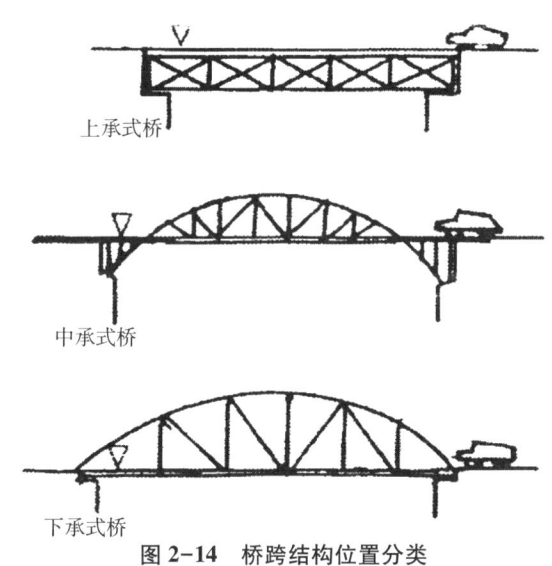

图 2-14 桥跨结构位置分类

五、隧道的基本知识

隧道是公路的重要组成部分和控制性工程，特别是近年来，随着我国经济的发展及环保意识增强，加之盾构技术的快速发展，为隧道施工创造了条件，公路建设中特别是高等级公路采用隧道的方案越来越多，其中长隧道和短隧道的数量呈现大量增长的趋势，在改善公路技术状态、缩短运行距离、提高运输能力、减少事故等方面起到了重要的作用。

（一）隧道的分类

隧道通常指用作地下通道的工程建筑物，一般可分为两大类。

一类是修建在岩层中的，称为岩石隧道；另一类是修建在土层中的，称为软土隧道。岩石隧道修建在山体中的较多，故又称山岭隧道；软土隧道常常修建在水底和城市立交，故又称水底隧道和城市道路隧道。公路隧道以山岭隧道为主。

标准规定，隧道按长度可分为表 2-11 所示的类型。

表 2-11 隧道分类

隧道分类	特长隧道	长隧道	中隧道	短隧道
隧道长度 L（m）	L>3000	3000≥L>1000	1000≥L>500	L≤500

（二）隧道及洞口两端路线线形基本技术规定

1. 隧道路段平、纵线形应均衡、协调，水平隧道平面线形宜采用直线，当设为曲线时宜采用不设超高的平曲线。

2. 洞口内外侧各 3s 设计行程长度范围内的平纵线形应一致，特殊困难地段，经技术经济比较论证后，洞口内外平曲线可采用缓和曲线，但应加强线形诱导设施。

3. 洞口外相接路段应设置距洞口不小于 3s 设计行程长度，且不小于 50m 的过渡段，保持横断面过渡的顺适。

4. 隧道内纵坡应小 3%，大于 0.3%，但短于 10m 的隧道可不受此限。

5. 高速公路、一级公路的中、短隧道，当条件受限制时，经技术经济论证、交通安全评价后，隧道最大纵坡可适当加大，但不宜大于 4%。

（三）隧道交通工程及附属设施的配置规定

1. 隧道交通工程及附属设施的技术标准与建设规模应根据公路功能、技术等级、交通量、隧道长度等确定，并应符合公路项目交通工程及沿线设施总体设计的要求。

2. 隧道内应设置标志、标线、轮廓标等安全设施。高速公路、一级公路隧道洞口两端连接过渡段的标志、标线、轮廓标及护栏等应进行专门设计。

3. 特长隧道和高速公路、一级公路长隧道应设置监控设施。二级公路长隧道可根据需要设置监控设施。

4. 通风设施应根据隧道长度、交通组成和交通量增长情况等，按统筹规划、一次设计、分期实施的原则设置。

5. 长度 L>200m 的高速公路隧道、一级公路隧道应设置照明，长度 100m<L≤200m 高速公路光学长隧道、一级公路光学长隧道应设置照明。

二、三、四级公路的隧道可根据具体情况设置照明设施。

设置照明的隧道洞口内外亮度应顺适过渡，不设置照明的隧道应加强设置视线诱导设施。

6. 特长隧道和高速公路、一级公路的长隧道，必须配置紧急呼叫设施、火灾报警设施、消防设施与通道等。

二、三级公路的长隧道，应根据需要设置紧急呼叫设施、火灾报警设施、消防设施与通道等。

7. 特长隧道和高速公路、一级公路的长隧道，必须保证重要电力负荷供应可靠。

（四）隧道使用年限

隧道使用年限应符合表 2-12 的规定。

表 2-12　隧道使用年限　　　　　　　　　　　　　　　单位：年

名称	衬砌、洞门等主体结构				可更换、修复部件
类别	特长隧道	长隧道	中隧道	短隧道	特长、长、中、短隧道
高速公路、一级公路、二级公路	100	100	100	100	30
三级公路	100	100	100	50	
四级公路	100	50	50	50	

六、附属工程

（一）公路排水系统

公路排水系统是为了排除地面水和地下水而设置的，由各种拦截、汇集、输送及排放等排水设施所组成的构造物。除桥梁涵洞外，排水系统主要有路基边沟、截水沟、排水沟、暗沟、渗沟、渗井、排水隔离层、暗管、跌水与急流槽、渡槽等路基排水构造物。

（二）防护工程

防护工程是为了加固路基边坡，确保路基稳定而修建的结构物。按其作用不同，可分为坡面防护、冲刷防护和支挡构造物三大类。路基边坡坡面防护，一般有植物防护、坡面处治及护坡与护面墙等；冲刷防护除上述防护外，为调节水流流速及流向，防护路基免受水流冲刷，在沿河路基可设置顺坝、丁坝、格坝等导流结构物；支挡构造物一般是指填（砌）石边坡、挡土墙、护脚及护面墙等。

（三）交通设施

交通设施，一般是指公路沿线设置的交通安全、养护管理、服务、环境保护等交通工程与沿线设施，可以归纳为交通安全设施、服务设施和管理设施。主要有交通标志、标线、护栏、护墙、护柱、中央分隔带、声屏障、隔离墙、照明设备、停车场、加油站、汽车修理站、养护管理房屋和绿化美化设施等。

思考题

1. 公路功能与公路等级的关系？
2. 公路服务水平的本质是什么？
3. 《公路工程技术标准》的控制要素有哪些？
4. 速度一致性包含哪几方面的内容，与行车安全的关系是什么？
5. 简述路基、路面对交通安全的影响。

第三章 公路路线

汽车在公路上行驶，如果我们从高空向下俯视，它好像一个质点在地平面上运动。汽车在平地上直线前进时，表现为单轴位移；在左右转向时，则在纵轴和横轴同时表现出位移；如果公路有起伏、又同时伴有转向，此时质点运动的轨迹就要复杂得多，它既有对纵轴和横轴的位移，同时还有竖向位移。由此可以概括地说，汽车在公路表面上，沿着公路中心线的方向行驶，公路的中线就是汽车（质点）运动的轨迹。这一条轨迹在大地平面和高程方面的变化，可把它看作是一条三维空间曲线。我们所设计的公路线形，沿着路中心线的平面和竖面投影，都是直线与圆弧（有的平面线形还包含回旋曲线）曲线的衔接和重复。

通常见到的公路路线设计图，都是用三轴正投影表示公路的几何形状。其中平面图上的直线和曲线部分，称为公路的直线段和平曲线段；纵断面上的直线和曲线部分，称为公路的纵坡段和竖曲线段。公路设计的主要任务，就是按照地形条件、地质条件和交通运输的要求，将这一些几何线段巧妙地组成一条匀称连续的曲线。用这样的线形修建公路，不会有骤然的转折和骤然的起伏，就不会使行驶的车辆感到不顺畅。因此，公路路线设计质量的高低，既关系到汽车运行时的舒适与安全，也关系到工程施工的难易、工程费用的多少及营运成本的高低等。

第一节 平面线形

一、概述

道路中心线在水平面的投影就是平面线形，又称作路线的平面。在进行公路勘测设计时，从起点开始，在控制朝着终点方向不变的前提下，为了避开村镇，绕过峰峦，跨过深涧和河谷，公路总是在左弯右拐、蜿蜒曲折地穿过山丛、越过平原而向前伸展。同时，为了保证汽车高速、安全、舒适的行驶，公路设计人员按运动学和力学的基本原理，选用一系列的直线、圆曲线、缓和曲线、回旋曲线，并将它们有规则地连接起来，组合成一条公路路线。使之与地形、地貌十分贴切，以达到路程短、技术标准高和工程投资省的目的。

二、平面线形基本要素

公路勘测设计的主要任务，就是在起点和终点这两个最重要的控制点之间，按照地区经济建设要求与公路等级和技术标准并充分考虑地形和地质条件，选择一系列中间点连成折线，这就是公路设计的导线。这些直线段与直线段的交接点，称为交点（JD）。在交点上两条直线交叉所形成的角称为转角（a）或偏角。很显然，如果用折线作公路中线，汽车在这样的公路上几乎无法行驶。因此在进行公路设计时，需在相邻折线之间，选择不同半径的圆曲线将它们连接起来，组成一条圆滑、顺畅的曲线，以满足行车要求。为了使线形柔顺，车辆运行平稳，还需在直线与圆曲线之间及不同半径的圆曲线之间插入缓和曲线。这条由直线、圆曲线和缓和曲线组合成的设计线就成为公路的中线（见图3-1）。

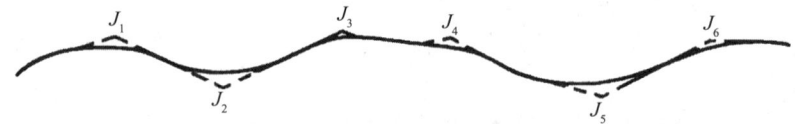

图 3-1 公路中线的平面几何形状

顺着中线前进方向，直线与圆曲线直接衔接的点，即直线与圆弧的切点叫直圆（ZY）点。圆曲线的中点叫曲中（QZ）点。圆曲线末端与另一直线的切点叫圆直（YZ）点。如果在直线与圆曲线之间插入一段缓和曲线，组成直线—缓和曲线—圆曲线相互衔接的线形（见图3-2）。直线与缓和曲线衔接的点称为直缓点（ZH）；缓和曲线与圆曲线衔接的点叫缓圆（HY）点。反之则分别叫缓直（HZ）点及圆缓点（YH）。在公路设计中，等级较低的公路，直线与圆曲线直接衔接；等级较高的公路，直线与圆曲线之间都须插入一段缓和曲线。这两种衔接方式，如图3-2所示。

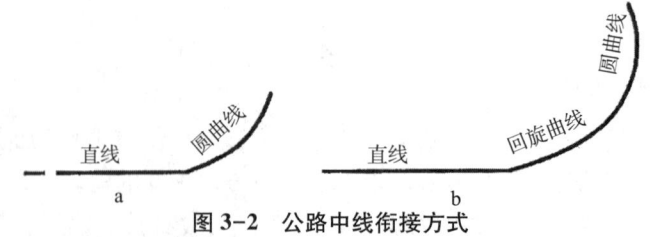

图 3-2 公路中线衔接方式

由于导线在交点的转折方向，必须受地形或地物条件的约束，致使相邻两条折线之间,有时形成方向相反的偏角,也有时形成方向相同的偏角。在一般情况下,公路平面线形有以下几种组合形式。

(一)反向曲线

当导线在相邻交点的前后向不同方向转折,若用圆曲线分别连接起来就成为反向曲线,如图3-3所示。其中图3-3a为圆曲线间经缓和曲线连接,图3-3b为圆曲线间插入直线连接。

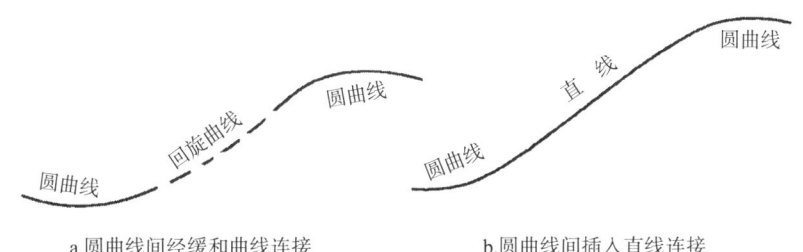

a.圆曲线间经缓和曲线连接　　　　b.圆曲线间插入直线连接
图3-3　反向曲线连接

(二)同向曲线

当导线在相邻交点的前后向同一方向转折时,若用圆曲线将折线同时连接起来,就成为同向曲线,如图3-4所示。其中图3-4a为相邻同向曲线间插入一段缓和曲线或较长的一段直线;图3-4b在两同向曲线之间插入一段很短的直线,常称作断臂曲线,由于这一线形不利于行车安全,所以设计时一般都将两个相邻的同向曲线直接连接起来,成为复曲线(见图3-4c)。假如再用几何原理,调整复曲线的两个半径,使它们彼此相等,也可将复曲线设计为单一的圆曲线。

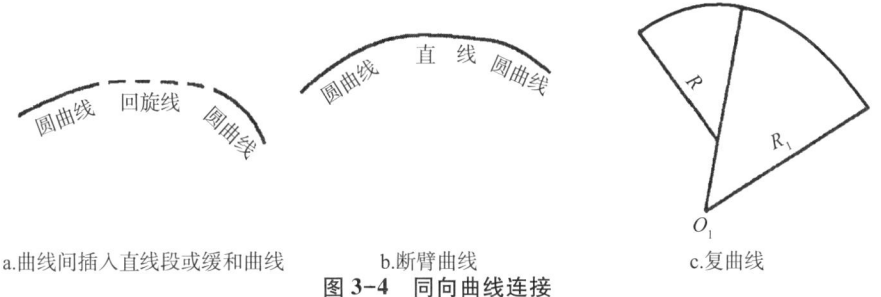

a.曲线间插入直线段或缓和曲线　　　b.断臂曲线　　　　c.复曲线
图3-4　同向曲线连接

由上述可知,构成平面线形的主要组成要素是直线、圆曲线和缓和曲线。根据地形、地物,综合各方面因素,对它们进行合理的组织和使用,从而构成平缓、流畅的平曲线形。

三、直线

直线是平面线形的基本要素之一，直线作为平原地区道路的主要线形，它具有路线直捷、前进方向明确和测设简便等优点。但是长直线由于景色单调和公路环境缺少变化往往会使驾驶人产生疲劳或注意力分散，尾随车辆不易估计车速，以致发生事故。过去，我国西北地区、海南岛、山东等地修建的公路都有几公里甚至几十公里的长直线路段。例如，西北地区有的公路长直线路段长达47.5km，20~30km的路段也不少。目前，随着我国土地利用程度的提高，除西北等地区外，要选用这样的长直线路段是不容易的。事实上，直线的最大与最小长度从理论上很难求解，主要应根据路线所处地段的地形、地物、驾驶人员的视觉、心理状态以及保证行车安全等合理确定和布设。日本、德国的规范规定，直线长度不宜超过设计速度的20倍（120km/h的设计速度，直线长度为2400米），即72s的行程；西班牙规定不宜超过80%设计速度的90s行程；法国认为长直线宜采用半径5000米以上的圆曲线代替；美国规定线形尽可能直捷，但应与地形一致。直线本身并无优劣之说，关键在于结合地形恰当地运用。我国地形、地貌差异巨大，调研中，各省对于长直线的运用存在不同看法，确有直线长度远远超过20倍设计速度的事例，因此，规范对直线最大长度未作明确规定，仅"规定直线长度不宜过长"，给设计人员留下空间去分析、判断，使设计更加符合实际。当具体项目中因条件限制采用长直线时，应结合运行速度分析和安全性评价，增设必要的提醒和警示标志，避免出现驾驶疲劳现象。

此外，对曲线间直线的最小长度应加以限制。《公路路线设计规范》（JTG D20-2017）规定：两圆曲线间以直线径向连接时，直线的长度不宜过短，并应符合以下规定。

1. 设计速度大于等于60km/h时，同向曲线建最小长度（以m计）以不小于设计速度（以km/h计）的6倍为宜；反向曲线间的最小长度（以m计）不小于设计速度（以km/h计）的2倍为宜。

2. 设计速度小于或等于40km/h时，可参照上述规定执行。

四、圆曲线

（一）圆曲线半径的确定

1. 圆曲线半径的确定原理。在路线设计中，应在两直线的交点处，用曲线将其平顺地连接起来，以利于汽车安全正常地通过。这段曲线称为公路平曲线（平曲线包括两部分：圆曲线和缓和曲线）。不同半径曲线的平顺程度是不一样的，它受到曲线敷设处技术条件的限制。公路平曲线是鉴别公路等级高低的重要技术指标之一。因此有必要了解平曲线设计的基本原理。

平曲线的设计原理是确保汽车沿道路前进时,其横向与纵向能同时处于安全正常状态。在平曲线上行驶的横向安全状态,是指设计中应当确保汽车无侧滑和倾覆的危险;而横向的正常状态,则指汽车上的乘客和汽车本身处于平稳状态。设计中应当确保乘客有一定的舒适性,应当力求使汽车在平曲线上的额外消耗(燃料、轮胎磨耗、机械磨损)尽可能小。

2. 圆曲线半径公式。汽车行驶在平曲线的横向安全正常状态与汽车行驶于平曲线上的受力状态有关,因此分析其横向受力状态。根据车辆在弯道上行驶时的受力状况及各种力的几何关系(见图3-5),可推导出圆曲线半径的计算公式3-1:

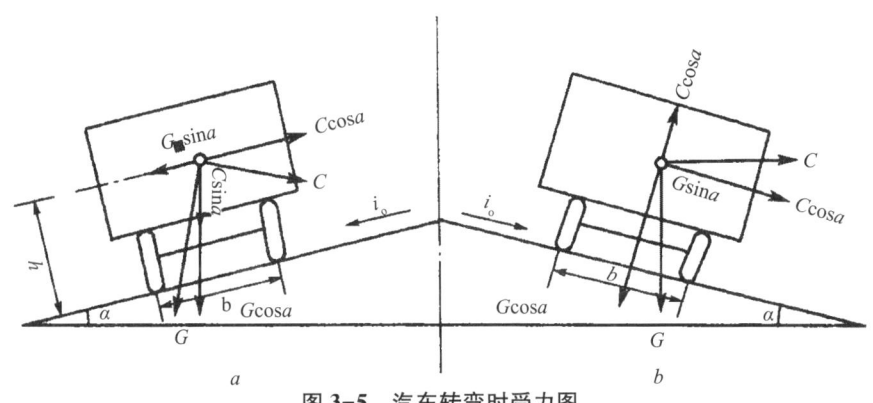

图3-5 汽车转弯时受力图

$$R = \frac{V^2}{127(\mu \pm i)} \tag{3-1}$$

式中:R——曲线半径(m);

V——车辆车速(km/h);

μ——横向力系数(其意义为单位车重所受到的横向力),极限值为路面与轮胎之间的横向摩阻系数;

i——路面的横向坡度。

由式3-1可以看出,当速度V采用设计速度时,圆曲线半径R的大小取决于横向力系数μ和横向坡度i的取值。

(二)圆曲线半径的确定

《规范》对各级公路圆曲线最小半径和最大半径作出了相应的具体规定,作为平面曲线设计的依据,也是衡量平面曲线质量的重要标准。

1. 最小圆曲线半径。通过上述分析,在选取圆曲线半径时首先要与设计速度相适应。圆曲线最小半径是以汽车在曲线上能安全而又顺适地行驶为条件确定的。圆曲线最小半径实质是汽车行驶在曲线部分时，所产生的离心力等横向力不超过轮胎与路面的摩阻力所允许的界限，分为一般值与极限值两类，"极限值"与"一般值"的差异，在于曲线行车舒适性的差异。

综合各种因素、主要基于乘车人在测试曲线路段舒适度，并运用心理学和统计方法分析，得出了在不同设计速度和允许的最大超高限值下横向力系数 μ 的取值，作为最小半径中的最小值、即最小半径"极限值"确定的依据，如表3-1 所示。

表3-1 圆曲线最小半径的横向系数及超高值

设计速度（km/h）	120	100	80	60	40	30	20
横向力系数	0.10	0.12	0.13	0.15	0.15	0.16	0.17
超高值（%）	6	6	6	6	6	6	6
	8	8	8	8	8	8	8
	10	10	10	10	10	10	10

最小半径"一般值"是使按设计速度行驶的车辆能保证其安全性与舒适性而建议采用的半径值。参考国内外的使用经验，确定圆曲线最小半径"一般值"所采用的横向力系数 μ 的取值为 $0.05 \sim 0.06$，并经计算取整，即得出一般最小半径值。

表3-2 为《规范》规定的各级公路圆曲线最小半径值。

表3-2 圆曲线最小半径值

设计速度（km/h）		120	100	80	60	40	30	20
圆曲线最小半径（一般值）（m）		1000	700	400	200	100	65	30
圆曲线最小半径（极限值）（m）	$I_{max}=4\%$	810	500	300	250	65	40	20
	$I_{max}=6\%$	720	440	270	135	60	35	15
	$I_{max}=8\%$	650	400	250	125	60	30	15
	$I_{max}=10\%$	570	360	220	115	–	–	–

注："一般值"为正常情况下的采用值；"极限值"为条件受限制时可采用的值；"I_{max}"为采用的最大超高值；"–"为不考虑采用对应最大超高值的情况。

2. 不设超高最小半径。不设超高最小半径是指当平曲线半径较大时，离心力影响较小。路面的横向摩阻力足以保证汽车足够的行驶稳定性，因而不需要设置超高，而允许设置等于直线路段路拱的反超高。考虑现实的路拱横坡的使用情况和行车舒适性的要求,当路拱横坡度 i 为 1.5% 时,横向力系数 μ 采用 0.035;当路拱横坡度 i 为 2% 时,横向力系数 μ 采用 0.040;当路拱横坡度为 2.5% 时,横向力系数 μ 采用 0.040;当路拱横坡度 i 为 3% 时,横向力系数 μ 采用 0.045;当路拱横坡度 i 为 3.5% 时,横向力系数 μ 采用 0.050。表 3-3 为《标准》中规定不设超高的圆曲线最小半径。

表 3-3 不设超高的圆曲线最小半径 (m)

设计速度(km/h)		120	100	80	60	40	30	20
不设超高圆曲线最小半径(m)	i 路拱≤2.0% $\mu=0.035\sim0.040$	5500	4000	2500	1500	600	350	150
	i 路拱>2.0% $\mu=0.040\sim0.050$	7500	5250	3350	1900	800	450	200

3. 最大圆曲线半径。车辆在大半径圆曲线上行驶时,方向盘几乎与直线上一样无须调整。当圆曲线半径大于 9000m 时,视线集中的 300~600m 范围内的视觉效果同直线没有区别,因此圆曲线半径不宜过大,最大半径不宜超过 10000m。

五、缓和曲线

(一)缓和曲线的作用与线形

缓和曲线是为了使车辆在不同线形路段间转换时,缓和离心力突变设置的过渡线形。概括起来说,缓和曲线的主要作用有以下几点:

1. 曲率连续变化,便于车辆遵循。
2. 离心加速度逐渐变化,使操控车辆容易,乘坐舒适。
3. 对调整直线与圆曲线间的超高和加宽,提供了一个易于布置的过渡段。
4. 消除了公路线形明显的转折,增进了公路的连续感和美感。

缓和曲线的线形可以采用回旋线、三次抛物线、双扭线等线形,因回旋线的曲率随着曲线长度成比例变化,其线形特征与车辆转弯行驶轨迹特征高度一致,因此《标准》把回旋线确定为缓和曲线的线形,如图 3-6 所示,其公式见式 3-2。

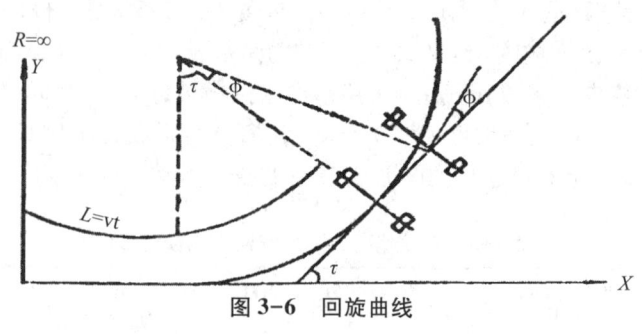

图 3-6　回旋曲线

$$r \times l = A^2 \quad (3-2)$$

式中：r——回旋线上某点的曲线半径（m）；

l——回旋线上某点到原点的曲线长（m）；

A^2——回旋线参数（m）。

缓和段一般包括下列内容：曲率变化缓和段（从直线向曲线或从大半径曲线向小半径曲线变化）；横向坡度变化的缓和段（直线段的路拱横坡度渐变至弯道超高横坡度的过渡或曲线部分不同的横坡度的过渡）；加宽缓和段（直线段的标准宽度向曲线部分加宽宽度之间的渐变）。

（二）缓和曲线设置的基本规定

《标准》《规范》规定：高速公路、一级公路、二级公路、三级公路的直线与小于表 3-3 不设超高的圆曲线最小半径径向连接处，应设置回旋线。四级公路直线与小于不设超高的圆曲线最小半径径向连接处，可不设回旋线，但应设置超高、加宽过渡段。

半径不同的同向圆曲线径向连接处，应设置回旋线，但符合相关规定的，可以不设，详见《公路路线设计规范》（JTG D 20-2017）的具体规定。

回旋线的参数及其长度应根据线形设计以及对安全、视觉、景观等的要求，选用较大的数值。

（三）缓和曲线长度

回旋线参数及其长度应根据线形设计以及对安全、视觉、景观等的要求，选用较大的数值。回旋线最小长度系曲率变化需要的最小长度，圆曲线半径增大，回旋线长度也应增长。圆曲线按规定需设置超高时，回旋线长度应不小于超高过渡段的长度。回旋线最小长度如表 3-4 所示。

表 3-4 回旋线最小长度

计算行车速度（km/h）	120	100	80	60	40	30	20
回旋线最小长度（m）	100	85	70	50	35	25	20

六、圆曲线超高与加宽

（一）圆曲线的超高

1. 超高的作用。为保证车辆在圆曲线上行驶时的安全，应将车道做成向内侧倾斜的横坡。在有横坡的行车道上，其外侧与内侧的高差值（见图 3-7）称为圆曲线超高。通常用厘米（cm）表示圆曲线的超高值。

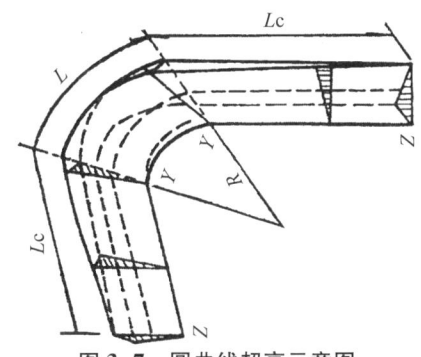

图 3-7 圆曲线超高示意图

而形成向内侧倾斜的坡面称为超高横坡，其坡度是超高横坡。通常用式 3-3 计算超高横坡。

$$i = \Delta h / B \tag{3-3}$$

式中：i——超高横坡值；

Δh——超高值；

B——行车道宽度（m）。

当圆曲线半径小于规定的不设超高的最小半径时，应在曲线上设置超高。《标准》规定：各级公路圆曲线部分的最小超高值应该与该公路直线部分的正常公路的横坡值一致。超高的横坡度按计算行车速度、半径大小，结合路面类型、自然条件和车辆组成等情况确定。一般地区，圆曲线最大超高应采用 8%；以通行中、小型客车为主的高速公路、一级公路的最大超高可采用 10%；城镇区域公路，最大超高值可采用 4%。

积雪、寒冷地区，如设置过大超高，易造成汽车向内侧滑移。为了保证行车安全，最大超高坡度不宜大于 6%，并应将曲线半径相应增大。各级公路平曲线最大超高值如表 3-5 所示。《规范》规定：高速公路、一级公路整体式路基的纵坡较大处，其上、下行车道可采用不同的超高值。

表3-5 各级公路圆曲线最大超高值

公路技术等级	高速公路、一级公路	二、三、四级公路
一般地区（%）	8 或 10	8
积雪、冰冻地区（%）	6	
城镇区域（%）	4	

《规范》规定：二、三、四级公路接近城镇且混合交通量较大的路段，车速受到限制时，其最大超高值按表3-6数值采用。

表3-6 车速受限制时最大超高值

设计速度（km/h）	80	60	40	30	20
超高值	6	4	2		

2. 超高缓和段。当路拱横坡发生变化时，必须设置超高过渡段。《规范》规定：超高宜采用现行过渡方式。超高过渡宜在回旋线全长范围内进行。当回旋线较长时，其超高过渡段应设在回旋线的某一区段范围内，超高过渡段的纵向渐变率不得小于1/330，全超高断面宜设在缓圆点或圆缓点处。

（二）圆曲线加宽

1. 加宽的作用。汽车沿着车道运行，前轮可以自由转动一定的角度，便于汽车在行进中转向。而后轮不能转动，只能跟着直行，利用不断的滚动和滑移来调整方向。当汽车行驶在平曲线上时，前轮可以顺着曲线转向而后轮不能及时跟着转向。这样，后轮行驶的轨迹必定与前轮行驶的轨迹偏移，而不会与之重叠；而且后轮在车道面上划过的弧形半径要比前轮小一个定值。在向右转弯的平曲线上，汽车行驶在行车道的右内侧，驾驶人操纵汽车照例使前轮轮轴中心沿着车道中线前进，后轮轮轴中心就会向内侧偏移，后轮常超出车道内侧边缘（见图3-8）。

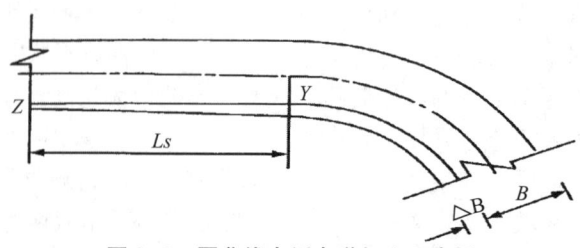

图3-8 圆曲线内侧车道加宽示意图

假若平曲线半径很小，汽车后轮还有可能偏到路肩上。由此可知，平曲线半径越小或者汽车轴距越长，后轮的偏移值就会越大。为了让汽车及挂车的后轮，能够在坚实的车道面上行驶。公路设计时，都将圆曲线内侧的路面适当予以加宽，就是为了给车辆提供合理的空间。

《规范》中规定的双车道路面加宽值如表3-7所示。

表3-7 双车道路面加宽值

加宽类别	设计车辆	圆曲线半径（m）							
		200~250	150~200	100~150	70~100	50~70	30~50	25~30	20~25	15~20
第1类	小客车	0.4	0.5	0.6	0.7	0.9	1.3	1.5	1.8	2.2
第2类	载重汽车	0.6	0.7	0.9	1.2	1.5	2.0	—	—	—
第3类	铰接列车	0.8	1.0	1.5	2.0	2.7	—	—	—	—

注：单车道公路路面加宽值应为表规定值的一半。

同时，《规范》中规定：分向行驶的公路通常按内、外两侧分别加宽。同向双车道一般采用平均分配的方式加宽内、外两个车道。如果平面曲线加宽值本身较小，设计时也采用内、外平均加宽；加宽值比较大时需要通过计算确定加宽值。

2. 加宽缓和段。设置回旋线或超高缓和段时，尽量保证变化自然、平滑，避免突变保证行车安全。加宽缓和段长度应采用与回旋线或超高缓和段长度相同的数值。不设回旋线或超高缓和段时，加宽缓和段长度应按渐变率1:15且长度不小于10m的要求设置。

二级公路、三级公路、四级公路的加宽过渡应在加宽过渡段全长范围内，按其长度成比例增加的方式设置。《规范》规定：四级公路可不设回旋线而采用超高、加宽过渡段代替，其超高、加宽过渡段长度应分别按照超高和加宽的有关规定计算，取其较长者，但最短应符合渐变率1:15且不小于10m的要求。设置位置应该设在紧接圆曲线起点或终点的直线上。

七、平曲线长度

平曲线长度，是指汽车行驶在曲线道路上，曲线很短，则驾驶人操作方向盘频繁，在高速驾驶时是危险的。同时，若不设置足够长度的曲线使离心加速度变化率小于一定数值，乘客心理状态也不舒适。

公路平曲线长度除满足设置回旋线或超高、加宽过渡的需要外还应该保留一段圆曲线，以保证汽车行驶状态的平稳过渡。《规范》中指出，各级公路平曲线长度按照回旋线最小长度的2倍控制，实际上是一种极限状态，此时的曲线为凸形回旋线,驾驶者会感到操作突变且视觉亦不舒顺。因此,理论上最小平面曲线的长度至少应该不少于3倍回旋线最小长度,即保证设置最小长度的回旋线后,仍保留一段相同长度的圆曲线。各级公路平曲线最小长度可参照表3-8规定值采用。

表 3-8　平曲线最小长度

设计速度（km/h）		120	100	80	60	40	30	20
平曲线最小长度（m）	一般值	600	500	400	300	200	150	100
	最小值	200	170	140	100	70	50	40

注:"一般值"为正常情况下的采用值;"最小值"为条件受限时可采用的值。

另外,小偏角处的平曲线容易引起视觉误差,使驾驶人看到的曲线比实际短,半径比实际小。因而偏角小于7°时,应取较大半径以保证必要的平曲线长度。高等级道路尤其如此。《规范》规定:当路线转角小于或等于7°时,应该设置较长的平曲线,其长度大于表3-9规定的"一般值"。当地形条件及其他特殊情况限制时,可采用表中的"最小值"。平面设计中采用小转角、大半径圆曲线一般属于条件限制不得已而为之,要求少用。

表 3-9　公路转角小于或等于7°时的平曲线长度

设计速度（km/h）	120	100	80	60	40	30	20
一般值（m）	1400/Δ	1200/Δ	1000/Δ	700/Δ	500/Δ	350/Δ	280/Δ
最小值（m）	200	170	140	100	70	50	40

注:表中Δ为路线转角值(°),当Δ<2°,按Δ=2°计算。

第二节　行车视距

为充分保证行车安全,驾驶人应能随时看到前方一定距离内的道路以及道路上的障碍物,或是迎面来的汽车,以便及时刹车或绕过。汽车在这段时间里沿道路路面行驶的必要安全距离,就是行车视距。对道路而言,无论是平面上还是纵面上,均应保证必要的行车视距。

一、停车视距

停车视距,是指车辆以一定速度行驶中,驾驶人自看到前方障碍物的瞬间起,至到达障碍物前安全停止所需要的最短行驶距离。由此可知,停车视距的长度取决于两个因素：其一是从判断到制动完毕所经历的时间；其二是制动前一瞬间的实际车速。

（一）时间经历

汽车由行到止所经历的全部时间，包括制动前的反应时间和制动时间两个时间阶段。

反应时间，是指从驾驶人看到车道前方障碍物的瞬间起，到决定必须实施停车的那一瞬间止所经历的时间。这一段反应时间的长短，常常因人而异。对于一个有经验和反应灵敏的驾驶人，一般只需在 0.5~1s 的时间内就能完成全过程，有的则需 1.5s 或更长的时间。

制动时间是驾驶人从实施制动瞬间起，制动系统发生制动作用，到迫使车辆停止的瞬间止所经历的时间。这一段时间的长短，除去制动前的速度因素以外，还与制动系统的制动效能，车轮与路面之间的摩阻条件有关。

（二）行车速度

计算行车速度（设计车速）是公路技术标准制定的重要依据之一，故确定停车视距也必须以计算行车速度作为依据。

（三）视距长度

从驾驶人发现障碍物阻拦车道的瞬间起，到车辆完全停止时，车辆所驶过的路程长度，称作视距长度。停车视距由三部分组成，如图 3-9 所示：

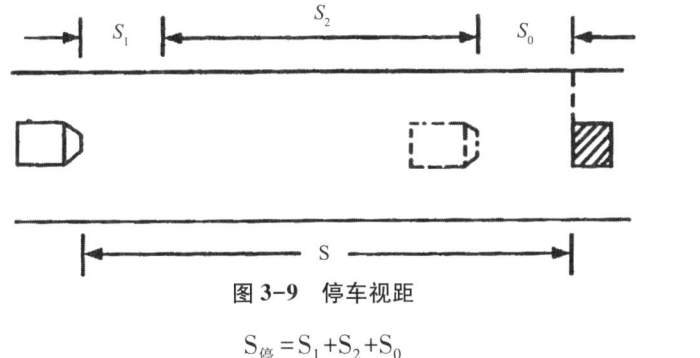

图 3-9 停车视距

$$S_{停} = S_1 + S_2 + S_0 \tag{3-4}$$

式中：S_1——司机反应时间内行驶的距离（m）；

S_2——司机开始制动到完全停止时行驶的距离（m）；

S_0——安全距离（m），《规范》中安全距离为 5~10m。

《标准》规定：

1. 高速公路和一级公路及大型车比例较高的二、三级公路，应采用货车停车视距对相关路段进行检验。货车的停车视距应当满足《公路标准》中附录 B 的规定。

2. 积雪、冰冻地区的停车视距宜适当增长。

3. 高速公路、一级公路停车视距应不小于表3-10中的规定。

表3-10　高速公路、一级公路停车视距和货车停车视距

设计速度（km/h）	120	100	80	60
停车视距（m）	210	160	110	75
货车停车视距（m）	245	180	125	85

4. 二、三、四级公路受地形条件或其他特殊情况限制而采取分道行驶措施的路段，采用停车视距。停车视距应不小于表3-11中的规定。

表3-11　二、三、四级公路停车视距和货车停车视距

设计速度（km/h）	80	60	40	30	20
停车视距（m）	110	75	40	30	20
货车停车视距（m）	125	85	50	35	20

二、会车视距

在不设中间带，或不设分车道行驶的低等级双车道公路上，来往车辆都习惯于沿路中线行驶，到会车时互相避让，或者采取制动措施，在双方车头还没有接触之前必须停下来。即会车视距是指在同一车道对向行驶车辆，为避免发生迎面相撞，自车辆在行驶过程中发现对向来车起，至驾驶员采取合理的减速操作后两车安全停止、不发生相撞所需要的距离，如图3-10所示。

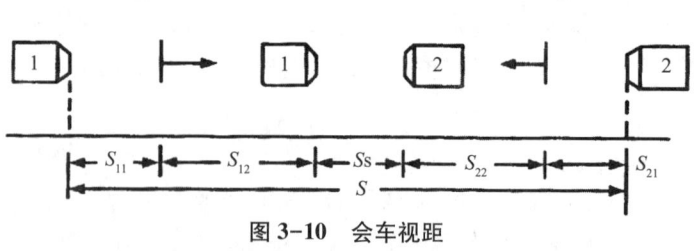

图3-10　会车视距

不难看出，会车视距约等于停车视距的两倍。《规范》规定：双向行驶的二、三、四级公路按相向的两辆汽车会车同时制动停车的视距考虑，会车视距一般不小于对应设计速度下的停车视距的两倍。当地形受到限制，无法保证会车视距时，允许采用停车视距，但该路段应采取画线等措施实施分道行驶。

《标准》规定：二、三、四级公路会车视距不应小于表3-12中规定的

数据。

表3-12 二、三、四级公路会车视距

设计速度（km/h）	80	60	40	30	20
会车视距（m）	220	150	80	60	40

三、超车视距

超车视距，是指汽车行驶时在需要临时占用对向车道完成超车的公路上，后车超越前车过程中，自开始驶离原车道起，至可见对向来车并能超车后安全驶回原车道所需要的最短行驶距离。超车视距有全超车视距和最小必要超车视距之分，见图3-11所示。

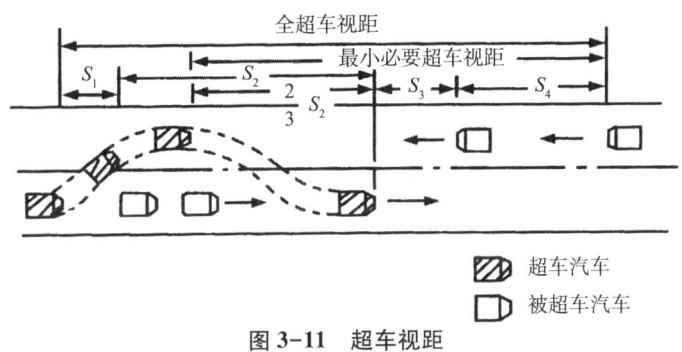

图3-11 超车视距

$$全超车视距 = S_1 + S_2 + S_3 + S_4 \tag{3-5}$$
$$最小必要超车视距 = 2/3 S_2 + S_3 + S_4 \tag{3-6}$$

式中：S_1——加速行驶距离（m）；

S_2——超越车在对向车道上行驶的距离（m）；

S_3——超车完毕，超越车与对向车辆间的安全距离（m）；

S_4——超越车开始加速到完毕，对面车辆行驶的距离（m）。

《标准》规定：双车道公路应间隔设置满足超车视距的路段。各级公路的超车视距如表3-13所示。由于满足超车视距的路段较长，三、四级公路很难达到要求。《规范》规定采取划分允许超车路段和禁止超车路段，并应明确通过标志标线予以标识。

表 3-13　二、三、四级公路超车视距

设计速度（km/h）	80	60	40	30	20
超车视距（m）	550	350	200	150	100

四、识别视距

识别视距又称识别距离，是指车辆以一定速度行驶中，驾驶员自看清楚前方分流、合流、交叉、渠化、交织等各种行车条件变化时的导流设施、标志标线，做出制动减速、交换车道等操作，至变化前使车辆达到必要行驶状态所需要的最短行驶距离。不同的设计速度对应的识别视距如表 3-14 所示。《标准》规定：互通式立交、服务区、停车区、客运汽车停靠站等各类出口、入口应满足识别视距要求。受地形、地质等条件限制路段，识别视距可采用 1.25 倍的停车视距，但应进行必要的限速控制和管理措施。

表 3-14　不同的设计速度对应的识别视距

设计速度（km/h）	120	100	80	60
识别视距（m）	350（460）	290（380）	230（300）	170（240）

注：括号中为行车环境复杂、路侧出入口提示信息较多时应采取的视距值。

五、视距计量标准

公路行车视距，是指驾驶人眼睛看见车道前方有障碍物决定采取制动措施到实施制动完毕的一段时间内，汽车按计算行车速度所驶过的距离。当汽车在直线和水平车道上行驶时，驾驶员的视线（眼睛）高和车道面上的障碍物高似乎与计算视距长度没多大关系。假若计算平曲线和凸形竖曲线上的行车视距，无论是停车视距还是超车视距（允许平曲线或竖曲线路段超车时）就显得十分重要了。

（一）视线高

驾驶人坐在汽车驾驶室中的视线高，与车辆类型及其座位距地面的高度有关。视线高度越低，驾驶人的能见范围越小，对道路的视距条件要求越高。为了安全各国都采用小汽车驾驶人视线高作为视距计算高度。我国规定视线高是行车道面以上 1.2m。

（二）障碍物高

这是停车视距竖面控制的主要因素。汽车驶近坡顶凸形竖曲线，当视线与凸形竖曲线路面相切时，驾驶人就看不清前方的车道面，形成视线盲区。为保证行车安全,当汽车行驶到凸形竖曲线段上时,盲区前缘至汽车的距离,应该大于停车视距。因而要求凸形竖曲线应有足够大的半径。为满足这一条件,就要增加工程造价。据分析研究得知,假若凸形竖曲线前方的障碍物高,由 0 增高到 15cm,为满足行车视距所要求的凸形竖曲线的长度,约可减少 47%;若将障碍物高增到 30cm,约可减少 57%;若增高到 45cm,约可减少 63%。即障碍物高度以 15cm 的倍数增加,凸形竖曲线设计长度减少的趋势反而下降。由此可见,假若选定障碍物高度为 15cm,对车道前方有危险区域的能见范围,亦即识别前方障碍物的能力不致有过多的降低,而节省的工程费用相当可观。美国以 15cm 计算,我国规定为 10cm。障碍物的计算高度略降低一些,虽然对道路条件要求高一些,但有利于行车安全。

（三）停车视距平面控制因素

在道路平面上,控制停车视距的主要因素是视线高,其次才是障碍物高。

（四）超车视距的控制因素

在允许超车的平曲线或凸形竖曲线上,视线高和障碍物高都是重要的控制因素。此时的障碍物高,可选定为小汽车的车身高度,一般为 1.4m。

第三节　纵面线形

一、概述

公路建筑在自然地面上,必须随着地形起伏相应地设置上坡和下坡。在上坡段与下坡段之间或者在不同坡度的相邻上坡段或相邻下坡段之间,都要像平面线形一样,用竖曲线把它们连接起来,这些连接各种相邻纵坡面的圆曲线称为竖曲线。假如我们沿着公路中心线用竖面把它切开,并沿路线长度方向展开成平整的竖面（亦即将平面线形沿路线方向展开成直线）则称为纵断面。图 3-12 就是公路纵断面设计图。在公路竖曲线中,曲率向上变化的是凹形竖曲线,向下变化的是凸形竖曲线。

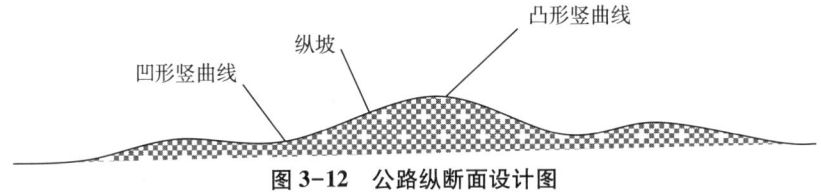

图 3-12　公路纵断面设计图

二、纵坡

纵坡坡度以路线的水平长度作分母，以两端变坡点之间的高差为分子，将其绝对值用百分数表示，如 $i_1=3\%$，即纵坡 1 的坡度是 3%；$i_2=5\%$，即纵坡 2 的坡度是 5%，等等。为了便于区分上坡和下坡，仍以路线前进方向为准，沿前进方向的上坡称为正坡，用"+"表示，沿前进方向的下坡称为负坡，用"-"表示。

纵坡是公路路线设计的一个技术指标。公路纵坡大小直接影响车辆的实际行驶速度、营运效率和车辆的载重能力，也是判定公路技术水平的一个重要指标。

（一）最大纵坡

最大纵坡是公路纵坡设计的极限值，是纵面线形设计的一项重要指标。纵坡的大小直接影响路线的长度、使用品质、行车安全、工程造价及运营经济性。各级道路所允许的最大纵坡值，是根据汽车动力特性、道路等级、自然条件以及工程、运营经济性和行车安全性等因素加以分析、研究而确定的。我国公路的最大纵坡如表 3-15 所示。但大、中桥上的纵坡不宜大于 4%，桥头引道纵坡不宜大于 5%；位于城镇及其附近混合交通繁忙的地段，桥上及桥头引道纵坡均不得大于 3%。隧道内纵坡不应大于 3%，并不小于 0.3%；紧接隧道洞口的路线纵坡应与隧道内纵坡相同；明洞和长度短于 50m 的隧道，其纵坡可不受上述限制。

表 3-15 我国公路的最大纵坡

设计速度（km/h）	120	100	80	60	40	30	20
最大纵坡（%）	3	4	5	6	7	8	9

《规范》规定：设计速度为 120km/h、100km/h、80km/h 的高速公路受地形条件或其他特殊情况限制时，经技术经济论证，最大纵坡值可增加 1%；公路改扩建中，设计速度为 40km/h、30km/h、20km/h 的利用原有公路的路段，经技术经济论证，最大坡度值可增加 1%。四级公路位于海拔 2000m 以上或积雪、冰冻地区的路段，最大纵坡不应大于 8%。

（二）平均纵坡

平均纵坡，是指一定路段两端点的高差与该路段长度的比值。如果在长距离内，平均坡度较大，汽车上坡用低速挡时间较长，发动机长时间满负荷工作，易导致动力下降，加速机械磨损；同样，下坡时频繁刹车，驾驶人过分紧张，且频繁制动，易引起制动器过热，甚至烧坏制动片而发生事故。因此，从汽车行驶方便和安全出发，为了合理利用最大纵坡、坡长和缓和坡段的规定，还应控制平均纵坡。《标准》规定：二级及以下级公路的越岭线连续上坡（或下坡）路段，相对高差为 200~500m 时，平均纵坡不应大于 5.5%；相对高差大于 500m 时，平均纵坡不应大于 5%。任意连续 3km 路段的平均纵坡不宜大于 5.5%。高速公路、一级公路应论证采用合理的平均纵坡。对存在连续长、陡纵坡的路段应进行安全性评价。所以平均纵坡是在宏观上控制路线纵坡。

（三）缓和纵坡

所谓缓和坡度，是指汽车或非机动车爬行较陡的纵坡以后，需要有一个"喘息"的机会，在陡坡的上下端，应设置一段纵坡不大于 3% 的缓和坡段，以便让车辆得到短时间的"轻松"。这一段缓和坡度称为缓和纵坡。

（四）高原纵坡折减

海拔较高的地区，汽车发动机功率因空气稀薄而降低，相应降低了汽车的爬坡能力。《规范》规定：设计速度小于或等于 80km/h 位于海拔 3000m 以上高原地区的公路，最大坡度应按照表 3-16 数值予以核减。最大纵坡核减后小于 4% 时应采用 4%。

表 3-16　高原纵坡折减值

海拔（m）	3000~4000	74000~5000	5000 以上
折减值（%）	1	2	3

（五）坡长限制

坡长，是指变坡点与变坡点之间的距离，其长度限制主要是对较陡纵坡的最大长度和一般纵坡的最小长度加以限制。

1. 最小坡长。若坡长太短，从几何构成来看不能设置两端的竖曲线；从行车来看变坡频繁，纵面起伏大，行车顺适性差，因此考虑上述因素，为使纵断面线形不致因起伏频繁而呈锯齿形状，且便于平面线形的合理布设，应对其最小坡长加以限制。最小坡长通常以计算行车速度行驶 9~15s 的行程作为规定值。各级公路的最小坡长见表 3-17 的规定。

表 3-17　最小坡长

设计速度（km/h）	120	100	80	60	40	30	20
最小坡长（m）	300	250	200	150	120	100	60

2. 最大坡长。汽车上陡坡时，为发挥更大的牵引力，多使用低速挡，如坡长过长，长时间使用低速挡会使发动机过热而降低效率，行驶无力。而下坡时，则因坡度过陡，坡段过长而刹车频繁，影响行车安全。因此，对较陡纵坡

的长度应加以限制。《标准》规定不同纵坡的最大坡长，如表3-18所示。

表3-18 不同纵坡的最大坡长

纵坡坡度 (%)	设计速度（km/h）						
	120	100	80	60	40	30	20
3	900	1000	1100	1200	—	—	—
4	700	800	900	1000	1100	1100	1200
5	—	600	700	800	900	900	1000
6	—	—	500	600	700	700	800
7	—	—	—	—	500	500	600
8	—	—	—	—	300	300	400
9	—	—	—	—	—	200	300
10	—	—	—	—	—	—	200

3. 合成坡度。道路在平曲线路段若纵向有纵坡且横向又有超高时，则纵坡和超高横坡合成所形成的坡度为合成坡度，如图3-13所示。

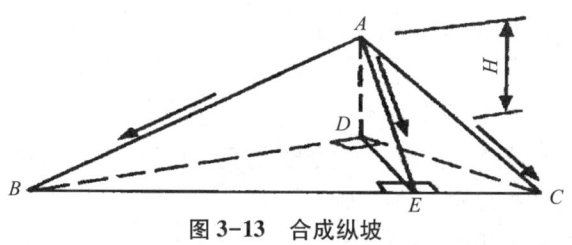

图3-13 合成纵坡

当弯道与纵坡组合时，为防止汽车沿合成坡度方向滑移，应对合成坡度加以限制。《公路技术标准》规定的最大允许合成坡度如表3-19之规定。

表3-19 公路最大允许合成坡度

设计速度（km/h）	120	100	80	60	40	30	20
最大允许合成坡度（%）	10.0	10.0	10.5	9.0	10.0	9.5	10.0

《规范》规定：当陡坡与小半径平曲线相重叠时，宜采用较小的合成纵坡。下列情况其合成坡度必须小于8%：

（1）冬季路面有结冰、积雪的地区；
（2）自然横坡较陡峻的傍山路段；
（3）非汽车交通量较大的路段。

三、竖曲线

从公路纵断面（见图 3-12）中看到，正坡与负坡交接或者同是正坡与正坡、负坡与负坡相互交接，理论的变坡点都是直接交点。这种没有经过修饰的折线纵坡，显然不利于行车舒适和安全。故而需要用圆曲线插入折线之间，并把它们连接起来，形成没有突变的顺畅和圆滑的纵面线形。

从交通安全及驾乘舒适性来讲，竖曲线半径应该大一些好；曲线长度应该长一些好。但是，设置竖曲线较多的路段，多半地形复杂，地面高差起伏变化大，选用竖曲线半径如过大，会增加工程量和造价，有时还会增加选线工作的难度。因此，在工程条件允许情况下进行设计时，应尽量选用大于一般最小半径的数值，不是特别困难的地段，不应采用极限最小半径。《标准》规定：公路纵坡变更处应该设置竖曲线，竖曲线的最小半径和最小长度不应小于表 3-20 中规定的数值。

表 3-20　竖曲线的最小半径和最小长度

设计速度（km/h）	120	100	80	60	40	30	20
凸形竖曲线最小半径（m）	11000	65000	3000	14000	450	250	100
凹形竖曲线最小半径（m）	4000	3000	2000	1000	450	250	100
竖曲线最小长度（m）	100	85	70	50	35	25	20

第四节　横断面

一、概述

公路横断面，主要是指垂直于行车方向的路幅布置。公路横向的路幅宽度等于路基顶面的宽度。

一般公路的路幅布置包括行车道和路肩。四级公路采用单车道，应设置错车道。设置错车道路段的路基宽度不应小于双车道的路基宽度。除去四级以下的山区公路可以设置单车道以外，一般低级公路都需设置双车道（见图 3-14）。汽车交通量或混合交通量很大的双车道公路，有的还分段加设超车车道或慢车道。

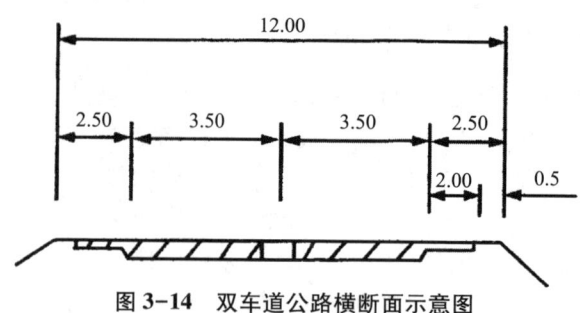

图 3-14 双车道公路横断面示意图

高速公路和一级公路的路幅较宽，双向设分离的行车道，每一侧至少有两条行车道。两侧行车道之间还设有中间带，如图 3-15 所示。

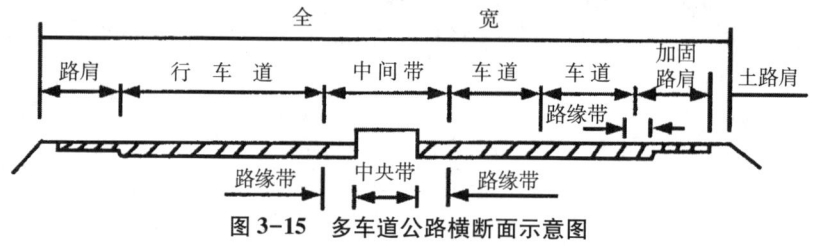

图 3-15 多车道公路横断面示意图

二、行车道

行车道是专供汽车行驶的公路的主要组成部分，为保证汽车高速安全行驶，行车道应具备一定的宽度和足以负荷交通量的结构强度。各级公路的行车道宽度见表 3-21。

表 3-21 车道宽度

设计速度（km/h）	120	100	80	60	40	30	20
车道宽度（m）	3.75	3.75	3.75	3.50	3.50	3.25	3.00

《标准》规定：八车道及以上公路在内侧车道仅限小客车通行时，其车道宽度可采用 3.5m；以通行中小型客运车辆为主且设计速度为 80km/h 及以上的公路，经论证车道宽度可采用 3.5m；四级公路采用单车道时，车道宽度应采用 3.5m；设置慢车道的二级公路，慢车道宽度应采用 3.5m；需要设置非机动车道和人行道的公路，非机动车道和人行道等的宽度，宜视实际情况确定。高速公路为八车道，当设置左侧硬路肩时，内侧车道宽度可采用 3.5m。

《规范》中规定：高速公路和一级公路行车道的条数应根据交通量、设计通行能力确定，当车道数为双车以上时应按双数增加。二级公路、三级公路应为双车道。四级公路一般路段采用双车道，交通量小或工程特别艰巨的路段可采用单车道。各级公路车道数应符合表3-22规定的数值。

表3-22　各级公路车道数

公路等级	高速、一级公路	二级公路	三级公路	四级公路
车道数（条）	≥4	2	2	2（1）

三、路肩

路肩是公路横面不可缺少的组成部分，从结构上看，路肩是路面结构层的横向支撑，有保护车道边缘不致遭受侧向破坏的作用。由于路肩紧靠行车道，加固的路肩可作为汽车行驶的侧向余宽，可作为双车道公路会车，或超车的附加车道宽度。可以保障驾驶人的心理安全和操作安全，在不减速或少减速的条件下可以安全会车。假若在行车中偶然发生车辆故障，路肩还可以作为汽车临时停车或临时检修的场所。在公路路面维修时，较宽的路肩还可用作临时行车道宽的一部分。在挖方和路堑的平曲线内侧，较宽的路肩起着改善横净距的作用。傍山平曲线或险道外侧的路肩外缘，可作为附设安全设施和标志的地基。设有中间带的高级公路，行车道左侧不设路肩，只设路缘带。《标准》规定各级公路的路肩宽度如表3-23所示。

表3-23　路肩宽度

设计速度（km/h）		高速公路、一级公路			二级公路		三级公路、四级公路		
		120	100	80	80	60	40	30	20
右侧硬路肩宽度（m）	一般值	3.00（2.50）	3.00（2.50）	3.00（2.50）	1.50	0.75	—	—	—
	最小值	1.50	1.50	1.50	0.75	0.25			
土路肩宽度（m）	一般值	0.75	0.75	0.75	0.75	0.75	0.75	0.5	0.25（双车道）0.50（单车道）
	最小值	0.75	0.75	0.75	0.50	0.50			

注1："一般值"为正常情况下的采用值；在设爬坡车道、变速车道及超车道路段，受地形、地物条件限制路段及多车道公路特大桥，可论证采用"最小值"。

注2：高速公路和作为干线的一级公路以通行小客车为主，右侧硬路肩宽度可采用括号内数值。

四、路缘带

路缘带是行车道左右边缘的狭窄带状路面,是路肩或中间带的组成部分。路缘带一般是在高级公路上才设置,以增加交通安全和为行车提供一部分必要的侧向净空。路缘带一般与行车道处于同一平面,并有相同的路面强度。两者用不同颜色的路面或行车道两侧用标线加以区分。路缘带可用混凝土块构成,也有做成表面凸出或加反光材料的。

高速公路和一级公路右侧应设置 0.5m 宽的路缘带;当设置有左侧路肩时,也应设置 0.5m 的左侧路缘带;路缘带均应计入路肩宽度。高速公路和一级公路应在中央分隔带的两侧设置 0.5~0.75m 的左侧路缘带,它们属于中间带的一部分。

五、中间带

高速公路和一级公路整体式断面必须设置中间带,中间带由中央分隔带和两条左侧路缘带组成。高速公路和作为干线的一级公路,中央分隔带宽度应根据公路项目中央分隔带的功能确定。作为集散的一级公路,中央分隔带宽度应根据中间隔离设施的宽度决定。路缘带设置应起到诱导视线等作用。左侧路缘带宽度不小于表 3-24 规定的数值。

表 3-24 左侧路缘带宽度

设计速度(km/h)		120	100	80	60
左侧路缘带宽度(m)	一般值	0.75	0.75	0.50	0.50
	最小值	0.50	0.50	0.50	0.50

注1:"一般值"为正常情况下的取值。

注2:设计速度为120km/h、100km/h 时,受地形、地物限制的路段或多车道公路内侧仅限小型车辆通行的路段,可论证采用"最小值"。

六、紧急停车带

高速公路和作为干线的一级公路右侧硬路肩的宽度小于 2.5m 时,应设紧急停车带。紧急停车带的宽度为 3.5m,有效长度不小于 40m,间距不大于 500m,并应在其前后设置不短于 70m 的过渡段。高速公路、一级公路的特大桥、特长隧道,根据需要可设置紧急停车带,其间距不宜大于 750m。二级公路根据需要设置紧急停车带,其间距按实际情况确定。

七、错车道

四级公路采用单车道时,应在不大于300m的距离内选择有利地点设置错车道,并使驾驶者能看到相邻两错车道之间的车辆。设置错车道路段的路基宽度不应小于6.5m,有效长度应不小于20m。

八、爬坡车道

高速公路、一级公路以及二级公路的连续上坡路段,应设置爬坡车道。爬坡车道的宽度不应小于3.5m且不大于4.0m。六车道以上的高速公路、一级公路可不设置爬坡车道。高速公路、一级公路的爬坡车道应紧靠车道的外侧设置。条件受限时,爬坡车道路段右侧硬路肩宽度不应小于0.75m。

九、路拱

为了迅速排除路面的雨水,路面表面做成中间高两边低的拱形,称之为路拱。

路拱的形式依路面宽度、路拱坡度及施工便利等决定。通常对低级公路大多采用直线形,对城市道路及等级高、路面宽的公路则大多采用抛物线形或双曲线形。

城市道路的非机动车道,以及地形适合、宽度不大的车行道上,可采用单向横坡的形式。当次要道路或地形适宜、路面两侧标高不等时,也可采用不对称路拱,但测设、施工比较麻烦。

路拱坡度应根据路面类型和当地自然条件确定。《规范》规定:高速公路、一级公路整体式路基的路拱宜采用双向路拱坡度,由路中央向两侧倾斜。位于中等强降雨地区时,路拱坡度宜为2%;位于降雨强度较大地区时,路拱坡度可适当增大。高速公路、一级公路分离式路基分路拱,宜采用单向横坡,并向路基外侧倾斜,也可采用双向路拱坡度。积雪冰冻地区,宜采用双向路拱坡度。双向六车道及以上车道数的公路,当超高过渡段的路拱坡度过于平缓时,可采用双向路拱坡度。二级公路、三级公路、四级公路的路拱应采用双向路拱坡度,由路中央向两侧倾斜。路拱坡度根据路面类型和当地自然条件确定,但不小于1.5%。

思考题

1. 确定平曲线半径的基本原则是什么?
2. 请推导圆曲线半径计算公式。
3. 简述路线半径对行车安全的影响。

4. 分析公路路线偏角对行车安全的影响。

5. 分析平、纵曲线对行车安全的影响。

6. 直线长度的限制包括哪几方面的内容？为什么要进行限制？

7. 最大纵坡确定的原则是什么？坡长限制包括什么？分析坡道对行车安全的影响。

8. 简述行车视距的基本组成。

9. 确定停车视距的要素有哪些？

10. 分析行车视距对于交通安全的影响。

第四章 城市道路

城市道路,是指城市范围内的街道、胡同、里巷、广场以及停车场等供车辆、行人通行的地方。城市道路红线是指划分城市道路用地和城市建筑用地、生产用地及其他备用地的分界控制线。城市道路系统是保障城市经济社会正常所需的步行、非机动车、机动车交通安全、便捷、舒适、高效运行的基础,是实现城市分区规划的重要依托。城市规划各功能区通过城市道路系统中不同等级、功能的城市道路予以分割、联系,将各功能区生成的各类道路交通汇集、疏散并与城市外部公路相衔接,是提高城市运转效能、提升城市品质、实现城市功能的前提和保障。同时,城市中的各类公用管线,如自来水、热力、电力、燃气、照明等均需按照城市道路系统的走向延伸、服务到各功能区,紧急情况下,城市道路还是抢险救灾、通风、避难等的重要处所。由此可见,城市道路系统不仅承担了交通功能,还负载了相当多的市政功能,是市政设施的重要组成部分。城市道路的规划与设计应与道路两侧用地特征、城市用地开发情况相协调,体现以人为本、绿色交通优先的理念,城市道路的红线宽度应优先满足城市公共交通、步行与非机动车交通通行空间的布设要求,并应根据城市道路承担的交通功能和城市用地开发状况,以及工程管线、地下空间、景观风貌等布设要求综合确定,并应符合相关技术标准的要求,还应充分尊重城市历史文化传统,保护历史城区的道路格局,反映城市风貌。

第一节 城市道路交通

城市道路交通是因城市中人们工作、学习、生产、生活、休闲娱乐等客观需要而生成的交通。城市道路系统是承担城市道路交通的主要交通设施。城市功能的复杂、多样特点,决定了城市交通的复杂与多样,使得为适应城市道路交通的道路系统的组成、功能与作用也迥异于公路,多样而复杂。近年来,随着机动车保有量的急剧攀升,导致城市因交通产生的问题日趋严重,如城市交通拥堵、停车难、环境压力等等,有些已经演化为突出的社会问题,引起全社会的高度关注。城市交通的特征因各城市的规模、性质、结构、地理位置和政治经济地位的差异而有所不同，但是它们具有的主要特点则是相同的。为学习、了解城市道路，有必要掌握城市道路交通的一些基本特性。

一、城市道路交通的基本类型

在城市中，为了实现生产、生活、学习、娱乐等不同的目的，人们往往选择不同的交通工具，以不同的交通方式，进行出行活动或运输活动。这种"不同"是由一个国家或一个地区的经济发展状况和人们对交通的习惯来决定的。

根据我国现有的经济状况以及城市道路交通的条件和特点，可以把城市道路交通概括为四种基本类型：货运交通、客运交通、非机动车交通和步行交通。

(CJJ37-2012)《城市道路工程设计规范》（2016年版）强调了行人和非机动车交通系统的连续性和完整性，要求设计中应提供明确的路权，保障必需的通行空间。此外，应同时考虑无障碍设施、附属设施、景观及环境设施，为行人和非机动车创造安全、良好、舒适的环境。具体的条文主要沿用《城市道路设计规范》（CJJ37-90）中的相关规定，以及参照《城市综合交通体系规划标准》（GB/T51328-2018）及《城市人行天桥与人行地道技术规范》（CJJ69-95）中的相关规定。行人交通系统应设置无障碍设施，并应符合现行行业标准《城市道路和建筑物无障碍设计规范》（JGJ50）的规定。

（一）货运交通

城市货运交通系统包括城市对外货运枢纽及其集疏运交通、城市内部货运、过境货运和特殊货运交通。

城市货运交通系统布局应保障城市生产、生活及商业活动的正常运转，并能适应技术发展、产业组织和商业模式改变带来的货运需求变化。重大件货物、危险品货物以及海关监管等特殊货物应根据货物属性、运输特征和货运需求规划专用货运通道。

城市内部货运交通包括生产性货运交通与生活性货运交通。生活性货运交通包括城市应急、救援品储备中心、生活性货运集散点以及城市货运配送网络。生产性货物集聚区域，宜设置生产性货运中心，选址与规模应按照生产组织特征、货物属性、货运量确定。选址依托工业用地或仓储物流用地设置。生产性货运中心、生活性货物集散点不应设置在居住用地内。

（二）客运交通

城市客运交通体系应优先保障步行、城市公共交通和自行车等绿色交通方式的运行空间与环境，引导小客车、摩托车等个体机动化交通方式有序发展、合理使用。城市应提供与其经济社会发展相适应的多样化、高品质、有竞争力的城市公共交通服务。

城市公共交通（Urban Public Transport）是获得许可的营运单位或个人为城区内公众或特定人群提供的具有确定费率的客运交通方式的总称。按照运输能力与效率可划分为集约型公共交通与辅助型公共交通。

集约型公共交通（Mass Transit）是为城区中的所有人提供的大众化公共交通服务，且运输能力与运输效率较高的城市公共交通方式，简称公交。可分为大运量、中运量和普通运量公交。大运量公交指单向客运能力大于3万人次/小时的公共交通方式；中运量公交指单向客运能力为1万人次/小时~3万人次/小时的公共交通方式；普通运量公交指单向客运能力小于1万人次/小时的公共交通方式。

辅助型公共交通（Paratransit）是满足特定人群个性化出行需求的城市公共交通方式。如出租车、班车、校车、定制公交、分时租赁自行车，以及特定地区的轮渡、索道、缆车等。城市应鼓励校车和各类定制班车等辅助型公共交通的发展，其他辅助型公共交通宜根据城市发展实际需求确定。城市出租汽车发展政策宜根据城市性质与交通需求特征，结合集约型公共交通、其他辅助型公共交通的发展情况以及道路交通运行状况综合确定。配置分时租赁自行车系统的城市区域，租赁点服务半径应根据城市用地功能与开发强度确定，分时租赁自行车的停车需求应纳入非机动车停车设施规划统筹考虑。对轮渡、索道、缆车等辅助型公共交通方式应做好其相关设施用地的规划控制。

《中华人民共和国国民经济和社会发展第十三个五年规划纲要》明确提出：实行公共交通优先，加快发展城市轨道交通、快速公交等大容量公共交通，鼓励绿色出行。为城市公交优先发展指明了方向。

"十三五"时期是我国全面建成小康社会的决胜阶段，新型城镇化建设快速推进，城市公共交通发展将迎来重要的战略机遇期和攻坚期。为深入贯彻落实城市公共交通优先发展战略，充分发挥城市公共交通对改善城市交通状况、促进经济社会协调和可持续发展的作用，特编制《城市公共交通"十三五"发展纲要》（以下简称《纲要》）。《纲要》在总结"十二五"时期城市公共交通发展成绩和主要问题的基础上，分析了"十三五"时期面临的新形势和新要求，明确了城市公共交通发展的总体思路、发展目标和重点任务。

尽管"十二五"时期城市公共交通发展成绩显著，但与我国经济社会发展和人民群众的出行需求相比，城市公共交通发展总体滞后的局面仍没有彻底改变，还存在一些亟待解决的问题。主要体现在：一是城市公交在城市交通中的主体地位尚未确立，在缓解城市交通拥堵等"城市病"方面的重要作用没有充分发挥。全国多数城市公交机动化出行分担率不足40%，与国外同类城市相比差距较大。二是城市公交供给模式单一、服务质量不高、吸引力不强。

"等车时间长、行车速度慢、乘车环境差、换乘不方便"等问题仍然较为突出。三是公交基础设施不足。城市公交枢纽场站、公交专用道等设施建设滞后，制约了城市公交运营调度效率和服务质量提升。四是行业政策制度不完善。行业法规和标准规范建设滞后，公交定价、调价机制和补贴、补偿制度不健全，公交设施用地综合开发、城市建设项目交通影响评价等重要制度尚未有效落实。五是行业可持续发展能力不足。公交企业经营普遍比较困难，改善服务动力不足，职工待遇低，队伍不稳定。

1. 城市公共交通发展愿景。全面建成适应经济社会发展和公众出行需要，与我国城市功能和城市形象相匹配的现代化城市公共交通体系。它主要体现在：

群众出行满意。实现城乡客运基本公共服务均等化，群众出行更加高效便捷、安全舒适、经济可靠、绿色低碳，公共交通成为群众出行的优先选择。

行业发展可持续。实现城市公交综合治理体系和治理能力现代化；城市公交对城市空间结构和功能布局的引导作用充分发挥，成为城市交通的主体，实现城市公共资源利用效率与城市交通承载力的科学匹配；公交企业实现规模化、集约化发展，更具活力和竞争力，公交职工具有强烈的职业荣誉感和行业归属感。

2. 城市公共交通具体发展目标。到 2020 年，初步建成适应全面建成小康社会需求的现代化城市公共交通体系。城市公交行业体制机制改革深入推进，政府购买城市公交服务等重点领域的制度建设和落实取得实质进展；行业发展活力和可持续发展能力显著增强；城市公交供给侧改革取得突破，服务针对性和精准性显著提升，优选公交成为出行习惯，广大群众出行更安全、更高效、更舒适、更便捷。

根据不同人口规模对城市进行分类，按照"数据可采集、同类可比较、群众可感知"原则，分别提出"十三五"时期各类城市公交发展指标（见表 4-1，相关指标说明详见本章附件）。

表 4-1 "十三五"时期各类城市公交发展指标

	城区常住人口 500 万以上	城区常住人口 300 万~500 万	城区常住人口 100 万~300 万	城区常住人口 100 万以下
城市公共交通出行分担率（城市公共交通机动化出行分担率）	40%以上 （60%左右）	30%以上 （60%左右）	30%以上	20%以上

续表

	城区常住人口 500万以上	城区常住人口 300万~500万	城区常住人口 100万~300万	城区常住人口 100万以下
城市交通绿色出行分担率	75%左右	80%左右	80%左右	85%左右
城市公共交通乘客满意度	85%以上	85%以上	85%以上	85%以上
城市公共交通站点500米覆盖率	100%	100%	100%	80%以上
城市公共交通站点300米覆盖率	80%以上	70%以上	—	—
城市公共汽电车正点率	75%以上	75%以上	80%以上	85%以上
城市公共汽电车责任事故死亡率	不超过0.04人/百万车公里	不超过0.04人/百万车公里	不超过0.04人/百万车公里	不超过0.05人/百万车公里
城市轨道交通责任事故死亡率	不超过0.01人/百万车公里	不超过0.01人/百万车公里	不超过0.01人/百万车公里	—
城市公共交通来车信息预报服务	建成区内全覆盖	建成区内基本全覆盖	主要客运通道全覆盖	主要客运通道基本全覆盖

（三）非机动车交通

非机动车交通是城市中、短距离出行的重要方式，是接驳公共交通的主要方式，并承担物流末端配送的重要功能。

适宜自行车骑行的城市和城市片区，除城市快速路主路外，城市快速路辅路及其他各级城市道路均应设置连续的非机动车道。并宜根据道路条件、用地布局与非机动车交通特征设置非机动车专用路。

（四）步行交通

步行交通是城市最基本的出行方式。除城市快速路主路外，城市快速路辅路及其他各级城市道路红线内均应优先布置步行交通空间。

根据地形条件、城市用地布局和街区情况，宜设置独立于城市道路系统的人行道、步行专用通道与路径。人行道最小宽度不应小于2.0m，且应与车行道之间设置物理隔离。大型公共建筑和大、中运量城市公共交通站点800m范围内，人行道最小通行宽度不应低于4.0m；城市土地使用强度较高地区，各类步行设施网络密度不宜低于 14km/km²，其他地区各类步行设施网络密度不应低于 8km/km²。人行道、行人过街设施应与公交车站、城市公共空间、建筑的公共空间顺畅衔接。城市应结合各类绿地、广场和公交通设施设置连续的步行空间；当不同地形标高的人行系统衔接困难时，应设置步行专用的人行梯道、扶梯、电梯等连接设施。

二、城市道路网的基本类型

城市道路网是城市道路的系统构成，是根据城市发展，为满足城市交通、土地利用及其他要求而形成的道路网络。我国现有城市道路网的形成，都是在一定历史条件下，结合当地的自然地理环境，适应当时的政治、经济、文化、发展与交通运输需要逐步演变而来的。其结构形式并无绝对固定形式，大致可分为方格网式、放射环形式、自由式和混合式四种类型。

（一）方格网式

方格网式又称棋盘式道路系统，是最常见、最古老的一种道路网形式。路网的几何图形多为规则的长方形，即每隔一定距离设置接近平行的干道。干道的间距通常为 800~100m，在干道之间再布置支路或其他道路，将城市分成大小不一但很规则的街坊。

方格网式的道路系统适用于地势平坦的中小城市或大城市的局部地区。我国古代大城市大多采用这种道路系统的结构形式，尤其是一些古代都市采用了比较严格的轴线对称的方格网式道路系统。如北京旧城的道路系统，就是以故宫为中心，辅以多条南北干道和几条东西干道组成的方格网式道路系统。西安市的道路网也是这种比较严格的轴线对称方格网道路系统（见图 4-1）。近代，一些沿海、沿河的工业城市，应经济发展的需要和地形地貌的限制，逐步建成了不规则的方格网式的道路系统，如福州、郑州、济南、洛阳等。图 4-2 为洛阳市道路平面示意图。

方格网式道路系统的优点是道路网的整体布局整齐美观，有利于建筑布置和方向识别；交通组织简单便利，交通机动性好，不会形成复杂的交叉口，不会造成市中心交通压力过重，道路定线也比较方便。

方格网式道路系统的缺点是对角线方向交通不便，运输距离较长，曲度系数大（即始终点间实际交通距离与两点间直线距离之比为 1.27~1.4）。因此现代城市中一般不单独采用方格网式道路系统。为了方便对角线方向的交通，我国一些城市如沈阳、长春等加设了对角线方向的干道，形成了方格对角线形式的道路网。但这种形式的道路网中不可避免的三角形街坊和畸形交叉口，又增加了城市建筑布置与交通组织的复杂性，故没有得到广泛采用。图 4-3 为方格对角线式道路网。

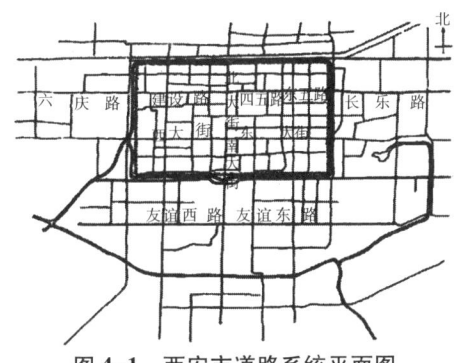

图 4-1　西安市道路系统平面图

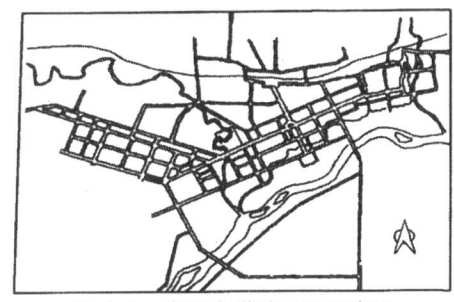

图 4-2　洛阳市道路平面示意图

（二）放射环形式

放射环形式道路网由放射形干道和环形干道组成。一般是以城市的市中心为中心，向四周引出放射形干道，并环绕市中心布置若干环形干道，如图4-4所示伦敦道路网。放射形干道主要担负对外交通联系任务，环形干道主要担负各区域间的运输任务，并连接放射干道以分散部分过境交通。

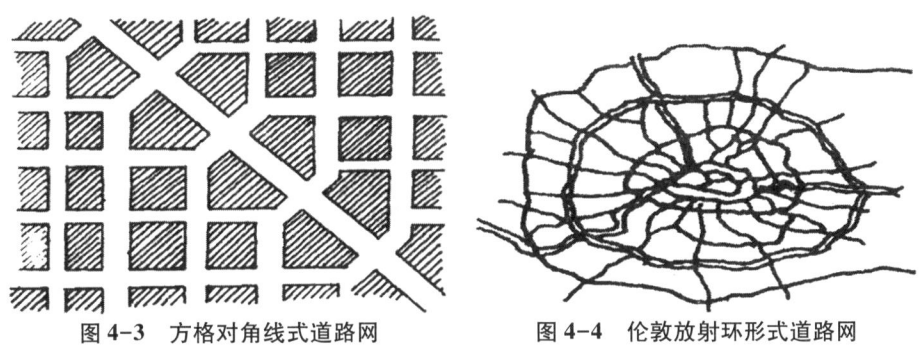

图 4-3　方格对角线式道路网　　　　图 4-4　伦敦放射环形式道路网

放射环形式道路网的优点是有利于市中心区与各分区、郊区及城市外围地区之间的交通联系，道路网的交通疏导能力强，曲度系数较小（1.1~1.2），路线曲直兼有，较易适应自然地形。有些城市将环形干道和放射干道建成城市快速路，使整个城市的交通疏导能力大大提高。

放射环形式道路网的缺点是道路不如方格网式灵活，交叉口形状不规则，有些地区的联系需绕行，城市中心地区易引起机动车交通集中。为了分散市中心区的交通，可在市中心周围设置两个或几个分中心，亦可将部分放射形干道分别置于二环或三环路上，如图4-5所示。放射环形式道路网对城市的地形也有一定要求，如在狭长地形的城市就不能建设这一道路系统。

放射环形式道路网比较适合于大城市和特大城市旧城改造，由旧城中心新引出放射形干道，并在外围敷设环城干道，组成一个连接旧城、新区，并与对外公路相贯通的干道系统，成都市的道路网就是采用了这种形式，由八条放射路和两条环路组成，如图 4-6 所示。

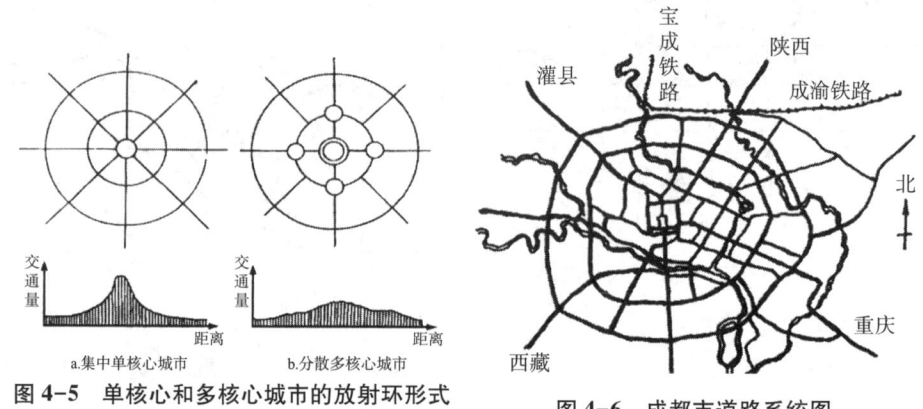

图 4-5　单核心和多核心城市的放射环形式道路网结构和交通量分布

图 4-6　成都市道路系统图

（三）自由式

自由式道路网是一种不规则的道路网形式，其道路的布置受地形、地貌的限制，路线弯曲呈不规则几何图形，图 4-7 为重庆市道路网布置示意图。

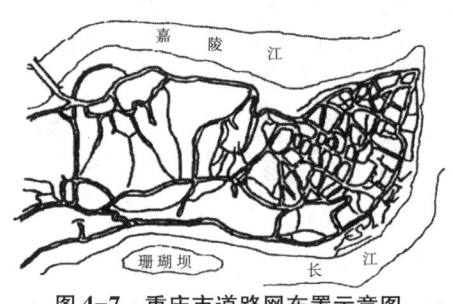

图 4-7　重庆市道路网布置示意图

自由式道路网的优点主要是能够充分结合自然地形布置道路，节约道路投资。但不论是从道路工程还是从交通管理角度，自由式道路系统都存在很多弊病。主要是曲度系数大，路线弯曲不易识别方向，交叉口畸形，道路布局疏密不均等。旧城改造、交通规划十分困难，交通管理的难度也比较大。

自由式道路网适用于自然地形条件复杂的城市，我国有不少城市地形起伏较大，为降低城市的纵坡坡度，在道路选线时常常需围绕山丘或沿河岸布置成自由式道路网。如重庆、青岛、南宁、九江、芜湖等城市的道路系统都是自由式道路网。

（四）混合式

混合式道路网也称综合式道路网，是结合城市用地条件，由前几种基本类型道路网（两种或两种以上）组合而成，如图4-8所示北京市道路网示意图。

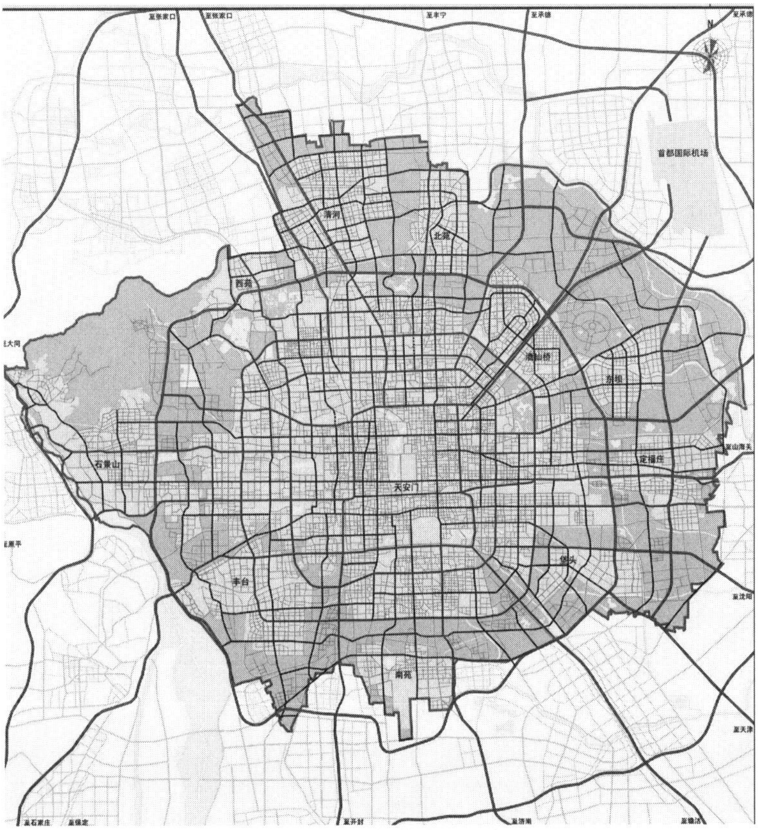

图4-8 北京市道路网示意图

混合式道路网如果规划建设合理，能因地制宜，很好地表现出上述几种基本路网的优点，避免其缺点，从而合理地组织城市交通，就能更好地发挥道路系统的整体作用。同时也能体现城市建筑和道路布置的合理性，使环境更优美。

目前我国多数大城市都采用了混合式道路网。北京、上海、南京、合肥等城市在保留原有旧城区的基础上，又规划建设了一批环形干道和放射形干道，以减少市中心区的交通压力，提高道路网的交通疏导能力。以北京市为例（见图4-8），在以故宫为中心的旧城方格网式道路系统的基础上，布置了四条方框形环路、九条主要放射路和十几条次要放射路，形成方格网式、放射环形式相结合的混合式道路系统。

除以上四种道路网形式外，一些国家正在筹划建设"走廊式"道路网，它是一种沿着连接两城市干道规划建设的新型城市道路网。其目的在于制约现有城市的过度膨胀趋势，促进城市外围卫星城镇的发展。

第二节　城市道路等级与技术标准

一、城市道路等级

根据（CJJ37-2012）《城市道路工程设计规范》（2016年版）的规定，按照城市道路在道路网中的地位、交通功能以及对沿线建筑物的服务功能等，分为四个等级：快速路、主干路、次干路和支路。

城市道路应符合下列规定：

1. 快速路应中央分隔、全部控制出入、控制出入口间距及形式，应实现交通连续通行，单向设置不应少于两条车道，并应设有配套的交通安全与管理设施。

快速路两侧不应设置吸引大量车流、人流的公共建筑物的出入口。

2. 主干路应连接城市各主要分区，应以交通功能为主。

主干路两侧不宜设置吸引大量车流、人流的公共建筑物的出入口。

3. 次干路应与主干路结合组成干路网，应以集散交通的功能为主，兼有服务功能。

4. 支路宜与次干路和居住区、工业区、交通设施等内部道路相连接，应解决局部地区交通，以服务功能为主。

在规划阶段确定道路等级后，当遇特殊情况需变更级别时，应进行技术经济论证，并报规划审批部门批准。当道路为货运、防洪、消防、旅游等专用道路使用时，除应满足相应道路等级的技术要求外，还应满足专用道路及通行车辆的特殊要求。道路应做好总体设计，并应处理好与公路以及不同等级道路之间的衔接过渡。

二、城市道路技术标准

为适应我国城市道路建设和发展的需要，规范城市道路工程设计，统一城市道路工程设计主要技术指标，指导城市道路专用标准的编制，制定了（CJJ37-2012）《城市道路工程设计规范》（2016年版）。本规范适用于城市范围内新建和改建的各级城市道路设计。城市道路工程设计应根据城市总体规划、城市综合交通规划、专项规划，考虑社会效益、环境效益与经济效益的协调统一，合理采用技术标准。遵循和体现以人为本、资源节约、环境友好的设计原则。城市道路工程设计除应符合本规范外，还应符合国家现行有关标准的规定。

城市道路工程设计主要技术指标包括：设计速度、设计车辆、道路建筑限界、设计年限、荷载标准、防灾标准等。

（一）设计速度

设计速度是道路几何设计（包括平曲线半径、纵坡、视距等）所采用的行车速度，是道路设计时确定几何线形的基本要素。它是在气候条件良好，车辆行驶只受道路本身条件影响时，具有中等驾驶技术水平的人员能够安全、舒适驾驶车辆的速度。因此，它与运行速度有密切关系。根据国内外观测研究，当设计速度高时，运行速度低于设计速度；而设计速度低时，运行速度高于设计速度。这也说明设计速度与运行安全有关。各级道路的设计速度应符合表4-2的规定。

表4-2 各级道路的设计速度

道路等级	快速路			主干路			次干路			支路		
设计速度（km/h）	100	80	60	60	50	40	50	40	30	40	30	20

当快速路设置辅路时，习惯上将专供机动车快速通过的道路，称为主路。因此，主路一词是相对于辅路来说的。主路（Main Road），是指快速路或主干路中与辅路分隔，供机动车快速通过的道路。辅路（Side Road），是指集散快速路或主干路交通，设置于主路两侧或一侧，单向或双向行驶，可间断或连续设置的道路。

结合目前的道路工程建设情况，将主路、辅路的设置范围扩展到主干路。我国城市快速路和部分以交通功能为主的主干路通常在主路一侧或两侧设置辅路系统，并通过进出口与主路交通进行转换。辅路在路段上一般与主路并行，通常情况下线形设计能满足主路的设计速度要求，但是考虑到其运行的特征，以及为建成后交通管理的限速提供依据，因此规定了辅路与主路设计速度关系，即快速路和主干路的辅路设计速度宜为主路的0.4~0.6倍。

在立体交叉范围内，为了保证全线运行的安全性、连续性和畅通性，强调了其主路设计速度应与路段设计速度保持一致。匝道及集散车道的取值考虑其交通运行特点，应低于主路的设计速度，而且应与主路设计速度取值有关联性。匝道及集散车道设计速度宜为主路的0.4~0.7倍。集散车道为减少出入口对主路交通的影响，通过设置加减速车道与主路相连，其设计速度规定与匝道一致，在设计中宜取中高值。

平面交叉口内的设计速度宜为路段的0.5~0.7倍。因城市道路中的平面交叉口多受信号控制及人行、非机动车的干扰，为保证行车安全，考虑降速行驶。直行机动车在绿灯信号期间除受左转车（机动车、非机动车）干扰外，较为通畅，可取高值。左转机动车受转弯半径及对向直行机动车与非机动车的干扰，车速降低较多，可取低值。右转机动车受交叉口缘石半径的控制，另外不论是否设右转专用车道，都受非机动车及行人过街等干扰，要降速，甚至停车，可取低值。

（二）设计车辆

行驶车辆的物理性能和各种车辆的组成比例是控制道路几何设计的关键因素。研究各种类型的车辆，建立类型分级，并选择具有代表性的车辆用于设计。这些用于控制道路几何设计，符合国家车辆标准的，具有代表性质量、外廓尺寸和运行性能的车辆，称之为设计车辆。

城市道路的服务对象主要为机动车、非机动车和行人，因此（CJJ37-2012）《城市道路工程设计规范》（2016年版）规定了机动车、非机动车的设计车辆及其外廓尺寸。

道路设计车辆应符合国家车辆生产标准，车辆的外廓尺寸和运行性能应具有代表性。

机动车设计车辆及其外廓尺寸应符合表4-3的规定。

表4-3 机动车设计车辆及其外廓尺寸

车辆类型	总长（m）	总宽（m）	总高（m）	前悬（m）	轴距（m）	后悬（m）
小客车	6	1.8	2.0	0.8	3.8	1.4
大型车	12	2.5	4.0	1.5	6.5	4.0
铰接车	18	2.5	4.0	1.7	5.8+6.7	3.8

注1：总长：车辆前保险杠至后保险杠的距离。

注2：总宽：车厢宽度（不包括后视镜）。

注3：总高：车厢顶或装载顶至地面的高度。

注4：前悬：车辆前保险杠至前轴轴中线的距离。

注5：轴距：双轴车时，为从前轴轴中线到后轴轴中线的距离；铰接车时分别为前轴轴中线至中轴轴中线、中轴轴中线至后轴轴中线的距离。

注6：后悬：车辆后保险杠至后轴轴中线的距离。

非机动车设计车辆及其外廓尺寸应符合表4-4的规定。

表4-4 非机动车设计车辆及其外廓尺寸

车辆类型	总长（m）	总宽（m）	总高（m）
自行车	1.93	0.60	2.25
三轮车	3.40	1.25	2.25

注1：总长：自行车为前轮前缘至后轮后缘的距离；三轮车为前轮前缘至车厢后缘的距离；

注 2：总宽：自行车为车把宽度；三轮车为车厢宽度；

注 3：总高：自行车为骑车人骑在车上时，头顶至地面的高度；三轮车为载物顶至地面的高度。

(三) 道路建筑限界

道路建筑限界是为保证车辆和行人正常通行，规定在道路宽度和高度范围内不允许有任何设施及障碍物侵入的空间范围。道路建筑限界应为道路上净高线和道路两侧侧向净宽边线组成的空间界限。道路建筑限界内不得有任何物体侵入。道路最小净高应满足机动车、非机动车和行人的通行要求。最小净高应符合表 4-5 的规定。

表 4-5　道路最小净高

道路种类	行驶车辆类型	最小净高（m）
机动车道	各种机动车	4.5
	小客车	3.5
非机动车道	自行车、三轮车	2.5
人行道	行人	2.5

注：对需要通行设计车辆以外特殊车辆的道路，最小净高应满足车辆通行的要求。

对通行无轨电车、有轨电车、双层客车等其他特种车辆的道路，最小净高应满足车辆通行的要求。特种车辆是指外廓尺寸、重量等方面超过设计车辆限界的及特殊用途的车辆。从目前的调查分析，常见的几种特种车辆总高均大于设计车辆总高的最大值，如双层公交车辆的车高限制值为 4.2m，消防车个别车高略超 4m，但不超过 4.2m。因此，如经常通行某种特殊超高车辆或专用道路时，在设计中净空高度应按实际通行车辆考虑。

道路设计中应做好与公路以及不同净高要求的道路间的衔接过渡，同时应设置必要的指示、诱导标志及防撞等设施。我国城市道路规范与公路规范设计车辆总高均为 4m，而在最小净空高度的规定上不一致，城市道路规范采用 4.5m；公路规范中高速公路、一级和二级公路采用 5m，其他等级道路采用 4.5m。因此，出现了许多起从公路驶入城市道路撞坏桥梁设施的交通事故，许多人认为是由于城市道路低于公路净高标准所致。《道路交通安全法实施条例》(2004 年 5 月 1 日实施) 规定，"重型、中型载货汽车，半挂车载物，高度从地面起不得超过 4m，载运集装箱的车辆不得超过 4.2m"，并通过实际调查分析，事故车辆均为超高装载。考虑到城市道路的建设特点，若增加 0.5m 的净高标准，不仅会增加投资，而且会影响到技术指标的选取和工程的可实施性。因此，提出了城市道路与公路衔接段设计中应考虑的一些要求。

(四) 设计年限

包括确定路面宽度而采用的远期交通量的年限与为确定路面结构而采用的保证路面结构不需进行大修即可按预定目的使用的设计使用年限两种。

1. 在确定道路横断面车行道宽度时，远期交通量的年限作为道路设计年限的指标。道路交通量达到饱和时的设计年限按道路等级分为三种：快速路、主干路为 20 年；次干路为 15 年；支路为 10~15 年。道路等级高则设计年限长。在设计年限内，车行道的宽度应满足道路交通增长的要求，保证车辆能安全、舒适、通畅地行驶。

2. 路面结构的设计使用年限是设计规定的一个时期，即路面结构在正常设计、正常施工、正常使用、正常维护下按预期目的使用，完成预定功能的使用年限。不同路面类型选用不同的设计使用年限，以保证在设计使用年限内路面平整并具有足够强度。设计使用年限应与路面等级、面层类型及交通量相适应。

各种类型路面结构的设计使用年限应符合表 4-6 的规定。

表 4-6 路面结构的设计使用年限（年）

道路等级	路面结构类型		
	沥青路面	水泥混凝土路面	砌块路面
快速路	15	30	-
主干路	15	30	-
次干路	15	20	-
支路	10	20	10（20）

注：砌块路面采用混凝土预制块时，设计年限为 10 年；采用石材时，为 20 年。

桥梁结构的设计使用年限应符合表 4-7 的规定。

表 4-7 桥梁结构的设计使用年限

类别	设计使用年限（年）
特大桥、大桥、重要中桥	100
中桥、重要小桥	50
小桥	30

注：对有特殊要求结构的设计使用年限，可在上述规定基础上经技术经济论证后予以调整。

（五）荷载标准

道路路面结构设计应以双轮组单轴载 100KN 为标准轴载。对有特殊荷载使用要求的道路,应根据具体车辆确定路面结构计算荷载。

路面上行驶的车辆种类很多,轴载大小不同,对路面造成的损害相差很大。因而,对路面结构设计来说,不单是总的累计作用次数,更重要的是轴载的大小和各级轴载在整个车辆组成中所占的比例。为方便计算,必须选用一种轴载作为标准轴载,一般来说应选用道路轴载中所占比例较大,对路面的影响也较大的轴载作为标准轴载。目前我国城市道路和公路标准中均采用双轮组单轴载100KN为标准轴载,相当于国际的中等水平。

桥涵的设计荷载应符合现行行业标准《城市桥梁设计规范》(CJJ 11)的规定。

(六)防灾标准

道路工程应按国家规定工程所在地区的抗震标准进行设防。

考虑到城市桥梁安全对确保城市交通的重要性,(CJJ37-2012)《城市道路工程设计规范》(2016年版)特别规定不论特大、大、中、小桥设计洪水频率一般均采用百年一遇,特别重要桥梁(主要是指位于城市快速路、主干路上的特大桥)可提高到三百年一遇。对城市防洪标准较低的地区,当按百年一遇或三百年一遇的洪水频率设计,导致桥面高程较高而引起困难时,可按相交河道或排洪沟渠的规划洪水频率设计,且应确保桥梁结构在百年一遇或三百年一遇洪水频率下的安全。

道路应避开泥石流、滑坡、崩塌、地面沉降、塌陷、地震断裂活动带等自然灾害易发区;当不能避开时,必须提出工程和管理措施,保证道路的安全运行。

三、通行能力和服务水平

由于道路条件、交通条件、控制条件和交通环境等都会影响道路通行能力和服务水平。因此,需要对条件不同的道路设施及其各组成部分分别进行通行能力和服务水平的分析。进行通行能力和服务水平分析的目的是确定在特定的运行状况下,疏导交通需求所需的道路几何构造,如车道数、车道宽度、交叉类型等,从而更好地指导设计。

道路条件包括车道数、车道、路缘带和中央分隔带等的宽度以及侧向净宽、设计速度、平纵线形和视距等。

交通条件包括交通流中的交通组成、交通量以及在不同车道中的交通量分布和上、下行方向的交通量分布。

控制条件,是指交通控制设施的形式及特定设计和交通规则。

交通环境主要是指横向干扰程度以及交通秩序等。

(一) 通行能力的定义及分类

1. 通行能力是在一定的道路和交通条件下,单位时间内道路上某一路段通过某一断面的最大交通流率。

2. 根据道路设施和交通实体的不同,通行能力可分为机动车道通行能力、非机动车道通行能力和人行设施通行能力。从规划设计和运营的角度,通行能力可分为基本通行能力、实际通行能力和设计通行能力三种。

基本通行能力,是指在一定的时段,在理想的道路、交通、控制和环境条件下,道路的一条车道或一均匀段或一交叉路口,期望能通过人或车辆的合理的最大小时流率。

实际通行能力,是指在一定的时段,在具体的道路、交通、控制和环境条件下,道路的一条车道或一均匀段上或一交叉路口,期望能通过人或车辆的合理的最大小时流率。

设计通行能力,是指在一定时段,在具体的道路、交通、控制及环境条件下,一条车道或一均匀段上或一交叉路口,对应设计服务水平下的最大服务交通流率。

(二) 服务水平的定义及分级

1. 服务水平是衡量交通流运行条件及驾驶人和乘客所感受的服务质量的一项指标,通常根据交通量、速度、行驶时间、行驶(步行)自由度、交通中断、舒适和方便等指标确定。

2. 根据服务设施的不同可将道路设施的服务水平分为四级。服务水平分级是为了说明道路设施在不同交通负荷条件下的运行质量,不同的道路设施,其服务水平衡量指标是不同的。

(三) 当量小汽车换算系数

当量小汽车是指以 4~5 座的小客车为标准车,作为各种类型车辆换算道路交通量的当量车种,单位为 pcu。不同车种的换算系数参考《城市综合交通体系规划标准》GB/T51328-2018 的相关规定。当量小汽车换算系数宜符合表 4-8 的规定。

表 4-8 当量小汽车换算系数

序号	车种	换算系数
1	自行车	0.2
2	两轮摩托	0.4
3	三轮摩托或微型汽车	0.6
4	小客车或小于 3t 的货车	1.0

续表

序号	车种	换算系数
5	旅行车	1.2
6	大客车或小于9t的货车	2.0
7	9t~15t货车	3.0
8	铰接客车或大平板拖挂货车	4.0

(四) 快速路的通行能力和服务水平

快速路应根据交通流行驶特征分为基本路段、分合流区和交织区，应分别采用相应的通行能力和服务水平。

在快速路设计时，不仅要对路段通行能力和服务水平进行分析、评价，还必须对分合流区及交织区进行分析、评价，避免产生"瓶颈"地段，确保整条道路的通行能力和服务水平保持一致。

关于快速路分合流区以及交织区的通行能力分析、评价，由于目前国内尚未有成熟的研究成果，本规范只提出了设计要求，未给出具体的分析方法和内容，可参阅美国《道路通行能力手册》中的相关内容。

快速路基本路段一条车道的基本通行能力和设计通行能力应符合表4-9的规定。

表4-9 快速路基本路段一条车道的基本通行能力

设计速度（km/h）	100	80	60
基本通行能力（pcu/h）	2200	2100	1800
设计通行能力（pcu/h）	2000	1750	1400

城市快速路服务水平分为四级：一级服务水平时，交通处于自由流状态；二级服务水平时，交通处于稳定流中间范围；三级服务水平时，交通处于稳定流下限；四级服务水平时，交通处于不稳定流状态。快速路基本路段服务水平分级应符合表4-10的规定，新建道路应按三级服务水平设计。

表 4-10 快速路基本路段服务水平分级

设计速度(km/h)	服务水平等级		密度[pcu/(km·ln)]	平均速度(km/h)	负荷度 V/C	最大服务交通量[pcu/(h·ln)]
100	一级（自由流）		≤10	≥88	0.40	880
	二级（稳定流上段）		≤20	≥76	0.69	1520
	三级（稳定流）		≤32	≥62	0.91	2000
	四级	（饱和流）	≤42	≥53	≈1.00	2200
		（强制流）	>42	<53	>1.00	——
80	一级（自由流）		≤10	≥72	0.34	720
	二级（稳定流上段）		≤20	≥64	0.61	1280
	三级（稳定流）		≤32	≥55	0.83	1750
	四级	（饱和流）	≥50	≥40	≈1.00	2100
		（强制流）	<50	<40	>1.00	——
60	一级（自由流）		≤10	≥55	0.30	590
	二级（稳定流上段）		≤20	≥50	0.55	990
	三级（稳定流）		≤32	≥44	0.77	1400
	四级	（饱和流）	≤57	≥30	≈1.00	1800
		（强制流）	>57	<30	>1.00	——

快速路设计时采用的最大服务交通量应符合下列规定：
双向四车道快速路折合成当量小客车的年平均日交通量为40000~80000pcu。
双向六车道快速路折合成当量小客车的年平均日交通量为60000~120000pcu。
双向八车道快速路折合成当量小客车的年平均日交通量为100000~160000pcu。

(五) 其他等级道路的通行能力和服务水平

其他等级道路根据交通流特性和交通管理方式，可分为路段、信号交叉口、无信号交叉口等，应分别采用相应的通行能力和服务水平。

其他等级道路路段一条车道的基本通行能力和设计通行能力应符合表4-11的规定。

表4-11 其他等级道路路段一条车道的基本通行能力和设计通行能力

设计速度（km/h）	60	50	40	30	20
基本通行能力（pcu/h）	1800	1700	1650	1600	1400
设计通行能力（pcu/h）	1400	1350	1300	1300	1100

信号交叉口服务水平是根据车辆在信号交叉口受阻情况确定的，一般情况下采用控制延误作为服务水平分级标准。控制延误包括减、加速延误。根据实际调查内容的不同，也可选择采用交通负荷系数和排队长度进行分级，使用时可根据情况灵活选择合理适用的指标。信号交叉口服务水平分级应符合表4-12的规定，新建道路应按三级服务水平设计。

表4-12 信号交叉口服务水平分级

服务水平 指标	一级	二级	三级	四级
控制延误（s/veh）	<30	30~50	50~60	>60
负荷度（V/C）	<0.6	0.6~0.8	0.8~0.9	>0.9
排队长度（m）	<30	30~80	80~100	>100

无信号交叉口可分为次要道路停车让行、全部道路停车让行和环形交叉口三种形式。次要道路停车让行交叉口通行能力应保证次要道路上车辆可利用的穿越空当能满足次要道路上交通需求。

(六) 自行车道通行能力和服务水平

不受平面交叉口影响的一条自行车道的路段设计通行能力，当有机非分隔设施时，应取1600veh/h~1800veh/h；当无分隔时，应取1400veh/h~1600veh/h。

受平面交叉口影响的一条自行车道的路段设计通行能力，当有机非分隔设施时，应取1000veh/h~1200veh/h；当无分隔时，应取800veh/h~1000veh/h。

信号交叉口进口道一条自行车道的设计通行能力可取为800veh/h~1000veh/h。

路段上，自行车道服务水平采用骑行速度、占用道路面积、交通负荷与车流状况等指标衡量；交叉口自行车道服务水平增加了停车延误时间、路口停车率等指标，使用时可根据情况灵活选用指标。

路段自行车道服务水平分级应符合表4-13的规定，设计时宜采用三级服务水平。

表4-13　路段自行车道服务水平分级

服务水平 指标	一级 （自由骑行）	二级 （稳定骑行）	三级 （骑行受限）	四级 （间断骑行）
骑行速度（km/h）	>20	20~15	15~10	10~5
占用道路面积（m²）	>7	7~5	5~3	<3
负荷度（V/C）	<0.40	0.55~0.70	0.70~0.85	>0.85

交叉口自行车道服务水平分级应符合表4-14的规定，设计时宜采用三级服务水平。

表4-14　交叉口自行车道服务水平分级

服务水平 指标	一级	二级	三级	四级
停车延误时间（s）	<40	40~60	60~90	>90
通过交叉口骑行速度（km/h）	>13	13~9	9~6	6~4
负荷度（V/C）	<0.7	0.7~0.8	0.8~0.9	>0.9
路口停车率（%）	<30	30~40	40~50	>50
占用道路面积（m²）	8~6	6~4	4~2	<2

（七）人行设施通行能力和服务水平

人行设施的基本通行能力一般以1h、1m宽道路上通过的行人数（人/h·m）表示。人行道、人行横道、人行天桥、人行地道等单位宽度内的基本通行能力可根据行走速度、纵向间距和占用宽度计算。

人行设施的基本通行能力和设计通行能力应符合表4-15的规定。行人较多的重要区域设计通行能力宜采用低值，非重要区域宜采用高值。

表 4-15　人行设施的基本通行能力和设计通行能力

人行设施类型	基本通行能力	设计通行能力
人行道，人/（h·m）	2400	1800~2100
人行横道，人/（hg·m）	2700	2000~2400
人行天桥，人/（h·m）	2400	1800~2000
人行地道，人/（h·m）	2400	1440~1640
车站码头的人行天桥、人行地道，人/（h·m）	1850	1400

注：hg 为绿灯时间。

人行道采用人均占用面积作为服务水平的分级标准。根据实际调查内容的不同，可参考行人纵向间距、横向间距和步行速度等指标进行分级。人行道服务水平分级应符合表 4-16 的规定，设计时宜采用三级服务水平。

表 4-16　人行道服务水平分级

服务水平　指标	一级	二级	三级	四级
人均占用面积（m²）	>2.0	1.2~2.0	0.5~1.2	<0.5
人均纵向间距（m）	>2.5	1.8~2.5	1.4~1.8	<1.4
人均横向间距（m）	>1.0	0.8~1.0	0.7~0.8	<0.7
步行速度（m/s）	>1.1	1.0~1.1	0.8~1.0	<0.8
最大服务交通能力（人/h·m）	1580	2500	2940	3600

第三节　城市道路横断面

城市道路横断面宜由机动车道、非机动车道、人行道、分车带、设施带、绿化带等组成，特殊断面还可包括应急车道、路肩和排水沟等。本节主要介绍机动车道、非机动车道、人行道、路拱与横坡、公共交通专用车道。

城市道路的横断面布置，即道路的路幅布置，就是根据实际情况把整个道路路面用物理设施隔成若干块，布置不同种类、不同方向交通的通行路面。

影响道路横断面形式与组成部分的因素很多，如城市规模、道路红线宽度、交通量、车辆类型与组成、设计速度、地理位置、排水方式、结构物的位置、相交道路交叉形式等。从横向布置分类，目前使用的横断面从单幅路到八幅路均有，较为常见的是单幅路、两幅路、三幅路和四幅路，如图 4-9 所示。从竖向布置分类，有地面式、高架式或路堑式。本节主要对横向分类进行描述。

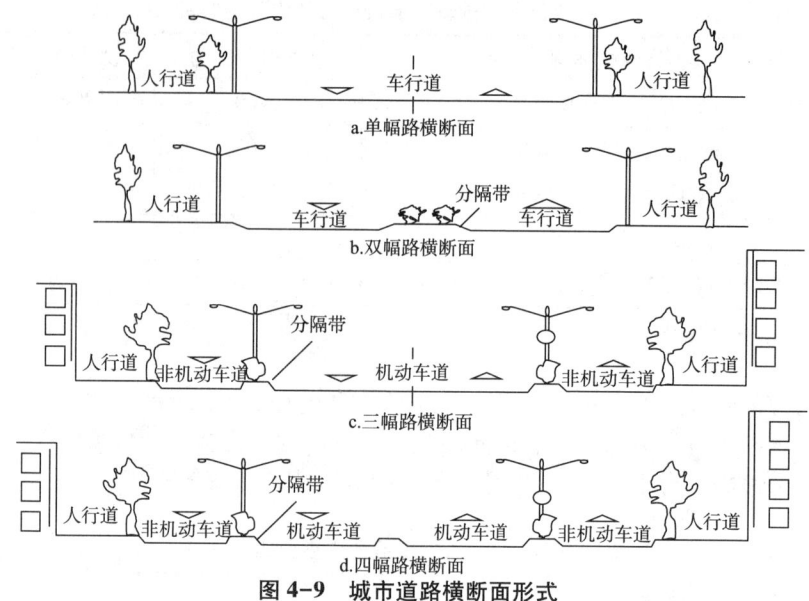

图 4-9 城市道路横断面形式

一、城市道路横断面布置

（一）单幅路

整个路幅没有被物理设施隔开，把所有车辆在同一个车行道上混合行驶，机动车在中间行驶，非机动车靠路边行驶，所以又称为一块板道路（见图 4-9a）。

单幅路的机动车与非机动车混合行驶，适用于机动车与非机动车交通量不大的城市道路。由于单幅路断面车道布置的灵活性，在中心城区红线受限时，车道划分可以根据机动车与非机动车高峰错时调剂使用。但应注意在公共汽车停靠站处应采取交通管理措施，以便减少非机动车对公共汽车的干扰。

单幅路适用于机动车交通量不大、非机动车较少、红线较窄的次干路；交通量较少、车速低的支路；以及用地不足、拆迁困难的老城区道路；集文化、旅游、商业功能为一体且红线宽度在 40m 以上，具有游行、迎宾、集合等特殊功能的主干路，推荐采用单幅路断面。

（二）两幅路

利用物理设施把整个路幅一分为二，把对向交通流分开，所以又称二块板道路（见图 4-9b）。

两幅路的机动车与非机动车混合行驶，适用于单向两条机动车道以上，非机动车较少的道路，对绿化、照明、管线敷设均比较有利。如中心商业区、经济开发区、风景区、高科技园区或别墅区道路、郊区道路、城市出入口道路。

对于横向高差大、地形特殊的道路，可利用地形优势采用上、下行分离式断面。两幅路之间需设分隔带，可采用绿化带分隔。

两幅路适用于机动车交通量不大、非机动车较少的主干路；红线宽度较宽的次干路。

（三）三幅路

利用两条分隔带将行车道一分为三，中间供双向机动车行驶，两边供非机动车行驶，所以又称为三块板道路（见图 4-9c）。

三幅路的机动车（设置辅路时，为主路机动车）与非机动车分行，保障了交通安全，提高了机动车的行驶速度。机非分行适用于机动车及非机动车交通量大，红线宽度大于或等于 40m 的道路。主辅分行适用于两侧机动车进出需求量大，红线宽度大于或等于 50m 的主干路。主、辅路或机、非之间需设分隔带，可采用绿化带分隔。

三幅路适用于机动车和非机动车交通量较大的主干路；需设置辅路的主干路；红线宽度较宽的次干路。

（四）四幅式

在三块板断面形式的基础上，再用分隔带把中间的机动车道一分为二，在保证机动车与非机动车分离的同时，把对向的机动车交通也进行了分离，所以又称为四块板道路（见图 4-9d）。

四幅路的机动车（设置辅路时，为主路机动车）与非机动车分行，保障了交通安全，提高了机动车的行驶速度。适用于机动车车速高，单向机动车车道 2 条以上，非机动车多的快速路与主干路。双向机动车道中间设有中央分隔带，机动车道与非机动车道或辅路间设有两侧带分隔，能保障行车安全。当有较高景观要求时人行道、两侧带、中央分隔带的宽度可适当增加。

四幅路适用于需设置辅路的快速路和主干路；机动车及非机动车交通量较大的主干路。

公交专用车道分为常规公交专用车道和快速公交专用车道两种，常规公交专用车道又分为分时段和全天公交专用车道两种。由于其运行特点不同，对道路和车站设置的要求也相应不同，对横断面的布置影响也较大。因此，在道路上需设置公交专用车道时，应先根据公交专用车道的类型，结合车站布置、道路功能综合选定横断面形式。

道路设计中，为了打造美好的绿化景观效果，在用地允许的条件下，常设置较宽的分隔带。特大桥、大中桥跨度大、投资多，如果整个横断面宽度与道路一致，势必过多地增加投资。为保证行车安全，车行道宽度、路缘带宽度应与道路一致。分隔带宽度在满足桥梁防护设施设置要求的前提下可适当压窄。

二、机动车道

机动车道的宽度主要取决于设计车辆车身的宽度、横向安全距离（车身边缘与相邻部分边缘之间的横向净距）以及车辆行驶时的摆动宽度。横向安全距离取决于车辆在行驶中摆动与偏移的宽度，以及车身与相邻车道或人行道路缘石边缘必要的安全间隔。其值与车速、路面质量、驾驶技术以及交通秩序等因素有关。

机动车道路面宽度应包括车行道宽度及两侧路缘带宽度，单幅路及三幅路采用中间分隔物或双黄线分隔对向交通时，机动车道路面宽度还应包括分隔物或双黄线的宽度。机动车道路面宽度除包括车行道宽度及两侧路缘带宽度外还应根据具体的断面布置，包括应急车道、变速车道以及分隔物等设施所需的宽度。一条机动车道最小宽度应符合表4-17的规定。

表4-17 一条机动车道最小宽度

车型及车道类型	设计速度（km/h）	
	>60	≤60
大型车或混行车道（m）	3.75	3.50
小客车专用车道（m）	3.50	3.25

确定机动车道时应注意的问题：

1. 双向车道数一般不宜超过4~6条。根据车道通行力的折减情况可以看出，设计的车道数越多，则靠路边的车道其通行能力折减越大。自道路中心线向外侧算起的第四条和第五条车道，其通行能力折减后，仅为第一条车道的一半。因此，设计过多的车道对于提高道路通行能力的作用并不大，相反，过多的车道会引起行人过街不便、驾驶人操作复杂以及因超车、抢道造成交通秩序混乱等现象，给交通组织管理带来困难。

2. 车行道一般两个方向车道数相等，总数为偶数。为了满足道路机动车流量双向均衡和道路布局美观等要求，机动车道一般总是对称均衡布置，车道总数为：2，4，6……特殊情况下，车道总数也可以为奇数。例如，在某些双向不均匀系数较大的车道上，可以利用交通管理措施，把其中一条车道供两个方向使用，只在使用时间上加以限制；在交通量不大、各类机动车混合行驶的道路上，可采用三车道，把中间一条车道专供超车使用。

3. 机动车道宽必须根据具体情况，综合考虑各方面因素后确定。机动车道宽度不能仅仅靠公式计算，必须综合考虑各种因素的影响。有时，机动车道宽度的确定甚至并不是基于技术、经济的理由，首先要考虑政治、国防或其他特殊需要。

4. 同一路线各路段的机动车道宽度不能强求一致。同一路线的各路段由于在城市中所处的位置不同，各条路的交通量、交通状况和道路定线条件不一致，机动车道宽度不一定完全一致。但在同一路线上，特别是直线段上，机动车道宽度变化过多或变化突然，对于安全行车均是不利的。

三、非机动车道

非机动车车种复杂，各种车辆行驶速度相差很大，而且并驶、错让、超车等现象经常出现。因此确定非机动车道一般可按照道路上行驶的非机动车的类型、各种非机动车行驶要求，分析各种车辆可能出现的横向组合方式，根据不利的并驶和超车情况估算其宽度。

非机动车道通常都沿着道路两侧对称布置在机动车道和人行道之间，用交通标线或分隔带与机动车道隔开，以保证非机动车的安全及提高机动车车速。在住宅区道路或其他交通量很小的支路上，非机动车方可与机动车混合行驶。为吸引非机动车行驶，非机动车道的宽度、路面、坡度等应设计恰当，以免非机动车道失去应有的作用，出现非机动车侵占机动车道，影响机动车交通的情况。城市土地使用强度较高和中等地区各类非机动车道网络密度不应低于 $8km/km^2$。一条非机动车道宽度应符合表 4-18 的规定。

表 4-18　一条非机动车道宽度

车辆种类	自行车	三轮车
非机动车道宽度（m）	1.0	2.0

与机动车道合并设置的非机动车道，一般车道数单向不应小于 2 条，宽度不应小于 2.5m。一条自行车道的宽度，按自行车车身宽度 0.6m 和根据《中华人民共和国道路交通安全法实施条例》规定的载物宽度，左右各不得超出车把 0.15m 计算，一条自行车车道宽度为 0.95m（0.6+0.15×2），考虑行驶时的左右摆幅宽度，规定自行车车道宽度采用 1.0m。

一条三轮车道的宽度，按三轮车车身宽度 1.25m 和根据《中华人民共和国道路交通安全法实施条例》规定的载物宽度左右各不得超出车身 0.2m 计算，一条三轮车车道宽度为 1.65m（1.25+0.2×2），考虑行驶时的左右摆幅宽度，规定三轮车车道宽度采用 2.0m。

靠边行驶的非机动车，受道路的缘石、护栏、侧墙、雨水进水口、路面平整度和绿化植物的影响，要求设置 0.25m 的安全距离。路侧设置停车时还应充分考虑对其影响。

非机动车专用道路面宽度应包括车道宽度及两侧路缘带宽度，单向不宜小于 3.5m，双向不宜小于 4.5m。

四、人行道

人行道是专供行人步行的道路，其主要功能是为了满足步行交通的需要，同时用来布置绿化、地上杆线、地下管线、交通护栏、交通标志、宣传广告栏、清洁箱等交通附属设施。设计人行道时要综合考虑街道功能、沿街建筑物性质、人流密度以及在人行道上设置灯杆、电车架空线和绿化植树带，及地下管线埋设和备用地的要求。人行道宽度取决于道路功能、沿街建筑性质、人流密度以及在人行道上布置各种设施的要求。

根据调查资料，我国城市道路中人行道宽度一般为 2~10m，商业街、火车站、长途汽车站附近路段人流密度大，携带的东西多，因此应比一般路段人行道宽。

人行道宽度除了满足通行需求外，还应结合道路景观功能，力求与横断面中各部分的宽度协调，各类道路的单侧人行道宽度宜与道路总宽度之间有适当的比例，对行人流量大的道路应采用大值。

人行道宽度必须满足行人安全顺畅通过的要求，并应设置无障碍设施。人行道最小宽度应符合表 4-19 的规定。

表 4-19 人行道最小宽度

项目	人行道最小宽度（m）	
	一般值	最小值
各级道路	3.0	2.0
商业或公共场所集中路段	5.0	4.0
火车站、码头附近路段	5.0	4.0
长途汽车站	4.0	3.0

人行道需要与行车道分隔，并要保证车辆及其装载货物的突出部分不致碰刮靠边的行人，也要设法阻止行人在非规定的地点穿越街道。

一般情况下，人行道高出行车道 8~20cm，对称布置在行车道的两侧。在受地形、地物限制或有其他特殊情况时，两边可不等宽，或者单边布置（多见于傍山或靠河的狭路）。

行人交通设施应包括人行道、步行街以及人行横道、人行天桥和人行地道等过街设施，设施的设置应根据行人流量和流线确定。人行过街设施的布设应与公交车站的位置结合。在学校、幼儿园、医院、养老院等附近，应设置人行过街设施。人行道的设计应符合（CJJ37-2012）《城市道路工程设计规范》（2016年版）第5.3节的规定。

1. 人行横道的设置应符合下列规定：

（1）交叉口处应设置人行横道，路段内人行横道应布设在人流集中、通视良好的地点，并应设醒目标志。人行横道间距宜为250~300m。

（2）当人行横道长（CJJ37-2012）《城市道路工程设计规范》（2016年版）度大于16m时，应在分隔带或道路中心线附近的人行横道处设置行人二次过街安全岛，安全岛宽度不应小于2.0m，困难情况下不应小于1.5m。

（3）人行横道的宽度应根据过街行人数量及信号控制方案确定，主干路的人行横道宽度不宜小于5m，其他等级道路的人行横道宽度不宜小于3m。宜采用1m为单位增减。

2. 人行天桥和人行地道的设置应符合下列规定：

（1）快速路行人过街必须设置人行天桥或人行地道，其他道路应根据机动车交通量和行人过街需求设置人行天桥或人行地道。

（2）在商业或车站、码头等区域人行天桥或人行地道的设置宜与两侧建筑物或地下开发相结合。有特殊需要时，可设置专用过街设施。

（3）当自行车过街交通量不大时，人行天桥和人行地道可设置推行自行车过街的坡道。

（4）人行天桥和人行地道的其他设置条件应符合现行行业标准《城市人行天桥与人行地道技术规范》（CJ69）的规定。

3. 步行街的设计应符合下列规定：

（1）步行街的规模应适应各重要吸引点的合理步行距离，步行距离不宜超过1000m。

（2）步行街的宽度可采用10~15m，其间可配置小型广场。步行道路和广场的面积，可按每平方米容纳0.8~1.0人计算。

（3）步行街与两侧道路的距离不宜大于200m，步行街进出口距公共交通停靠站的距离不宜大于100m。

（4）步行街附近应有相应规模的机动车和非机动车停车场，机动车停车场距步行街进出口的距离不宜大于100m，非机动车停车场距步行街进出口的距离不宜大于50m。

（5）步行街应满足消防车、救护车、送货车和清扫车等的通行要求。

五、公共交通专用车道

伴随着区域化、城市化和机动化的快速发展，我国各大中城市交通出行需求迅速增长，道路交通面临巨大压力。为实现发展城市公共交通的战略目标，有效引导城市交通结构向公共交通转化，在城市道路规划设计中，必须考虑与道路相关的公共交通通道和场站设计。不同的公共交通系统对城市道路设计有其特殊的要求，根据《城市公共交通分类标准》（CJJ/T114-2007）规定，城市道路公共交通包括常规公交、快速公交、无轨电车、出租车四类，其中无轨电车和常规公交的道路设计标准是一致的。因此，（CJJ37-2012）《城市道路工程设计规范》（2016年版）按快速公交、普通公交和出租车三类规定，其具体的条文主要沿用《城市道路设计规范》（CJJ37-90）中的相关规定，以及参照《城市道路公共交通站、场、厂工程设计规范》（CJJ/T 15）及《快速公共汽车交通系统设计规范》（CJJ 136）中的相关规定。

（一）公共交通专用车道分类

目前国内外公交系统专用通道根据使用特点，主要包括以下四种形式：

1. 公交专用路：道路上，公交车拥有全部的、排他的使用权，包括单向道路系统中公交逆行专用道，全部封闭的专用通道等。

2. 公交专用车道：在特定的路段上，通过标志、标线划出一条或几条车道给公交车专用，但公交车同时拥有在其他车道的行驶权，根据公交专用车道在道路断面的位置主要可以分为中央公交专用车道和路侧专用车道。

3. 公交专用进口道：在交叉路口进口，专门为公交车设置的进口道，包括只允许公交车转向的管理设施。

4. 公交优先道路：在混合交通中，公交车比其他车辆具有优先使用某条道路的权利，当其他车辆影响公交车的运行时，必须避让公交车辆。

规范只对公交专用车道的内容进行了相关规定。根据我国实际情况，结合不同的公共交通系统对道路的使用要求，将公共交通专用车道统一划分为快速公交专用车道和普通公交专用车道两类。

（二）快速公交专用车道的一般设计原则

快速公交专用车道的设计应符合下列规定：

1. 中央专用车道受其他车辆干扰最小，路侧专用车道根据道路路幅形式，还可分为主路路侧和辅路内、外侧形式，受其他车辆干扰程度也依次增加。因此优先选用中央专用车道。中央专用车道按上、下行有无物体隔离分为整体式和分离式，整体式占用道路空间小，公交车辆运行中车辆有需求时可以借道行驶，故优选中央整体式。

2. 由于快速公交专用车道和车站占用较大的城市空间资源，城市支路一般不具备设置大容量公交系统的条件。因此，规定设计速度为40km/h~60km/h。

3. 目前国内大容量快速公交车车体宽度一般为2.55m，根据行驶及安全性要求，单车道的车道不应小于3.5m。

4. 分离式单车道当运营车辆发生故障时，会阻碍其他运营车辆。为及时排除故障，应迅速将故障车辆移出专用道。考虑牵引车进出和疏散车上乘客的方便，物体隔离连续长度不应超过 300m。

5. 快速公交系统应优先通过平交路口。

（三）常规公交专用车道的一般设计原则

常规公交专用车道的设计应符合下列规定：

1. 主、次干路每条车道交通量大于 500pcu/h 及公交车辆大于 90 辆/h 时，宜设置常规公交专用车道。

2. 常规公交专用车道宜设置在最外侧车道上。

3. 常规公交专用车道单车道宽度不应小于 3.5m。

4. 常规公交专用车道在平交路口宜连续设置。

六、路拱与横坡

路拱坡度的确定应以有利于路面排水和保障行车安全平稳为原则。坡度大小主要视路面种类、表面平整度、粗糙度、道路纵坡大小等而定。道路纵坡大时横坡取小值，纵坡小时取大值；严寒地区路拱设计坡度宜采用小值。

道路横坡应根据路面宽度、路面类型、纵坡及气候条件确定，宜采用 1.0%～2.0%。快速路及降雨量大的地区宜采用 1.5%～2.0%；严寒积雪地区、透水路面宜采用 1.0%～1.5%。保护性路肩横坡度可比路面横坡度加大 1.0% 以利于排水。

单幅路应根据道路宽度采用单向或双向路拱横坡，采用单向坡时一般采用直线形路拱，双向坡时应采用抛物线加直线的路拱。多幅路应采用由路中线向两侧的双向路拱横坡、人行道宜采用单向横坡，为便于雨水的收集，坡向应朝向雨水设施设置位置的一侧。当道路设置超高时，雨水设施应按道路超高坡向的位置设置，保证道路的安全行驶。

第四节　城市道路平面和纵断面

城市道路平面和纵断面设计应符合城市路网规划、道路红线、道路功能，并应综合考虑土地利用、文物保护、环境景观、征地拆迁等因素。

平面和纵断面应与地形地物、地质水文、地域气候、地下管线、排水等要求结合，并应符合各级道路的技术指标，应与周围环境相协调，线形应连续与均衡。

城市快速路、主干路应做好路线的线形组合设计，各技术指标应恰当、平面顺适、断面均衡、横断面合理；各结构物的选型与布置应合理、适用、经济。

一、平面线形

道路平面线形由直线、平曲线组成,平曲线由圆曲线、缓和曲线组成,应处理好直线与平曲线的衔接,合理地设置缓和曲线、超高、加宽等。

(一) 圆曲线半径、长度规定

道路圆曲线最小半径应符合表 4-20 的规定。一般情况下应采用大于或等于不设超高最小半径值;当地形条件受限制时,可采用设超高最小半径的一般值;当地形条件特别困难时,可采用设超高最小半径的极限值。

表 4-20 道路圆曲线最小半径

设计速度(km/h)		100	80	60	50	40	30	20
不设超高最小半径(m)		1600	1000	600	400	300	150	70
设超高最小半径(m)	一般值	650	400	300	200	150	85	40
	极限值	400	250	150	100	70	40	20

注:"一般值"为正常情况下的采用值;"极限值"为条件受限时,可采用的值。

平曲线与圆曲线最小长度应符合表 4-21 的规定。

表 4-21 平曲线与圆曲线最小长度

设计速度(km/h)		100	80	60	50	40	30	20
平曲线最小长度(m)	一般值	260	210	150	130	110	80	60
	极限值	170	140	100	85	70	50	40
圆曲线最小长度(m)		85	70	50	40	35	25	20

(二) 缓和曲线

直线与圆曲线或大半径圆曲线与小半径圆曲线之间应设缓和曲线。缓和曲线应采用回旋线,缓和曲线最小长度应符合表 4-22 的规定。当设计速度小于 40km/h 时,缓和曲线可采用直线代替。

表 4-22 缓和曲线最小长度

设计速度(km/h)	100	80	60	50	40	30	20
缓和曲线最小长度(m)	85	70	50	45	35	25	20

当圆曲线半径大于表 4-23 不设缓和曲线的最小圆曲线半径时,直线与圆曲线可直接连接。

表 4-23 不设缓和曲线的最小圆曲线半径

设计速度（km/h）	100	80	60	50	40
不设缓和曲线的最小圆曲线半径（m）	3000	2000	1000	700	500

（三）圆曲线超高

当圆曲线半径小于表 4-20 中不设超高最小半径时，在曲线范围内应设置超高。最大超高横坡度应符合表 4-24 的规定。当由直线段的正常路拱断面过渡到圆曲线上的超高断面时，必须设置超高缓和段。

表 4-24 最大超高横坡度

设计速度（km/h）	100、80	60、50	40、30、20
最大超高横坡度（%）	6	4	2

（四）圆曲线加宽

当圆曲线半径小于或等于 250m 时，应在圆曲线内侧加宽，并应设置加宽缓和段。

（五）行车视距

城市道路的行车视距应符合下列规定：

1. 停车视距应大于或等于表 4-25 的规定值；

表 4-25 停车视距

设计速度（km/h）	100	80	60	50	40	30	20
停车视距（m）	160	110	70	60	40	30	20

2. 当车行道上对向行驶的车辆有会车可能时，应采用会车视距，其值为表 4-25 停车视距的两倍；

3. 对货车比例较高的道路，应验算货车的停车视距；

4. 对设置平、纵曲线可能影响行车视距的路段，应进行视距验算。

（六）分隔带及路缘石开口

城市道路分隔带及路缘石开口应符合下列规定：

1. 快速路中间分隔带在枢纽立交、隧道、特大桥及路堑段前后，应设置中间分隔带紧急开口。开口最小间距不宜小于 2km，开口长度宜采用 20~30m，开口处应设置活动护栏。两侧分隔带开口应符合进出口最小间距要求。

2. 主干路的两侧分隔带断口间距宜大于或等于 300m，路侧带缘石开口距交叉口间距应大于进出口道展宽路段长度。

二、纵面线形

城市道路的纵面线形由纵坡和竖曲线构成,纵坡坡度、坡长应分别满足机动车和非机动车行驶特性的要求。

(一)纵坡坡度

机动车道最大纵坡应符合表4-26的规定,并应符合下列规定。

表4-26 机动车道最大纵坡

设计速度(km/h)		100	80	60	50	40	30	20
最大纵坡(%)	一般值	3	4	5	5.5	6	7	8
	极限值	4	5	6		7		8

1. 新建道路应采用小于或等于最大纵坡一般值;改建道路、受地形条件或其他特殊情况限制时,可采用最大纵坡极限值。

2. 除快速路外的其他等级道路,受地形条件或其他特殊情况限制时,经技术经济论证后,最大纵坡极限值可增加1.0%。

3. 积雪或冰冻地区的快速路最大纵坡不应大于3.5%,其他等级道路的最大纵坡不应大于6.0%。

此外,为了快速排除地表降水,道路应设置不应小于0.3%的最小纵坡;当遇到特殊困难纵坡小于0.3%时,应设置锯齿形边沟或采用其他排水设施。

(二)纵坡坡长

纵坡的最小坡长应符合表4-27的规定。

表4-27 最小坡长

设计速度(km/h)	100	80	60	50	40	30	20
最小坡长(m)	250	200	150	130	110	85	60

当道路纵坡大于表4-26所列的一般值时,纵坡最大坡长应符合表4-28的规定。道路连续上坡或下坡,应在不大于表4-29规定的纵坡长度之间设置纵坡缓和段。缓和段的纵坡不应大于3.0%,其长度应符合表4-27的最小坡长的规定。

表 4-28 最大坡长

设计速度（km/h）	100	80	60			50			40		
纵坡（%）	4	5	6	6.5	7	6	6.5	7	6.5	7	8
最大坡长（m）	700	600	400	350	300	350	300	250	300	250	200

（三）非机动车道的纵坡坡度与坡长

非机动车道纵坡坡度宜小于 2.5%；当大于或等于 2.5% 时，纵坡最大长度应符合表 4-29 的规定。

表 4-29 非机动车道最大坡长

纵坡（%）		3.5	3.0	2.5
最大坡长（m）	自行车	150	200	300
	三轮车	——	100	150

（四）竖曲线

各级道路纵坡变化处应设置竖曲线，竖曲线应采用圆曲线，竖曲线最小半径与竖曲线最小长度应符合表 4-30 的规定。一般情况下应大于或等于一般值；特别困难时可采用极限值。

表 4-30 竖曲线最小半径与竖曲线最小长度

设计速度（km/h）		100	80	60	50	40	30	20
凸形竖曲线（m）	一般值	10000	4500	1800	1350	600	400	150
	极限值	6500	3000	1200	900	400	250	100
凹形竖曲线（m）	一般值	4500	2700	1500	1050	700	400	150
	极限值	3000	1800	1000	700	450	250	100
竖曲线长度（m）	一般值	210	170	120	100	90	60	50
	极限值	85	70	50	40	35	25	20

在设有超高的平曲线上，超高横坡度与道路纵坡度的合成坡度应小于表 4-31 的规定。积雪或冰冻地区的合成坡度应小于 6.0%。

表 4-31 合成坡度

设计速度（km/h）	100、80	60、50	40、30	20
合成坡度（%）	7.0	7.0	7.0	8.0

第五节　公共停车场和城市广场

公共停车场和城市广场是一个城市重要的市政基础设施，其中公共停车场是城市解决静态交通问题的基础；城市广场是城市应急疏散、居民休闲运动、购物游憩、大型集会等所必需的公共场所。

所谓静态交通是由公共交通车辆为乘客上下车的停车、货运车辆为装卸货物的停车、小客车和自行车等在交通出行中的停车等行为构成的一个总的概念。虽然停车目的各异、时间长短不同，但它们都是静态交通，是动态交通的继续。

一、公共停车场

城市公共停车场分为外来机动车公共停车场、市内机动车公共停车场和自行车公共停车场三类，其用地总面积可按规划城市人口每人 $0.8 \sim 1.0 m^2$ 计算。其中机动车停车场的用地宜为 80%~90%，自行车停车场的用地宜为 10%~20%。市区宜建停车楼或地下车库。

外来机动车公共停车场，应设置在城市的外环路和城市出入口道路附近，主要停放货运车辆。市内公共停车场应靠近主要服务对象设置，其场址选择应符合城市环境和车辆出入又不妨碍道路畅通的要求。

市内机动车公共停车场停车位数的分布：在市中心和分区中心地区，应为全部停车位数的 50%~70%；在城市对外道路的出入口地区应为全部停车位数的 5%~10%；在城市其他地区应为全部停车位数的 25%~40%。机动车公共停车场的服务半径，在市中心地区不应大于 200m；一般地区不应大于 300m；自行车公共停车场的服务半径宜为 50~100m，并不得大于 200m。

（一）机动车停车场的形式

1. 路内停车场。在道路用地控制线（红线）内划定的、供车辆停放的场地，包括车行道边缘、硬化路肩、较宽隔离带上停车外，或利用高架路、立交桥下可停车的空间。其位置主要考虑道路和交通情况而确定，应基本上不妨碍交通，不能在主要干道或道路纵坡大于 4% 的路段上。

路内停车场多采用标志或标线划定范围，设置简单，使用方便，用地紧凑，投资很少；但不管怎样，总要占用一部分道路。因此，仅宜供车辆临时性停放。路内停车场一般应有时限规定，以提高场地的利用率。

2. 路外停车场，指在道路用地控制线以外专辟的停车场，包括停车广场、停车楼和地下停车库等。

（1）停车广场。在路面以外专辟停车场地。多设在各种大型建筑物前面或交通转换点处。这种停车场由出入口通道、停车坪以及其他附属设施组成，容量较大。附属设施一般包括服务部、休息室、排水与防火设备、修理站、电话、报警装置、绿化、厕所等。路外停车场占地面积大，位置、容量必须根据城市规划的要求统筹考虑。

（2）停车楼。为节省城市场用地，充分利用空间，修建的专供停车使用的楼层建筑，或利用大型建筑物的屋顶停车场。停车楼的形式有坡道式和机械式两类。

（3）地下停车库。将停车场建在建筑物的地下，既方便了本建筑物住户的车辆停放，又可节省城市用地。

（二）机动车停车场的技术要求

机动车停车场的设计应符合下列规定：

1. 机动车停车场设计应根据使用要求分区、分车型设计。如有特殊车型，应按实际车辆外廓尺寸进行设计。

2. 机动车停车场内车位布置可按纵向或横向排列分组安排，每组停车不应超过50veh。当各组之间无通道时，应留出大于或等于6m的防火通道。

3. 机动车停车场的出入口不宜设在主干路上，可设在次干路或支路上，并应远离交叉口；不得设在人行横道、公共交通停靠站及桥隧引道处。出入口的缘石转弯曲线切点距铁路道口的最外侧钢轨外缘不应小于30m。距人行天桥和人行地道的梯道口不应小于50m。

4. 停车场出入口位置及数量应根据停车容量及交通组织确定，且不应少于2个，其净距宜大于30m；条件困难或停车容量小于50veh时，可设一个出入口，但其进出口应满足双向行驶的要求。

5. 停车场进出口净宽，单向通行的不应小于5m，双向通行的不应小于7m。

6. 停车场出入口应有良好的通视条件，视距三角形范围内的障碍物应清除。

7. 停车场的竖向设计应与排水相结合，坡度宜为0.3%~3.0%。

8. 机动车停车场出入口及停车场内应设置指明通道和停车位的交通标志、标线。

（三）非机动车停车场的形式

1. 固定非机动车停车场。盖有车棚、设有车架、派有专人管理的自行车停车场。工厂、机关、学校、医院等单位一般都需设立这种停车场。

2. 临时性非机动车停车场。根据集会活动的临时需要，用绳子等圈划场地作停车使用。场内不需什么设施。

3. 街道非机动车停车场。利用人行道较宽的路段或交通量很小的街坊小路、小胡同停放自行车。

4. 公交车站非机动车停车场。居民出行时，常骑车到地铁或其他公交车站，再换乘公交车辆。这就需要在公交车站附近设立相应的自行车停车场。

（四）非机动车停车场的技术要求

非机动车停车场的设计应符合下列规定：

1. 非机动车停车场出入口不宜少于 2 个。出入口宽度宜为 2.5~3.5m。场内停车区应分组安排，每组场地长度宜为 15~20m。

2. 非机动停车场坡度宜为 0.3%~4.0%。停车区宜有车棚、存车支架等设施。

二、城市广场

（一）城市广场的分类

城市广场按其性质、用途可分为公共活动广场、集散广场、交通广场、纪念性广场与商业广场。广场设计应按城市总体规划确定的性质、功能和用地范围，结合交通特征、地形、自然环境等进行，应处理好与毗连道路及主要建筑物出入口的衔接，以及和周围建筑物协调，并应体现广场的艺术风貌。

（二）城市广场的技术要求

1. 广场设计应按高峰时间人流量、车流量确定场地面积，按人车分流原则，合理布置人流、车流的进出通道、公共交通停靠站及停车设施。

2. 广场竖向设计应符合下列规定：

（1）竖向设计应根据平面布置、地形、周围主要建筑物及道路标高、排水等要求进行，并兼顾广场整体布置的美观。

（2）广场设计坡度宜为 0.3%~2.0%。地形困难时，可建成阶梯式。

（3）与广场相连的道路纵坡宜为 0.5%~2.0%。困难时纵坡不应大于 7.0%，积雪及寒冷地区不应大于 5.0%。

（4）出入口处应设置纵坡小于或等于 2.0% 的缓坡段。

3. 广场与道路衔接的出入口设计应满足行车视距的要求。

4. 广场应布置分隔、导流等设施，并应配置完善的交通标识系统。

5. 广场排水应结合地形、广场面积、排水设施，采用单向或多向排水，且应满足城市防洪、排涝的要求。

附件：

城市公交"十三五"发展指标说明

1. 城市公共交通出行分担率（城市公共交通机动化出行分担率）。

（1）指标定义：城市公共交通出行分担率为统计期内，中心城区居民选择城市公共交通的出行量与全方式出行总量之比。城市公共交通机动化出行分担率为统计期内，中心城区居民选择城市公共交通的机动化出行量与机动化出行总量之比（单位:%）。

（2）计算方法：

$$城市公共交通出行分担率 = \frac{城市公共交通出行量}{全方式出行总量} \times 100\%$$

$$城市公共交通机动化出行分担率 = \frac{城市公共交通出行量}{机动化出行总量} \times 100\%$$

其中：城市公共交通出行量包括采用公共汽电车、轨道交通、城市轮渡等（不含出租汽车）交通方式的出行量；全方式出行总量为城市内各类交通方式出行量之和；机动化出行总量，是指使用公共汽电车、轨道交通、城市轮渡、小汽车、出租汽车、摩托车、通勤班车、公务车、校车等各种以动力装置驱动或者牵引的交通工具的出行量。

2. 城市交通绿色出行分担率。

（1）指标定义：统计期内，中心城区城市公共交通、自行车、步行绿色出行量与全方式出行总量之比（单位:%）。

（2）计算方法：

城市交通绿色出行分担率 =

$$\frac{城市公共交通出行量 + 自行车出行量 + 步行出行量}{全方式出行总量} \times 100\%$$

3. 城市公共交通乘客满意度。

（1）指标定义：统计期内，城市公共交通服务质量乘客满意度调查有效调查问卷的平均得分率（单位:%）。

（2）计算方法：

$$城市公共交通乘客满意度 = \frac{\sum 单份有效调查问卷得分}{有效调查问卷总数 \times 100} \times 100\%$$

其中：

单份有效调查问卷得分 = $\sum$（单项调查内容得分×调查内容权重）

问卷调查内容包括候车时间长度、换乘便捷度、服务态度、出行信息服务、乘车舒适度、候车环境、车内卫生环境等。

4. 城市公共交通站点 500 米覆盖率。

（1）指标定义：统计期内，中心城区的建成区内城市公共交通站点 500 米半径覆盖面积与中心城区的建成区面积之比（单位:%）。

（2）计算方法：

城市公共交通站点 500 米覆盖率 =

$$\frac{城市公共交通站点500米半径覆盖面积}{中心城区的建成区面积} \times 100\%$$

其中，城市公共交通站点包括公共汽电车站点和轨道交通站点，轨道交通站点位置按照进出站口位置计算。

5. 城市公共交通站点 300 米覆盖率。

（1）指标定义：统计期内，中心城区的建成区内城市公共交通站点 300 米半径覆盖面积与中心城区的建成区面积之比（单位:%）。

（2）计算方法：

城市公共交通站点 300 米覆盖率 =

$$\frac{城市公共交通站点300米半径覆盖面积}{中心城区的建成区面积} \times 100\%$$

其中，城市公共交通站点包括公共汽电车站点和轨道交通站点，轨道交通站点位置按照进出站口位置计算。

6. 城市公共汽电车正点率。

（1）指标定义：统计期内，城市公共汽电车始发到站正点班次与计划班次之比（单位:%）。

（2）计算方法：

城市公共汽电车正点率 =

$$\frac{\sum(始发正点班次 + 末站到站正点班次)}{\sum(计划发车班次 \times 2)} \times 100\%$$

7. 城市公共汽电车责任事故死亡率。

（1）指标定义：统计期内，城市公共汽电车每行驶相应里程发生的同等及以上责任的交通事故死亡人数（单位：人/百万车公里）。

（2）计算方法：

城市公共汽电车责任事故死亡率 =

$$\frac{城市公共汽电车责任事故死亡人数}{城市公共汽电车运营总里程} \times 100\%$$

8. 城市轨道交通责任事故死亡率。

(1) 指标定义：统计期内，城市轨道交通每行驶相应里程发生的同等及以上责任的交通事故死亡人数（单位：人/百万车公里）。

(2) 计算方法：

$$城市轨道交通责任事故死亡率 = \frac{城市轨道交通责任事故死亡人数}{城市轨道交通运营总里程} \times 100\%$$

9. 城市公共交通来车信息预报服务。

指标定义：统计期内，通过电子站牌、手机、网站等各种智能化方式，提供来车信息实时预报服务的城市公共交通线路覆盖情况。

思考题

1. 简述城市道路交通和城市道路网的基本形式，分析不同路网对于组织疏导交通的优缺点。
2. 简述城市道路的基本组成。
3. 分析不同等级城市道路在城市交通组织中的作用。
4. 分析不同横断面形式对交通安全的影响。
5. 简述静态交通与动态交通的关系。

第五章　道路交叉

　　道路交叉，是指两条或两条以上道路（包括道路与铁路）的交会，如道路与道路交叉、道路与铁路交叉以及道路与其他设施（如人行地道、管线等）的交叉等。其中道路与道路的交叉是道路网系统的重要组成部分，是路网的枢纽，交通流只有在交叉口才能实现方向转换，从而驶向目的地，完成交通运输任务。因此，交叉口是道路系统不可或缺的重要组成部分。

　　由于交叉口在路网中的特殊位置和功能，导致交通流在交叉口由于汇聚、疏散、方向转换过程中不可避免地产生迟滞、拥堵、交织、冲突等现象。如对于平面交叉口而言，交通流在交叉口汇聚，会产生交通流的冲突现象，是交通事故的易发点。此外，交叉口不论采用何种交通控制措施，来自不同方向相交道路的交通流在进入路口前均降低车速，甚至停车等候，产生交通流集散波，影响路段的通行能力；对于立体交叉而言，交通流在匝道进出主线处，会产生交通流的交织，干扰主线交通流的正常通行，形成主线交通瓶颈，易发交通事故。因此，科学合理地进行交叉口的规划、交通流的组织和交通秩序管理，是提高路网运行效率，减少交通事故，保障良好的交通秩序的关键。

　　在了解与认识路线交叉时，不论平面交叉还是立体交叉，不能仅仅把它简化为一个部位，即仅仅是一个交叉口，而要把它理解为一个功能区，称之为交叉功能区。这个功能区包括交叉道路重叠部分构成的物理区，及车辆进入交叉道路需要进行一系列操作的交叉的上游和下游车道的延伸影响范围，在对交叉口规划设计，进行交通组织，应该以交叉功能区作为基准，也可以将交叉功能区称为交叉范围。图 5-1 为城市道路的平面交叉和立体交叉范围示意图。

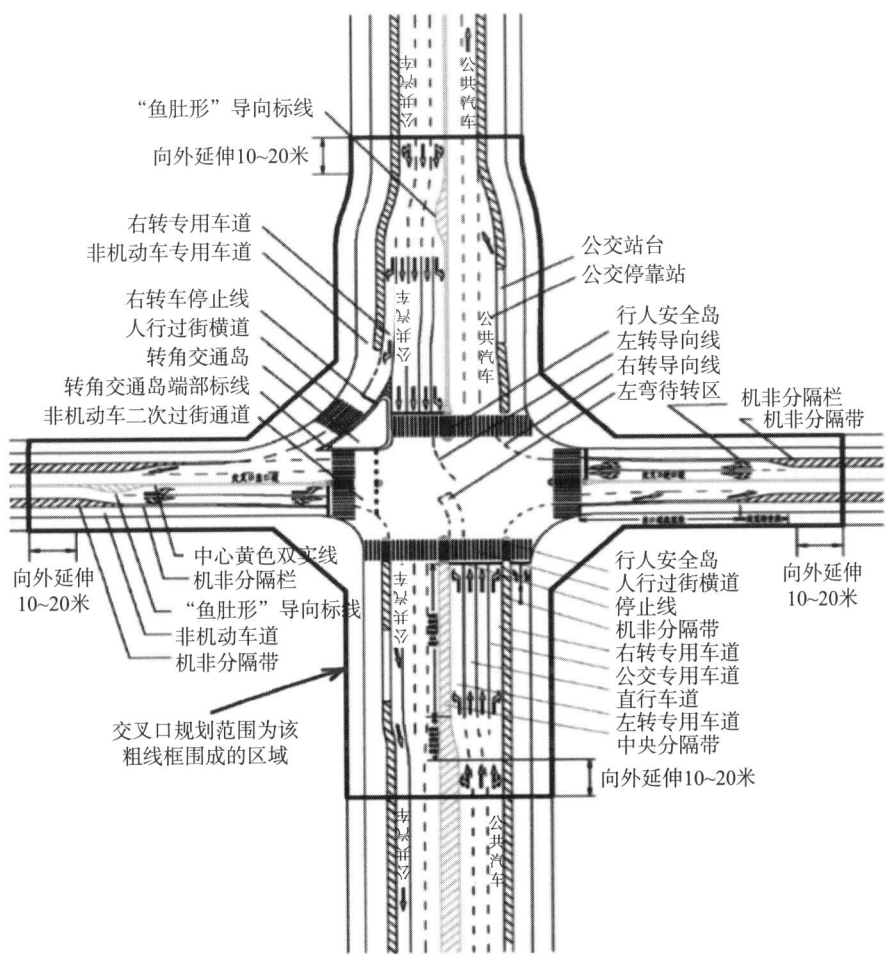

a.平面交叉范围示意图

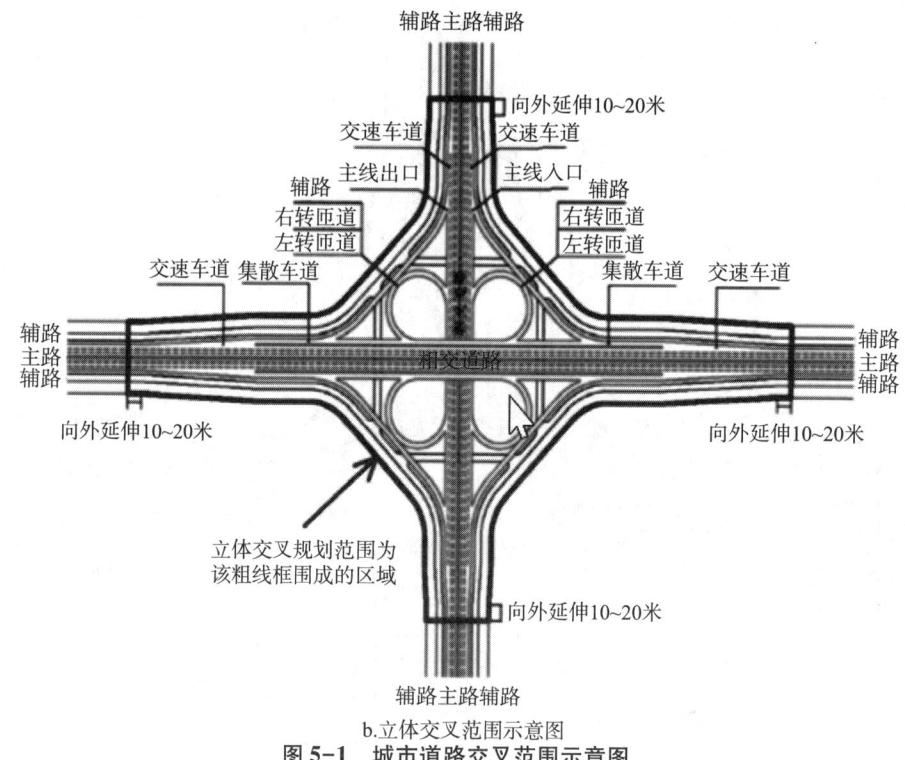

b.立体交叉范围示意图

图 5-1　城市道路交叉范围示意图

第一节　平面交叉

一、概述

平面交叉是道路与道路（或与铁路）在同一平面（同一高程）上的相交，形成的交叉口称作平面交叉路口（亦简称平交路口）。平交路口是道路的集结点、交通流的集散点。不同方向的交通流会合于此，实现行驶方向的转换。由于交叉口范围内的车种不同，各种车辆的流向、流径、流速亦不同，故平交路口交通交错点多，各流向车辆冲突频繁，机非混行和交通违法现象较为普遍，交通秩序混乱。国外大量相关研究标明，交叉口范围内的交通事故与严重冲突存在相关关系，我国目前城市交通阻滞和交通中断，多发生在平交路口。

二、平面交叉口的交通分析

在平交路口，各方向驶入的车辆在这里汇集与分散，不可避免地要产生相互间的横向干扰。来自各方向的车辆在路口交错过程中形成了冲突点、交织点

（分流点、合流点），一般将其统称为交错点，如图 5-2 所示。

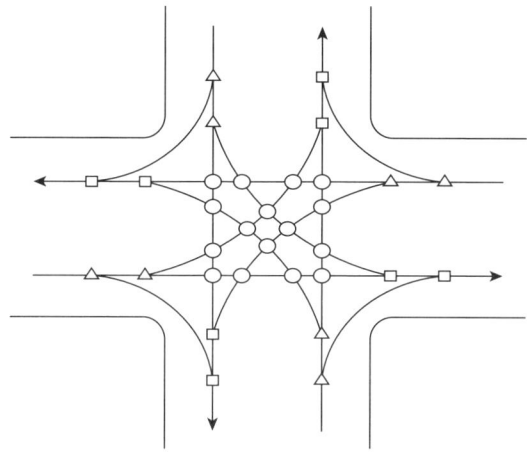

图 5-2　四路交叉口交通冲突点、交织点示意图

注：圆形为冲突点，矩形、三角形为交织点。

（一）平面交叉口的交错点

1. 冲突点。来自不同行驶方向的车辆以较大角度（交角大于 45°）相叉，可能发生碰撞的地点，称为冲突点（交叉点）。在平面交叉口内，冲突点指各方向车流固定行驶轨迹的大角度交会点。无交通管制的平面交叉口都存在交通冲突点，其数量随相交道路条数的增加而显著增加，其后果是交通事故发生概率显著增加。当相交道路均为双车道时，冲突点的数量可用式 5-1 计算：

$$\text{冲突点} = \frac{n^2(n-1)(n-2)}{6} \tag{5-1}$$

式中：n——相交道路的条数。

由此可见，在进行平面交叉口规划和设计时，应力求减少相交道路的条数，尽量避免五条或五条以上道路相交。

冲突点由于存在侧面垂直碰撞的可能，是影响交叉口行车速度、通行能力的主要原因，一旦发生交通事故，其损害后果往往比较严重，许多发生在交叉口的恶性交通事故，均由于冲突造成。其中，产生冲突点最多的是左转弯车辆。如图 5-2 所示四路交叉，如果没有左转车流，则冲突点可由 16 个减少到 4 个，而五路交叉口则从 50 个减少到 5 个。因此，在平面交叉口设计中如何正确处理和组织左转弯交通，是保证交叉口交通畅通和安全的关键所在。

2. 分流点。一股车流分为两股或多股车流的交通现象称分流。在交叉口内，汽车需要向左或向右转弯时，开始离开原车流实施转向的点，称为分流点。分流点是来自同一行驶方向的车辆驶向不同方向的分岔点，是"追尾"

事故的高发点。

3. 合流点。两股车流合为一股车流的交通现象称合流。在交叉口内，汽车左转或右转将要完成时，加入新方向车流的点，称为合流点。合流点是来自不同行驶方向的车辆以较小角度驶向同一方向的交会点，是可能发生挤撞事故的地点。表 5-1 是不同控制状态和相交道路数情况下交错点统计分析。

表 5-1 不同控制状态和相交道路数情况下交错点统计分析

路口控制状况	无信号控制			有信号控制		
相交道路条数	3 条	4 条	5 条	3 条	4 条	5 条
分流点△	3	8	10	2 或 1	4	4
合流点□	3	8	10	2 或 1	4	6
左转冲突点○	3	12	45	1 或 0	2	4
直行冲突点	0	4	5	0	0	0
冲突点合计	3	16	50	1 或 0	2	4
交错点总计	9	32	70	5 或 2	10	14

冲突点、分流点、合流点统称交错点。交错点的本质是交通冲突，交通冲突的实质是不安全因素的表现形式，其发展可能导致事故发生，也可能因采取的避险行为得当而避免事故的发生。因此，事故与冲突存在着极为相似的形式，两者唯一差别在于是否发生了直接的损害后果，凡造成人员伤亡或财物损害的交通事件成为交通事故，否则称为交通冲突。因而，路口交错点越多，车辆相互间干扰越大，可能发生事故的因素骤增，行车越不安全。

为了与分流、合流过程中产生的冲突点相区别，常将分流点、合流点统称为交织点。从分流端点到合流端点的路段，称为交织长度或交织区间。两条车流在交织区间同向行驶时，不断进行合流、分流的现象称为交织现象，交通流频繁交织是交叉口事故多发的一个重要原因。

(二) 减少和消除冲突点的方法

1. 实行信号控制或交通管制。将交叉口设置为信号控制交叉口，使发生冲突的车流从通行时间上错开。如四路交叉口设置信号控制之后，冲突点可由 16 个减至 2 个，或更少。如果在平面交叉口内禁止车流左转，再辅以信号控制，则可完全消除冲突点。

2. 采用渠化交通。在平面交叉口内合理设置交通岛、交通标志标线或增设辅助车道，引导车辆沿一定路径行驶，减少车辆之间的相互干扰，则可有效减少、消灭冲突点或减轻冲突的严重程度。如将平面交叉口设置为环形控制则可消除所有的冲突点。图 5-3 为平面交叉口渠化示意图。

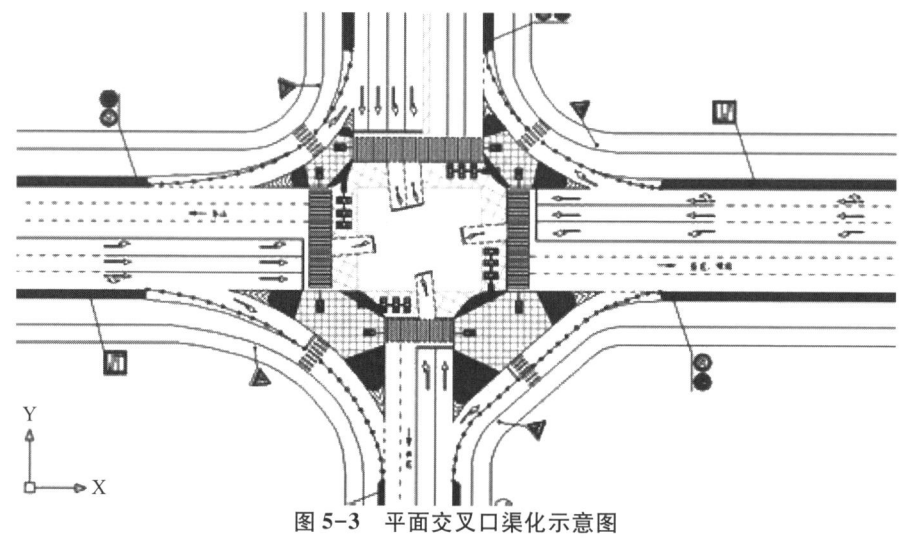

图 5-3 平面交叉口渠化示意图

3. 修建立交。如果交叉口交通流量过大,通过交通控制和渠化仍不能有效解决问题,则可考虑从空间上分流冲突交通的方式,设置为立体交叉的形式。

4. 改变交通流的组成。在复杂的平交(如复合交叉)路口,可采取限制某些车辆的方法,如非机动车,令其在附近其他道路通过或提前交叉,避免参与复杂路口的交织运行,使复杂交叉路口交通流组成单一、减少冲突点。

三、平面交叉口的几何形式

由于相交道路在交叉时角度不同、进入同一交叉口的道路数差异,会形成不同类型几何形式的平面交叉口。一般来讲,平交路口的形式常见的有 T 形和 Y 形交叉、十字形和 X 形交叉、错位交叉、复合交叉等几何表现形式,如图 5-4 所示。

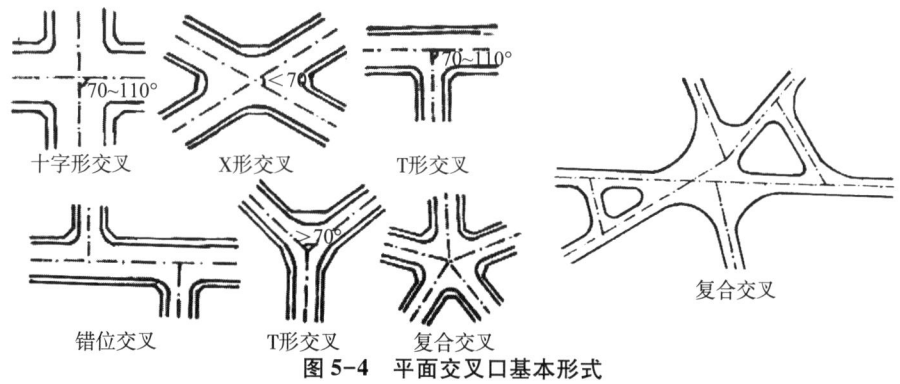

图 5-4 平面交叉口基本形式

平面交叉口的几何形式，由于道路建设不可能在同一时期、统一规划下完成，受制于相交道路的路线走向和自然地形的限制，不可避免地形成不规则形状。在既有的路网所形成的交叉口，受路网历史成因的影响，随着交通流量的增长，或者道路改建、新建与既有道路形成新的交叉，有些路口已不能适应现在交叉交通的需求，需要通过交叉口的改建、扩建，采取科学的交通规划组织、合理的交通控制方式，寻求最为有效的解决方法。

四、平面交叉口应用的一般形式

根据相关的技术规范和标准，对平面交叉口进行规划设计、改建扩建、实施渠化交通组织等措施称为交叉口的应用。不论公路还是城市道路，为了保证交叉口交通安全，寻求最大的路口通行能力，对平面交叉功能区均应进行合理的应用。

（一）加铺转角式

在交叉路口的转角，以圆曲线连接相邻岔道的路基和路面，使右转车可以沿着原来岔道的右侧车道，顺利地转入相邻岔道的右侧车道。这种形式称为加铺转角式，如图5-5所示。

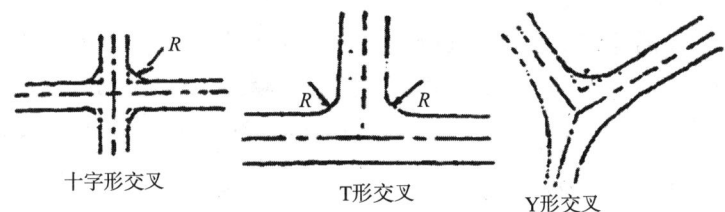

十字形交叉　　　　T形交叉　　　　Y形交叉

图5-5　加铺转角式交叉口示意图

加铺转角式交叉口没有独立的左、右转弯车道，只需增加少量的路基土方和路面铺筑面积，就可扩大交叉路口的有效面积，它不设交通管制，行驶车辆各自按交通法规行驶，且占地少，是道路交叉的一种简易类型。一般适用于交通量小、车速低、转弯车辆少的交叉路口，三、四级公路和城市次要干道交叉时使用较多。

（二）分道转弯式

在道路上施划分道线，设隔离墩、隔离带或交通岛等限制行车路线，使不同类型、车速和行驶方向的车辆，顺着各自方向通过的交叉形式，称分道转弯式，如图5-6所示。

图 5-6 分道转弯式交叉口示意图

(三) 加宽路口式

当交通流量较大、转弯车辆较多时,为避免转弯车辆阻塞后面通行车辆和转弯后影响转入车道的车辆,可采用拓宽路口(又称为路口展宽式)增设转弯车道、变速车道和附加车道的方式,如图 5-7 所示。

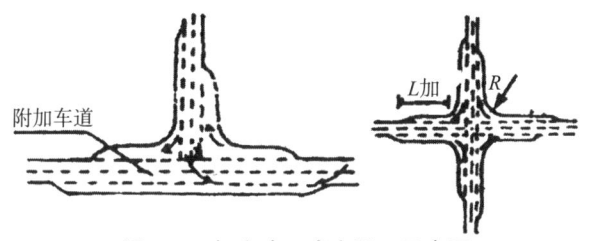

图 5-7 加宽路口式交叉口示意图

(四) 环形交叉

环形平面交叉口是利用进入交叉口的车辆逆时针绕环岛(中心岛)交织行驶,实现车辆方向转换的一种平面交叉口交通规划设计、交通组织方式。环形平面交叉最大限度地解决了相交车辆的冲突问题,如图 5-8 所示。

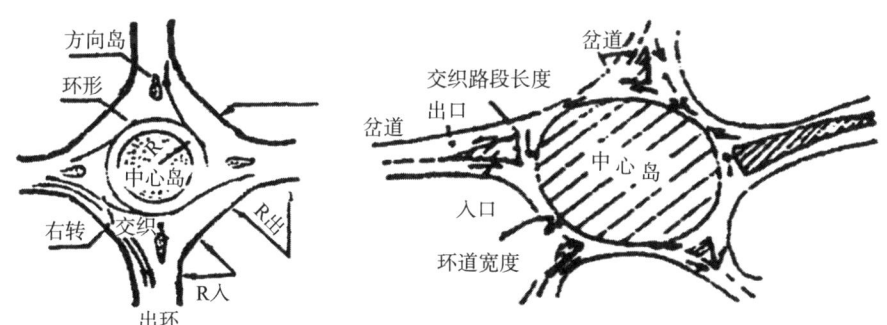

图 5-8 环形交叉示意图

1. 环形交叉的优缺点。环形交叉口形式同一般平面交叉口相比,一方面没有冲突点,提高了车辆行驶的安全性;另一方面进入环道的车辆可以不用信号管制,以一定的速度连续通过交叉口,在一定条件下可以提高路口的通行效率。同时,中心岛(环岛)还可以用来绿化,起到美化和装饰的作用。环形交叉也有一定的不足之处，如通行能力受到限制，占地面积大，增加车辆绕行距离，造价较其他平面交叉高等。

在城市市区，环道作为互通立交的一个组成部分仍有很大优势，其占地小，较一般多匝道互通立交投资小，然而由于其环道通行能力有限，采用环形互通式立交时，要特别注重分析交叉口转弯交通的特点及交通量，如图 5-9 所示。

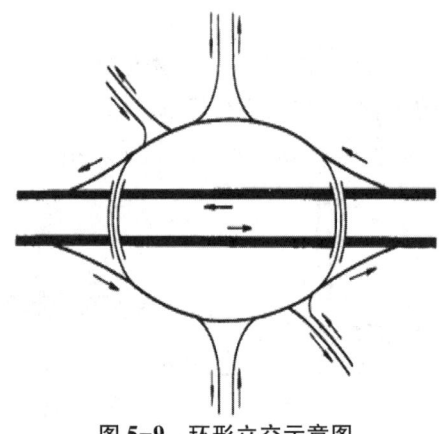

图 5-9　环形立交示意图

2. 环形交叉口的适用条件。

（1）车流量不大的城市主干路或次干路、支路上；

（2）左转弯车辆较多的交叉口利用环道交织，可使车辆有序、顺畅地通过；

（3）多条道路、尤其是奇数道路相交的交叉口，用信号灯控制难以配对，用环形交叉口有利于提高交叉口通行能力；

（4）有地形起伏的城市，为了避免车辆在交叉口前的坡道上制动和启动，利用环形交叉口可以连续不断地通行。

3. 环形交叉的基本组成与要素，一般由以下 6 部分构成：

（1）中央环岛。也叫中心岛，设置于路口中央，是环形交叉的基本构造物，中心岛的形状应根据地形和交通流特性，采用圆形、长圆形、椭圆形等，其尺寸应满足最小交织长度和环道设计速度（环道的设计速度一般为路段设计速度的 0.5~0.7 倍）的要求。

（2）导向岛。设置在道路进出交叉口端，用来隔离进出环形交叉口的车辆，环道进口处设置导向岛，可以引导车辆进入环道绕中心岛行驶，进行交织，规范行车轨迹。导向岛还可以沿着进口道的中心线向外延伸，分隔双向车流。导向岛还可作为过街人行横道中的安全岛、非机动车穿过路口中线处、避让机动车的安全停歇地，其路面可与机动车道齐平，但路面材料可以不同，以增强识别效果。

（3）环道。围绕中心岛布设的车道，是进出环形交叉口车辆绕岛行驶、交织，实现方向转换的车道。一般环道上常设2条或3条车道，如是3条车道，各车道功能为：内侧车道（靠近中心岛的车道）为环形车道，供需通过2个或2个以上路口的车辆运行；交织车道（中间车道）供相邻两路口进环和出环的直、左车流交织运行；右转车道（外侧车道）供右转车流通行。实践证明，这种运行形式的环道其通行能力能达到比较理想的状态。通常交织段长度以不小于4s的运行距离作为控制依据。

（4）交织长度。通常进环和出环的两辆车，在环道上交换一次车道位置，称为交织，在这个交织时间内车辆行驶的距离，称为交织长度。

（5）交织段长度。通常由环形交叉口进口道路的导向岛边，至环形交叉口出口道路的导向岛边之间一段环道长度，称为交织段长度。环形交叉口的交织段长度应大于、最少等于一个交织长度。对于不设导向岛的环形交叉口，按环形交叉口两相邻进出口道路的机动车道边线延长线和环道中心线相交的两个交点之间的一段环道长度，称为交织段长度，如图5-8所示。

交织段长度（l）与环形交叉口中心岛的直径（D）、环交点相交道路的条数（N）和夹角（α）有关。

$$l = (D + B_{环})\pi/n - B \tag{5-2}$$

或

$$l = (D + B_{环})\pi\alpha/360° - B \tag{5-3}$$

式中：D——环形交叉口中心岛直径（m）；

α——相交道路的夹角；

$B_{环}$——环道宽度（m）；

B——环道进出口处导向岛的宽度，或相交道路进出口处机动车道的宽度（m）；

n——相交道路的条数。

（6）交织角。环道上车流的交织角是检验车辆行驶安全程度的。交织角是由绕岛车道距中心岛缘石线1.5m处与右转车道距外缘石线1.5m处连成的两条切线的夹角来衡量的。交织角一般为20°～30°，不大于40°，如图5-10所示。

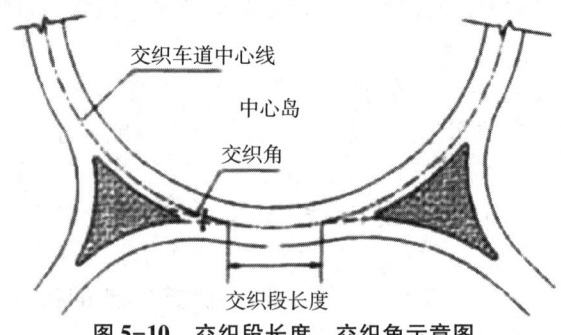

图 5-10　交织段长度、交织角示意图

4. 环形交叉口上的非机动车交通组织方式可分为两种方式。

（1）与机动车在环道上混行。在三幅路横断面的道路上非机动车靠右侧进入环道，右转的非机动车仍然靠右侧行驶，左转和直行非机动车就混入机动车流，穿过交织点。由于非机动车的速度在交织时一般小于 12km/h，就迫使环道上机动车的速度也降低了。如果机动车和非机动车的数量都不大，相互交织时有足够的可穿越空当，在混行的车流中两种车辆的相对速度差只有 2km/h~3km/h，非机动车驾驶人并不紧张慌乱，行车也比较安全。这方式适用于次干路、支路上。

（2）与机动车在环道上分行。通常是用分隔带将环道分为两部分，内侧为机动车行驶，3 条车道，外侧为非机动车行驶，5~7m，视非机动车的数量而定。车辆交织在各自的环道内进行，所以在环道上的交通秩序比混行的好，国内大多数城市都采用此法。有的城市环形交叉口先建成，环道较窄，就用护栏分隔，甚至就在环道上用白漆画上 1~2 道与中心岛平行的同心圆圈，提示非机动车应该在外圈环道内行驶，这种做法基本上都起到了类似的效果。

另一种方法为立交，将非机动车环形交叉口放在地面层，将机动车环形交叉口抬高 3.5m，取其非机动车净空高度低的特点，以节省造价。纯非机动车（主要是自行车）的环形交叉口，环道的交织段长度可比机动车的短，自行车交织一次 2s 就可以了，一般长 20m 左右的交织段可以同时有几辆自行车进行交织，所以中心岛的直径可以小些，可以套在机动车环形交叉口桥墩包围的用地范围内，同时还可以将人行天桥也套在内，做到三者完全立体交叉，没有平面干扰。

平面交叉口应用的实质是根据交叉口几何形状，相交道路的等级、功能和性质，确定合理的交叉口规划设计方案、交通组织方式。

上述平面交叉口形式的应用，仅仅列举了最基本的交叉口交通组织的方式，对于城市道路和公路交叉口，应根据相交道路的性质、任务、功能、等级等因素，协调考虑，按照相关的交叉口设计规范、标准，进行科学的规划设计与合理的交通组织应用，以期在交通安全和路口通行能力上实现最优。

第二节 立体交叉

道路与道路在不同高程上相交形成的交叉口称为立体交叉，简称立交。道路与道路的立交，可使相交道路上的车流互不干扰，各自保持原有车速通过路口，既能保证安全又可提高道路的通行能力。

一、立体交叉的特点

立体交叉的特点可归纳为如下三个方面：

1. 消除和减少了交叉口的冲突点和交织点。设置立体交叉，是消除和减少道路交叉口冲突点和交织点最有效的手段，它将车辆间的干扰减少到最低程度，为高速、安全行车提供了保证。

2. 提高了行车速度。设置立交后，随着车流间相互干扰的减少，行车速度大大提高。据统计，立交道口的行车速度和通行能力，要比相同规模的平面交叉提高 2.5~3 倍。

3. 投资高、占地多。一个全互通式立体交叉用地达 $4\sim10m^2$，仅征地的费用就十分惊人。一个简单的互通式立交建设费用动辄百万元、千万元，甚至上亿元。

二、立体交叉的组成

一般立体交叉主要由跨线桥、匝道、变速车道及出入口等组成，如图5-11所示。

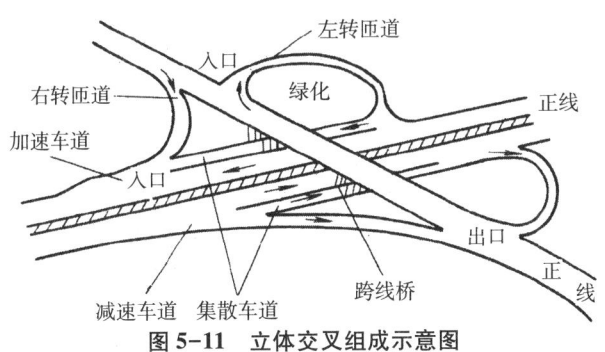

图 5-11 立体交叉组成示意图

（一）跨线桥

跨线桥是立体交叉实现车流空间分离的主体构造物。桥形应简捷、美观。根据主要道路经过的位置分为上跨式和下穿式两种，下穿式一般采用隧道。

（二）匝道

匝道是衔接交叉道路之间的转弯车道，按其交通组织方式分为单向匝道、双向匝道和带分隔带的双向匝道三种。按其功能及其与相交道路的关系划分，可分为右转匝道、左转匝道。

1. 右转匝道，如图 5-12 所示。

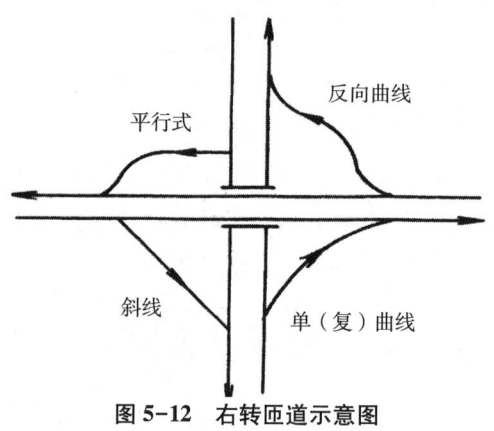

图 5-12 右转匝道示意图

2. 左转匝道。车辆须转 90°～270°越过对向车道，至少需要一座跨线构造物。

（1）直接式。又称定向式或左出左进式。左转车辆直接从左侧驶出，左转弯，到相交道路的左侧驶入，如图 5-13 所示。

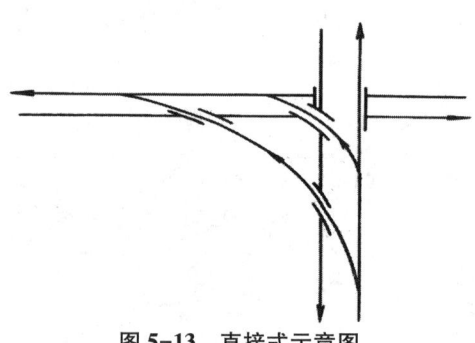

图 5-13 直接式示意图

（2）半直接式。又称半定向式匝道。

①左出右进式：左转车辆从左侧直接驶出后左转弯，到相交道路时由右侧驶入，如图 5-14 所示。

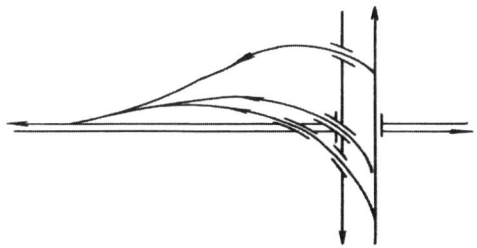

图 5-14　左出右进式匝道示意图

②右出左进式：左转车辆从右侧右转驶出，在匝道上左转，到相交道路后直接由左侧驶入，如图 5-15 所示。

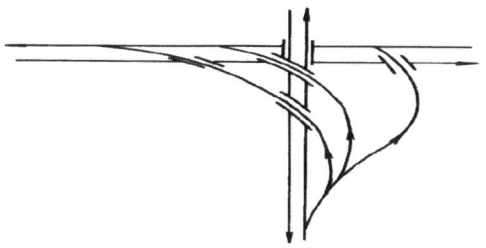

图 5-15　右出左进式匝道示意图

③右出右进式：左转车辆都是右转弯驶出和驶入，在匝道上左转改变方向，如图 5-16 所示。

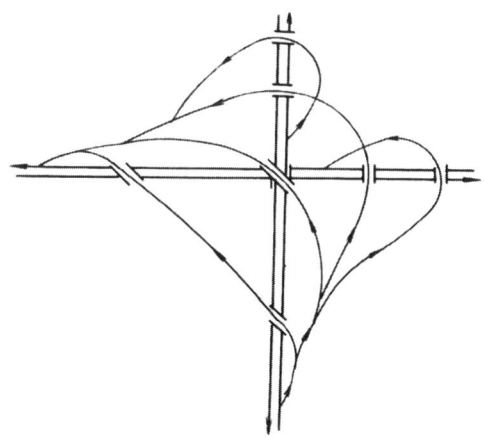

图 5-16　右出右进式匝道示意图

(三) 主道出口三角带

主道出口与匝道端部的衔接处，也称流出匝道端部三角带。三角带的形成主要借助于导向岛和分界线。通常在此处设立明显的标记，使接近交叉枢纽的车辆能及早识别流出道口的分岔位置，指示出口的车辆预先驶入减速车道减速,做好转弯和驶向流出道口的准备。

（四）主道进口三角带

主道进口与匝道端部衔接处,也称流入匝道端部三角带。此处通常对视距的要求很高,流入主道前的车辆,必须能观察到主道行驶中的车流情况；流入角一般较小,以便流入的车辆能够很容易的与主道上行驶的车辆合流。

（五）变速车道

变速车道包括主道出口处的减速车道和主道进口处的加速车道。变速车道一般为单车道,由主行车道、右侧路缘带和左侧路肩及其加宽部分组成。变速车道端部的渐变段,其宽度变化率不得大于1/3。加速车道宜采用平行式,减速车道宜采用定向式。

三、立体交叉的形式

立体交叉按其结构物形式,分为隧道式和跨线桥式两种；按照相交道路上的车辆相互转换情况,分为分离式和互通式两种。分离式立交,是指在道路交叉处仅设隧道或跨线桥,不设上、下道路之间的连接匝道,上、下道路上行驶的车辆不能互相转换。互通式立交,是指相交道路上行驶的车辆可以借助于上、下道路之间的连接匝道互相转换。互通式立交叉分为部分互通式、完全互通式和定向式三种。

（一）部分互通式立交

相交道路的车流轨迹线之间至少有一个平面冲突点的交叉。当个别方向的交通量很小或分期修建时,高速道路与次要道路相交或用地和地形等限制时可采用这种类型立交。代表形式有菱形立交、部分苜蓿叶式立交等,如图5-17所示。

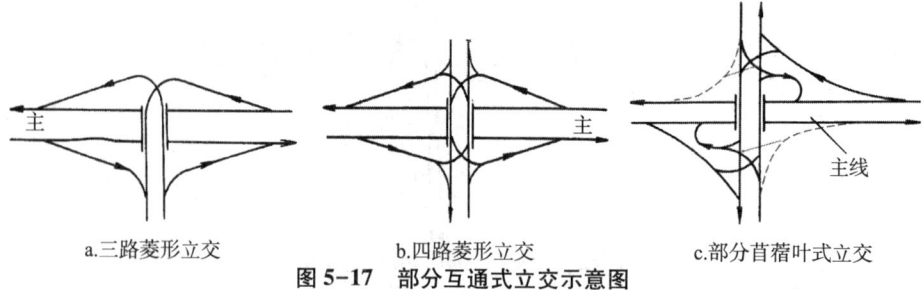

a.三路菱形立交　　b.四路菱形立交　　c.部分苜蓿叶式立交

图5-17　部分互通式立交示意图

（二）完全互通式立交

相交道路的车流轨迹线全部在空间分离的交叉。匝道数与转弯方向数相等,各转向都有专用匝道。高速道路之间及高速道路与其他高等级道路相交。代表形式有喇叭形、苜蓿叶式、Y形、X形等,如图5-18所示。

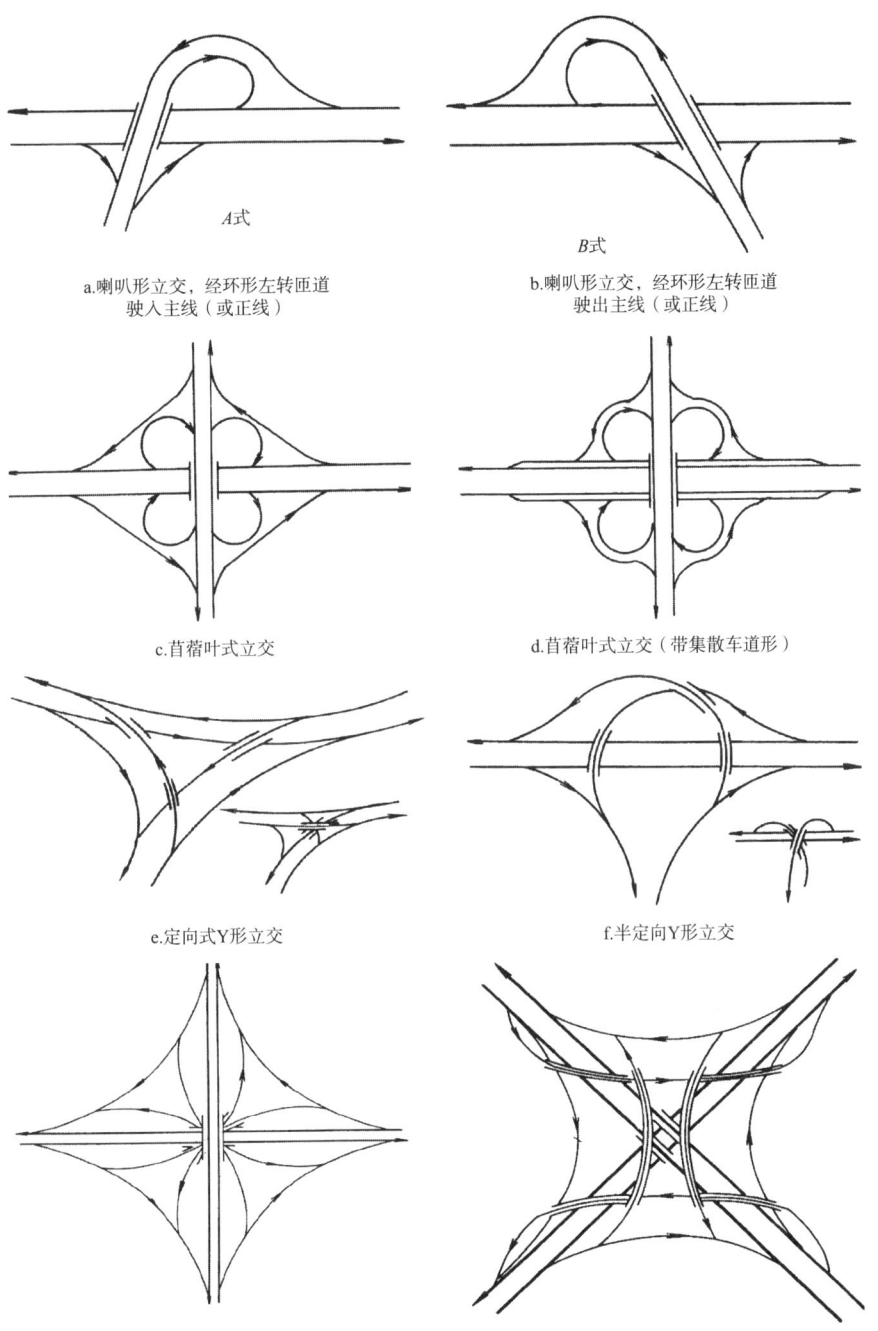

图 5-18 完全互通式立交示意图

（三）环形立交

相交道路的车流轨迹线因匝道数不足而共同使用，且有交织路段的交叉，如图 5-19 所示。

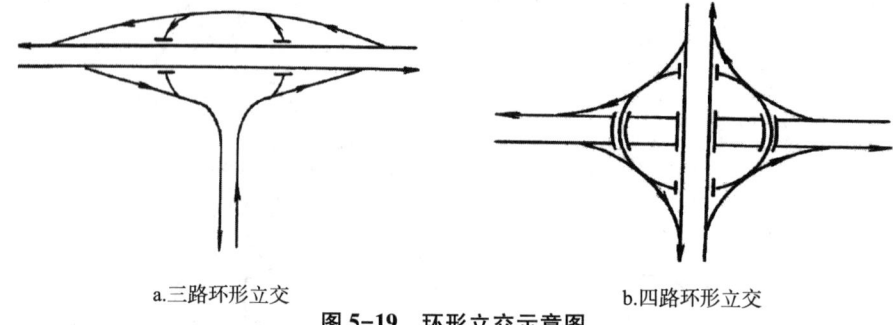

a.三路环形立交　　　　　　　　　　b.四路环形立交

图 5-19　环形立交示意图

第三节　公路交叉的技术规定

一、平面交叉一般技术规定

1. 平面交叉形式应根据公路网规划、地形和地质条件、相交公路的公路功能、技术等级、交通量、交通管理方式和用地条件等确定。

2. 平面交叉的交通管理方式分为主路优先、信号交叉和无优先交叉三种，应根据相交公路的功能、技术等级、交通量等确定所采用的方式。

主路优先：被交叉公路等级较低、交通量较小或相交公路中有一条为干线公路。

信号交叉：相交公路的功能和等级相同，交通量或行人数量很大。

无优先交叉：一般仅用于相交公路等级很低，交通量不大的情况。

3. 平面交叉角宜为直角，必须斜交时，交叉角应大于 45°。同一位置平面交叉岔数不宜多于 5 条。

4. 两相交公路的技术等级或交通量相近时，平面交叉内的速度可适当降低，但不宜低于路段设计车速的 70%。

平面交叉右转弯车道的设计速度不宜大于 40km/h；左转弯车道的设计速度不宜大于 20km/h。

5. 平面交叉的间距应根据其对行车安全、通行能力和交通延误等的影响确定。有条件时应尽量通过支路合并等措施，减少交叉口数量，增大交叉口间距。一、二级公路平面交叉的最小间距不应小于表 5-2 规定。

表 5-2　公路平面交叉间距

公路等级	一级公路			二级公路	
公路功能	干线公路		集散公路	干线公路	集散公路
	一般值	最小值			
间距（m）	2000	1000	500	500	300

6. 三级及三级以上公路的平面交叉均应进行渠化设计。

二、平面交叉口线形技术规定

（一）平面线形的技术规定

1. 平面交叉范围内两相交公路的平面线形宜为直线或大半径曲线，不宜采用需设超高的圆曲线。

2. 新建公路与等级较低的既有公路交角小于 70°时，应对次要公路在交叉前后一定范围内实施局部改线。

（二）纵面线形的技术规定

1. 平面交叉范围内，两相交公路的纵面宜平缓。纵面线形宜满足停车视距的要求。

2. 主要公路在交叉范围内的纵坡应在 0.15%~3% 的范围内；次要公路紧接交叉口引道部分应以 0.5%~2% 的上坡通往交叉口。

3. 主要公路在交叉范围内的圆曲线设置超高时，次要公路的纵坡应服从主要公路的横坡。

（三）立面的技术规定

1. 平面交叉的两相交公路的立面形式及其引道横坡，应根据两相交公路的功能、等级、平面线形、交通管理方式等因素而定。采用"主路优先"交通管理方式的交叉，应使主要公路的横断面贯穿交叉，而调整次要公路的纵断面以适应主要公路的横断面；当调整纵断面有困难时，应同时调整两公路的横断面。

2. 分隔的右转弯车道或右转弯附加路面上，各处的高程和横坡应满足相交公路共有部分及其相邻局部段落的岔路的立面、转弯曲线所需的超高、整个交叉范围内的路面排水和路容需要。

3. 平面交叉范围内路面的排水应流畅，并以此作为立面设计的主要考虑因素之一。包括隐形岛在内的任何部分的路面上不得有积水。

（四）视距的技术规定

1. 引道视距的规定。

（1）每条岔路上都应提供与行驶速度相适应的引道视距，如图 5-20 所示。

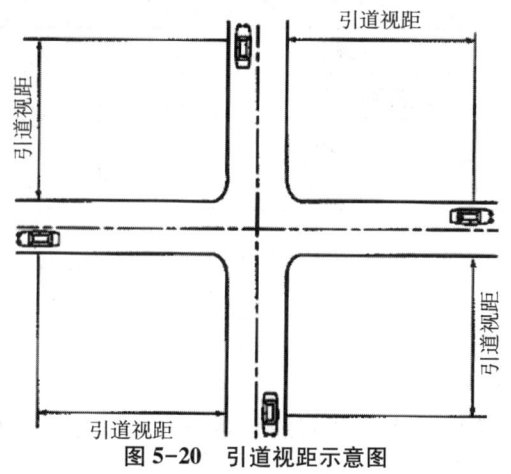

图 5-20 引道视距示意图

（2）引道视距应等于停车视距，计量标准为：视点高 1.2m，障碍物高 0m。各种设计速度所对应的引道视距及凸形竖曲线的最小半径应符合表 5-3 的规定。

表 5-3 引道视距及凸形竖曲线的最小半径

设计速度（km/h）	100	80	60	40	30	20
引道视距（m）	160	110	75	40	30	20
引道凸形竖曲线最小半径（m）	10700	5100	2400	700	400	200

2. 通视三角区的规定。

（1）各级公路平交范围内应进行通视三角区停车视距检验，两相交公路间，由各自停车视距组成的三角形区内，不得存在任何有碍通视的物体，如图 5-21 所示。

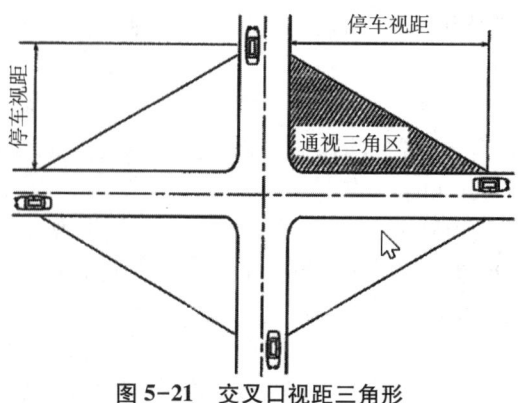

图 5-21 交叉口视距三角形

（2）如受条件限制，不能保证由停车视距所构成的通视三角区时，应保证主要公路的安全交叉停车视距和次要公路至主要公路边车道中心线5~7m所组成的通视三角区，如图5-22所示。安全交叉停车视距应满足表5-4的规定。

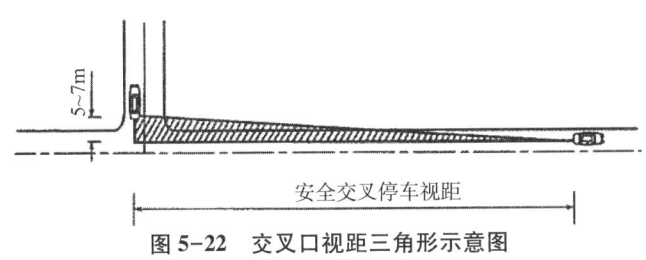

图5-22 交叉口视距三角形示意图

表5-4 安全交叉停车视距

设计速度（km/h）	100	80	60	40	30	20
停车视距（m）	160	110	75	40	30	20
安全交叉停车视距（m）	250	175	115	70	55	35

三、立体交叉的一般技术规定

（一）公路立体交叉的基本原则

1. 多因素原则。应综合考虑功能、安全、环境、资源、全寿命周期成本、驾乘者的舒适和便利等因素。

2. 系统性原则。组成节点系统的各单元之间、节点与整体路网系统之间、节点与环境之间应相互协调。

3. 一致性原则。公路立体交叉形式、几何构造及信息分布等应与驾驶人期望一致，并应与车辆行驶动力特征相适应。

4. 连续性原则。交通流运行方向、车道布置和运行速度等应具有连续性。

（二）立体交叉的条件

1. 高速公路与各级公路交叉必须采用立体交叉。

2. 一级公路与交通量大的公路交叉采用立体交叉。

3. 二、三、四级公路间的交叉、直行交通量大时，宜采用立体交叉。

（三）公路采用互通式立交的前置条件

1. 高速公路与承担干线和集散功能的公路相交时。

2. 高速公路与连接其他重要交通源的连接线公路相交时。

3. 作为干线功能的一级公路与其他干线公路和集散公路相交时。

4. 一级公路采用平面交叉冲突交通量较大，通过渠化或信号控制仍不能满足通行能力要求时。

（四）公路采用分离式立交的前置条件

对于符合"（三）公路采用互通式立交的前置条件"中第1条规定，但不符合第2条规定的，应设置分离式立交。

（五）互通式立交的设置规定

互通式立交分为枢纽式互通立交和一般式互通立交。

1. 枢纽式互通立交主要指高速公路之间、高速公路与具有干线功能的一级公路之间、或具有干线功能的一级公路之间，提供连续、快速的交通转换功能的互通式立体交叉。

2. 一般式互通立交则主要指高速公路或一级公路与双车道公路相交叉的互通式立交，为地方交通提供接入和转换功能的互通式立体交叉。

3. 设置规定。

（1）相邻互通式立交的间距不宜小于4km。受地形条件或其他特殊情况限制，经论证相邻互通式立交的间距需适当减小时，其上一互通式立交的加速车道的终点至下一互通式立交减速车道起点之间的间距不得小于1000m，且应进行专项交通工程设计，设置完善、醒目的标志、标线和警示、诱导设施。

相邻互通式立体交叉的间距小于上述规定的1000m最小值，且经论证必须设置时，应将两互通式立体交叉合并设置为复合式立体交叉。

（2）相邻互通式立交的最大间距不宜大于30km。在人烟稀少地区，其间距可适当增大，但应在适当位置设置"U形转弯"设施。

（3）互通式立交与服务区、停车区、客运汽车停靠站、隧道等其他重要设施之间的距离应能满足设置出口预告标志的需要。

（4）互通式立交匝道设计速度应符合表5-5的规定。

表5-5　互通式立交匝道设计速度

匝道形式		直连式	半直连式	环形匝道
匝道设计速度（km/h）	枢纽互通式立交	50~80	40~80	40
	一般互通式立交	40~60	40~60	30~40

（5）互通式立交匝道车道数应根据匝道交通量和匝道长度确定。主线与匝道或匝道与匝道的分、合流连接部，应保持车道数平衡。

此外，公路与公路的立体交叉跨线桥桥下净空应符合公路建筑限界的高度，并应满足桥下公路的视距要求，其结构应与周围环境相协调。

（六）公路与铁路交叉

1. 高速公路、一级公路与铁路相交叉时，必须设置立交。

2. 高速铁路、准高速铁路和路段旅客列车设计行车速度为140km/h的铁路与公路交叉时，必须设置立体交叉。

3. 公路、铁路相交叉，符合下列情况之一者应设置立交。

（1）铁路与二级公路相交时。

（2）路段旅客列车设计行车速度为120km/h的铁路与公路相交时。

（3）由于铁路调车作业，对公路行车会造成严重延误时。

（4）受地形条件限制，采用平交危及行车安全时。

第四节 城市道路交叉的技术规定

一、一般规定

1. 城市道路交叉形式应根据道路网规划、相交道路等级及有关技术、经济和环境效益的分析合理确定。

2. 道路交叉口设计应符合下列规定。

（1）应保障交通安全，使交叉口车流有序、畅通、舒适、并应兼顾景观。

（2）应兼顾所有交通使用者的需求，处理好与其他交通方式的衔接。

（3）应合理确定建设规模，分期建设时，应近远期结合。

（4）应综合考虑交通组织、几何设计、交通管理方式和交通工程设施等内容。

（5）除考虑本交叉口流量、流向以外，还应分析相邻或相关交叉口的影响。

（6）改建设计应同时考虑原有交叉口的情况，合理确定改建规模。

3. 道路交叉口的设计应符合现行行业标准《城市道路交叉口设计规程》（CJJ152）的规定。

二、平面交叉的基本技术规定

（一）平面交叉口按交通组织方式分类

平面交叉口按交通组织方式可分为以下三类，并应符合下列规定：

1. 平 A 类：信号控制交叉口。

（1）平 A_1 类：交通信号控制，进出口道展宽交叉口；

（2）平 A_2 类：交通信号控制，进出口道不展宽交叉口。

2. 平 B 类：无信号控制交叉口。

（1）平 B_1 类：支路只准右转通行的交叉口；

（2）平 B_2 类：减速让行或停车让行标志管制交叉口；

（3）平 B_3 类：全无管制交叉口。

3. 平 C 类：环形交叉口。

（二）平面交叉口的选择

平面交叉口的选用类型，应符合表 5-6 的规定。

表 5-6　平面交叉口的选用类型

平面交叉口类型	选　型	
	推荐形式	可选形式
主干路—主干路	平 A_1 类	——
主干路—次干路	平 A_1 类	——
主干路—支路	平 B_1 类	平 A_1 类
次干路—次干路	平 A_1 类	——
次干路—支路	平 B_2 类	平 A_1 类或平 B_2 类
支路—支路	平 B_1 类或平 B_2 类	平 C 类或平 A_2 类

（三）平面交叉口设计应符合下列规定

1. 新建平面交叉口不得出现超过四岔的多路交叉口、错位交叉口、畸形交叉口及交角小于 70°（特殊困难时为 45°）的斜交交叉口，已有的错位交叉口、畸形交叉口应加强交通组织与管理，并应加以改造。

2. 平面交叉口的交通组织和渠化方式应根据相交道路等级、功能定位、交通量、交通管理条件等因素确定。信号交叉口平面设计应与信号控制方案协调一致，渠化设计不应压缩行人和非机动车的桶形空间。

3. 交叉口附近设置公交停靠站时，应根据公交线路走向、道路类型、交叉口交通状况，结合站点类别、规模、用地条件合理确定。应保证乘客安全，方便换乘、过街，有利于公交车安全停靠、顺利驶出，且不影响交叉口通行能力。

4. 地块及建筑物机动车出入口不得设在交叉口范围内，且不宜设在主干路上，宜经支路或转为集散车辆用的地块内部道路与次干路相通。

5. 桥梁、隧道两端不宜设置平面交叉口。

（四）平面交叉口的线形规定

1. 平面交叉口范围内道路平面线形宜采用直线。当需采用曲线时，其曲线半径不宜小于不设超高的最小圆曲线半径。

2. 平面交叉口范围内道路纵向设计应保证行车舒顺和排水通畅，交叉口进口纵坡不宜大于 2.5%，特殊困难情况下不应大于 3%，山区城市道路等特殊情况，在保证安全的情况下可适当增加。

3. 交叉口渠化进口道车道数应大于上游路段车道数，每条车道宽度不宜小于 3.0m，出口车道数应与上游各进口道同一信号相位流入的最大进口车道数相匹配，车道宽度应与路段一致。

4. 交叉口视距三角形范围内不得存在任何妨碍驾驶员视线的障碍物。

视距三角形限界应由安全停车视距和转角部位曲线或曲线的切线构成，如图 5-23 所示。安全停车视距如表 5-7 所示。

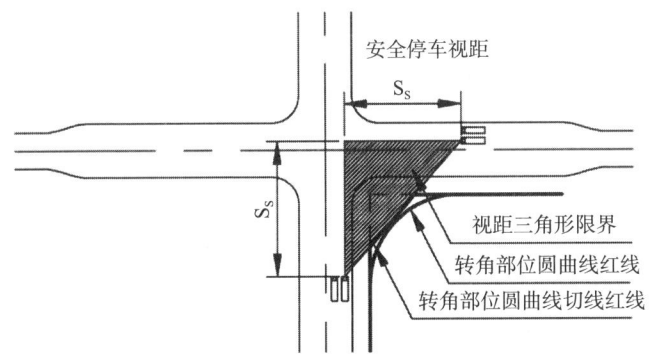

图 5-23　平面交叉口视距三角形示意图

表 5-7　交叉口视距三角形要求的安全停车视距

路线设计车速（km/h）	60	50	45	40	35	30	25	20
安全停车视距 s_s（m）	75	60	50	40	35	30	25	20

在多车道的道路上，检验安全视距三角形限界时，视距线必须设在最易发生冲突的车道上。交叉口安全视距三角形限界应符合图 5-24 的规定。

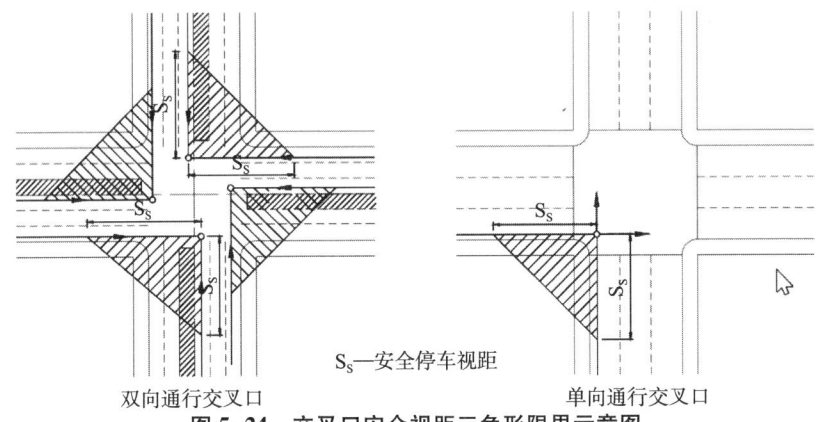

S_s—安全停车视距

双向通行交叉口　　　　　　单向通行交叉口

图 5-24　交叉口安全视距三角形限界示意图

三、立体交叉一般技术规定

(一) 立体交叉类型

立体交口叉应根据道路等级、直行及转向（主要是左转）车流特征、非机动车对机动车干扰等分类，主要类型及交通流行驶特征应符合表5-8的规定，分类应符合下列规定：

1. 立A类：枢纽立交。
(1) 立A_1类：主要形式为全定向、喇叭形、组合式全互通立交；
(2) 立A_2类：主要形式为喇叭形、苜蓿叶形、半定向、组合式全互通立交。
2. 立B类：一般立交。其主要形式为喇叭形、苜蓿叶形、环形、菱形、迂回式、组合式全互通或半互通式立交。
3. 立C类：分离式立交。

表5-8 各类立交车流特征

立体交叉口类型	主路直行车行驶特征	转向车流行驶特征	非机动车及行人干扰情况
立交A类（枢纽立交）	连续快速行驶	较少交织、无平面交叉	机非分离、无干扰
立交B类（一般立交）	主要道路连续快速行驶、次要道路存在交织或平面交叉	部分转向交通存在交织或平面交叉	主要道路机非分行、无干扰；次要道路机非混行、有干扰
立交C类（分离式立交）	连续行驶	不提供转向功能	——

(二) 立体交叉口选用的基本规定

城市道路立体交叉形式的选用，应遵循表5-9的规定。

表5-9 立交交叉形式选用

立体交叉口类型	选 型	
	推荐形式	可选形式
快速路—快速路	立A_1类	——
快速路—主干路	立B类	立A_2类、立C类
快速路—次干路	立C类	立B类
快速路—支路	——	立C类
主干路—主干路	——	立B类

(三) 立体交叉线形的基本规定

1. 立交范围内快速路主路基本车道数应与路段基本车道数连续一致，匝道车道数应根据匝道交通量确定，进出口前后应保持主路车道数平衡，不能保证时应在主路车道右侧设置辅助车道。

2. 立交范围内主路横断面布置宜与主路路段相同。当设集散车道时，集散车道应布置在主路机动车道右侧，期间宜设分车带。主路变速车道路段的横断面应根据变速车道平面设计形式确定。

3. 立交范围内主路平面线形标准不低于路段标准，在进出立交的主路路段，其行车视距宜大于或等于1.25倍的停车视距。

4. 立交匝道出入口处，应设置变速车道。变速车道分直接式与平行式两种，减速车道宜采用直接式，加速车道宜采用平行式。

5. 立交范围内出入口间距应能保证主路交通不受分合流交通的干扰，并应为分合流交通加减速及转换车道提供安全可靠的条件。立交出入口间距不足时，应设置集散车道。

6. 设有辅路系统的道路相交，当交叉口设置为枢纽立交时，立交区应设置与主路分行的辅路系统；当交叉口设置为具有明显集散作用的一般立交时，其辅路系统可与匝道布置结合考虑。

7. 立交范围内的人行系统应满足人行道最小宽度要求，并应设置无障碍设施。

8. 立交范围内公交车站的设置应与路段综合考虑，并应设置为港湾式。

四、交叉口非机动车道和人行过街设施的技术规定

(一) 人行过街设施规划的规定

1. 交叉口行人过街设施规划应保障行人过街的安全与便捷，并应符合无障碍通行要求。

2. 交叉口均应规划设置行人过街设施，其总体布局应符合城市道路网规划、非机动车和行人系统规划，并应与交叉口的几何特征、人流与车流特征、微观交通组织方式等相协调。

3. 行人过街方式的选择应根据道路的功能性质、交叉口类型、交通控制方式及地形条件等因素确定，应选用平面过街方式。

4. 交叉口行人过街设施应具备各方向均可便捷过街的功能，且同一交叉口的过街方式应协调。

5. 交叉口行人过街设施位置的选择，应满足交叉口周围公共汽车站、轨道交通车站、商业网点等人流安全集散的要求。

6. 立体过街设施在满足基本功能的基础上，其跨径、净高等应按道路远期规划横断面确定。

7. 交叉口过街设施应设置必要的引导标识和安全设施。

（二）行人过街设施的布置的技术规定

1. 立体交叉过街设施的布置应符合下列规定。

（1）对各方向均为连续流交通的立体交叉，应结合立体交叉设计选型设置各方向功能完善的立体过街设施，其过街方式和过街系统应统一、连续、便捷，并应与公交停靠站等设施衔接。

（2）对连续流和间断流交通相结合的立体交叉，应在间断流处设置各方向功能完善的平面过街设施，在平面过街设施可满足过街需求的情况下，不应设置立体过街设施。

2. 平面交叉口过街设施的规划布置应符合下列规定。

（1）干路与干路交叉应采用行人过街信号控制。

（2）干路与支路交叉，干路应采用行人过街信号控制，支路应采用斑马线；支路人行横道上游机动车道应设置人行横道警告标线。

3. 交叉口范围内的人行道宽度不应小于路段上人行道的宽度。

（三）立体过街设施设置的规定

1. 当行人需要穿越快速路或铁路时，应规划设置立体过街设施。

2. 城市商业密集区、文体场馆、轨道交通车站附近的交叉口，可设置与周围建筑物直接连通的立体过街设施；在学校、医院等其他有特殊要求的地方，可规划设置立体过街设施；在必须规划设置的立体过街设施上，应设置自动扶梯或预留自动扶梯的位置。

3. 人行天桥或地下通道的选择，应综合地下水位、地上地下管线、其他市政公用设施、周围环境、维护要求、工程投资等，进行技术、经济、社会效益等比较后确定。

4. 人行天桥或地下通道的梯段或坡道占用人行道宽度时，应局部拓宽人行道，人行道宽度不应小于原有宽度或不应小于 3m。

（四）人行过街横道的设置规定

1. 人行过街横道应设置在车辆驾驶人容易看清的位置，应与车行道垂直，应平行于路段路缘石的延长线，并应后退 1~2m，人行横道间的转角部分长度应大于 6.0m。在右转车辆容易与行人发生冲突的交叉口，后退距离宜适当加大到 3~4m。

2. 人行横道宽度应根据过街行人数量、人行横道通行能力、行人过街信号时间等确定。

3. 高架道路下人行横道的设置应避免桥墩遮挡行人观察迎面来车的视线，

宜设置行人过街安全岛和专用信号灯，并应符合图 5-25 的规定。

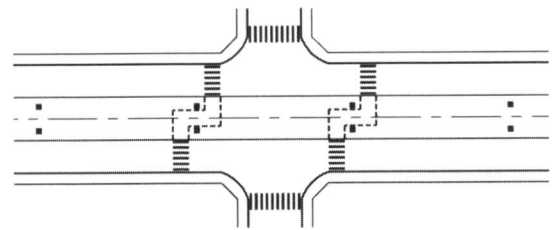

图 5-25　高架道路下人行横道的设置示意图

4. 交叉口设有转角交通岛时，其人行横道的设置应结合转角交通岛进行布置，并应符合图 5-26 的规定。

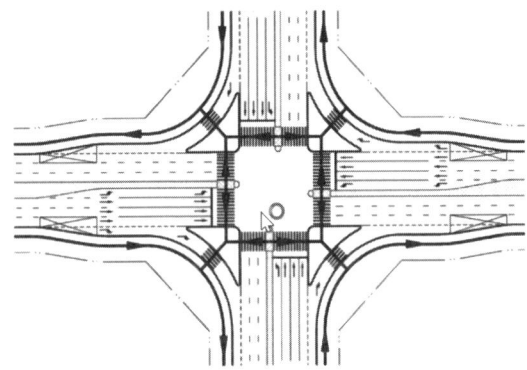

图 5-26　有转角交通岛的交叉口行人与非机动车交通组织及布置形式示意图

5. 人行横道两侧沿路缘石宜设置行人护栏或种植具有分隔作用的灌木丛等；行人护栏或分隔设施长度应为 30~120m，主干路应取 90~120m，次干路应取 60~90m，支路应取 30~60m。

6. 无信号控制及让行标志交叉口应规划布设斑马线，并应在人行横道上游机动车道上画人行横道警告标线。

7. 环形交叉口需设置人行横道时，人行横道位置宜结合交通岛设置，必要时可采用定时信号或按钮信号控制。

（五）行人过街安全岛的设置的规定

1. 人行过街横道长度超过 16m 时（不包括非机动车道），应在人行横道中央规划设置行人过街安全岛，行人过街安全岛的宽度不应小于 2.0m，困难情况不应小于 1.5m。

2. 有中央分隔带的道路，可利用中央分隔带设置行人过街安全岛；无中央分隔带的道路，可根据下列情况采取相应的措施增设行人过街安全岛，并应符合图 5-27 的规定。

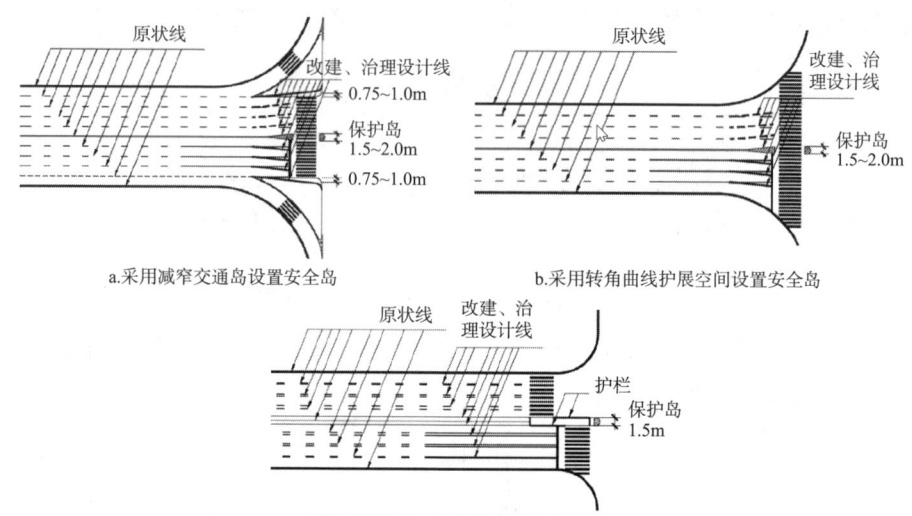

图 5-27 无中央分隔带的道路行人过街安全岛设置示意图

（1）有转角交通岛的交叉口，可减窄交通岛 0.75~1.0m 设置行人过街安全岛。

（2）无转角交通岛的交叉口，可利用转角曲线范围内的扩展空间设置行人过街安全岛。

（3）当人行横道设在直线段范围内时，可减窄进出口车道的宽度设置行人过街安全岛。

3. 在人行横道中间设置行人过街安全岛时，应在安全岛靠交叉口中心一侧的岛端设防撞保护岛；防撞保护岛的设置应满足图 5-25 的规定；防撞保护岛迎车面应设置反光装置；防撞保护岛的设置不应影响左转车辆的正常行驶轨迹。

4. 行人过街安全岛宽度不够时，安全岛两侧人行横道可错开设置，并应设置安全护栏。

（六）行人过街信号设置的规定

1. 行人过街信号相位应与车辆信号相位协调；人行横道中间设有安全岛时应设置独立行人过街信号灯。

2. 行人过街绿灯时长不得小于行人安全过街所需的时间，行人红灯时间不宜超过行人能够忍受的等候时间。

3. 在各方向过街行人流量大的交叉口，可采用各方向行人过街全绿专用相位。

（七）非机动车过街设施的技术规定

1. 非机动车独立进出口道的，应遵循以下规定：

（1）当城市道路交叉口非机动车交通流量较大或路段上机动车与非机动

车之间有隔离设施时,应在交叉口设置独立的非机动车进出口道,机动车与非机动车道间应设置实体分隔设施;

(2)非机动车独立进出口道可采用非机动车与机动车相同或非机动车与行人相同的通行规则和交通组织方式,并应符合图 5-28 的规定;

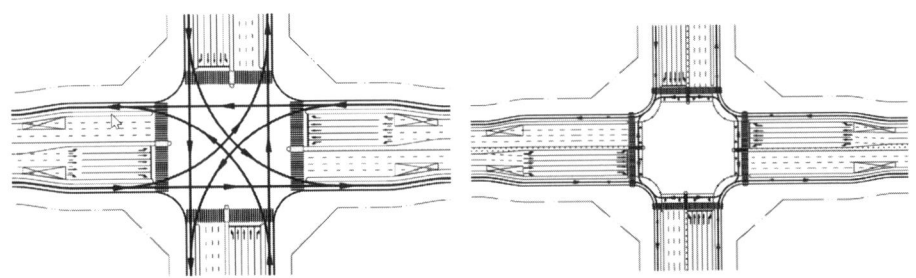

a.非机动车与机动车相同的交通组织及布置形式　b.非机动车与机动人相同的交通组织及布置形式
图 5-28　非机动车独立进出口道交通组织及布置形式

(3)不得在非机动车独立进出口道上设置机动车道。

2. 路段上机动车—非机动车混行的道路,在交叉口进出口道上应设置实体分隔设施或采用标线分隔。

3. 行人—非机动车混行进出口道应符合下列规定:

(1)新建交叉口不宜规划行人—非机动车混行进出口道;

(2)改建、治理交叉口规划,当非机动车流量较大或人行道宽度较窄时,不应在交叉口将非机动车道同人行道合并设置为行人—非机动车混行进出口道;

(3)混行进出口道的人行道宽度不应小于 3m,与非机动车道间宜设置实体分隔设施;

(4)行人—非机动车混行进出口道应采用非机动车与行人相同的交通组织方式,并应符合图 5-26 的规定。

本章所列交叉口的技术规范、标准,均为各类道路路线交叉规划、设计基本的技术规范、标准,不是很全面,可以对各类道路的路线交叉形成初步认识。涉及公路、城市道路路线交叉技术规范、标准有许多,如《公路工程技术标准》《公路路线技术规范》《公路立体交叉设计细则》《城市道路工程设计规范》《城市道路交叉口设计规程》《城市道路交叉口规划规范》等,这些规范、标准既是路线交叉规划、设计的依据,也是对交叉口实施科学、合理渠化交通组织的基础和根本遵循。随着道路交通事业的持续发展,新科技的运用,道路网的持续优化,安全意识的深入和安全管理水平的不断提升,各类规范、标准也在不断地修订和完善。

思考题

1. 简述交错点的概念。
2. 简述平面交叉的基本形式,分析冲突点与相交道路数量的关系。
3. 简述环形交叉的交织长度与交织段长度的关系。
4. 简述立体交叉的形式。

第六章 道路交通设施

道路交通设施，是指在道路用地空间内，为了保障道路交通安全、畅通、有序、节能、低公害而设置的交通工程设施。城市道路交通设施包括道路交通标志、道路交通标线、防护设施、交通信号灯、交通监控系统、交通服务设施、道路照明及变配电、管理处所及设备等系统。公路交通安全设施包括道路交通标志、道路交通标线、护栏和栏杆、视线诱导设施、隔离栅、防落网、防眩设施、避险车道等。从功能上可以将其归纳为安全设施、管理设施、服务设施。其中的道路交通标志与道路交通标线是重点，均有相应的设置规范，故在道路交通标志、道路交通标线一章中专门讲述，本章不予介绍。

道路交通设施是道路的重要组成部分，是发挥道路经济效益，确保安全出行必不可少的配套设施，是道路现代化、智能化的标志之一。城市道路交通设施的设置必须服从《城市道路交通设施设计规范》（GB50668-2011）（以下简称《城市设施规范》）及其引用的相关技术规范的要求；公路交通设施必须服从《公路交通安全设施设计规范》（JTG D81-2017）（以下简称《道路设施规范》）和《公路工程技术标准》及其引用的相关技术规范的要求。从公安交通管理的角度出发，本章内容主要涉及与交通安全和公安交通管理密切相关的交通设施以及它们的基本功能，至于具体的技术标准和适用条件可参见各相关的技术规范，不做详细阐述。

第一节 道路交通设施的等级与设计原则

城市道路交通设施和公路交通设施在具体的某一同类设施的功能上是一致的，例如路侧防撞护栏，公路和城市道路根据需求均有设置，其分类和功能也基本相同，但由于城市道路的功能、作用及交通组织方式与公路存在差异，因而对设施具体设计和设置的技术标准也有差异，设施的种类也有所不同。如公路与城市道路防撞护栏的防撞等级和具体设置要求即存在一些差异，高速公路设置的停车区与服务区在城市道路上不会出现（较远距离的绕城快速干道除外）。

一、城市道路交通设施的等级与设计原则

（一）城市道路交通设施的等级

城市道路交通设施的设计、制作、设置应遵循《城市设施规范》的要求，按等级进行统筹规划、总体设计。此规范将城市道路交通设施分为 A、B、C、D 四级。不同类别的城市道路对应与之相适应的交通设施等级。

1. A 级——应设置系统、完善的交通标志、标线、隔离和防护设施；中间带必须连续设置中央分隔防撞护栏和必需的防眩目设施；桥梁、高路、堤路段以及旁侧有辅路、人行道等，撞击后将危及生命和结构物安全的路段必须设置路侧防撞护栏；立体交叉及其周边路网应连续设置指路、禁令等标志；施划车道边缘线、分合流路段应连续设置反光突起路标；出口分流三角端应有醒目的提示和防撞设施；实施控制的匝道，应设置匝道信号灯；交通监控系统应按Ⅱ级设置，中、长、特长隧道应按Ⅰ级设置。

2. B 级——应设置完善的标志、标线和必要的防护和隔离设施；路段上应设置中间分隔设施和机动车与非机动车分隔设施；桥梁与高路堤路段有坠落危险时必须设置路侧防撞护栏；立体交叉及其周边地区路网应设置指路、禁令标志；平面交叉口必须进行交通渠化并设置交通信号灯；交通监控系统应按Ⅲ级设置，特大型桥梁应按Ⅱ级设置，中、长、特长隧道应按Ⅰ级设置。

3. C 级——应设置完善的标志、标线和必要的隔离和防护设施；平交路口进口段应设置中间分隔设施；桥梁与高路堤路段有坠落危险时应设置路侧防撞护栏；平面交叉口应进行交通渠化并设置交通信号灯；交通监控系统应按Ⅲ级设置，特大型桥梁应按Ⅱ级设置，中、长、特长隧道应按Ⅰ级设置。

4. D 级——应设置较完善的标志、标线；桥梁与高路堤段有坠落危险时应设置路侧防撞护栏；平面交叉口宜进行交通渠化并设置交通信号灯；交通监控系统应按Ⅳ级设置。

各等级城市道路交通设施适用范围如表 6-1 所示。

表 6-1　各等级城市道路交通设施适用范围

交通设施等级	适用范围
A	快速路、中、长、特长隧道及特大型桥梁
B	主干路
C	次干路
D	支路

(二) 城市道路交通设施的设计原则

1. 城市道路交通设施总体设计应符合安全、畅通、环保、可持续发展的总体目标要求;

2. 城市道路交通设施总体设计应与道路主体工程设计相协调, 应根据道路功能及其在城市路网中的作用, 综合考虑设计、施工、维修、营运、管理以及近期与远期等各种因素, 准确体现道路工程主体设计的意图;

3. 城市道路交通设施除应保持其各自特性和相对独立外, 还应相互匹配, 使之成为统一、协调、完整的系统工程。

二、公路交通设施的等级与设计原则

(一) 公路交通设施等级

《公路技术标准》将公路交通工程及沿线设施划分为 A、B、C、D 四级。

1. A 级应配置系统完善的标志、标线、视线诱导标、隔离栅、防护网; 中间带必须连续设置中央分隔带护栏和必需的防眩设施; 桥梁与高路堤路段必须设置护栏; 互通式立体交叉及其周边地区路网应连续设置预告、指路标志; 车道边缘线、分合流路段宜连续设置反光突起路标; 出口分流三角端应设置防撞设施。

此外, A 级还应设置功能完备、距离适中的服务区、停车区和公共汽车停靠站等服务设施; 还应设置监控、收费、通信、照明和管理养护设施, 实时收集交通流信息并及时发布, 迅速采取相应措施, 疏导交通、保障行车安全。

2. B 级应配置完善的标志、标线、视线诱导标及必需的隔离栅、防护网; 一级公路中间带必须连续设置中央分隔带护栏和必需的防眩设施; 桥梁与高路堤路段必须设置路侧护栏; 互通式立体交叉及其周边地区路网应连续设置预告、指路标志; 平面交叉必须设置完善的预告、指路或警告支线减速让行或停车让行等标志、反光突起路标和配套、完善的交通安全设施, 并保证视距。

此外, B 级宜设置服务区、停车区、公共汽车停靠站等服务设施; 管理所和养护工区应根据公路管理、养护业务需求设置; 应设置基本的信息采集、交通监视、简易信息处理及发布等监控设施, 及时疏导交通保障行车安全。

3. C 级应配置较为完善的标志、标线及必需的视线诱导标隔离设施; 一级公路中间带必须设置隔离设施; 桥梁与高路堤路段应设置路侧护栏; 平面交叉应设置预告、指路或警告、支线减速让行或停车让行等标志和配套、完善的交通安全设施, 并保证视距。

此外, C 级平面交叉应视交通量情况设置警示灯或信号灯等设施。根据需要可设置加油站、公共厕所等服务设施。道班房和养护工区应根据公路养护管理业务需求设置。

4. D级应设置交通标志；视距不良急弯陡坡等路段应设置路面标线及必需的视线诱导标；路侧有悬崖、深谷、深沟、江河、湖泊等路段应设置路侧护栏；平面交叉应设置交通标志和必需的交通安全设施。可设置加油站及公共厕所，根据公路养护任务需求可设置道班房等养护设施。

5. 特殊情况下的交通安全设施。

（1）连续长陡下坡路段，危及运行安全处应设置避险车道。必要时宜在长陡下坡路段的起始端前设置制动试验车道等安全设施。

（2）风、雪、沙、坠石等危及公路安全的路段，应设置防风栅、防雪（沙）栅、防落网、积雪标杆等安全设施。

（3）公路养护作业时，应设置限制速度等醒目的交通警示、诱导等交通安全设施。

（4）公路改（扩）建时，交通安全设施的设置应进行专门设计。

各级公路交通工程及沿线设施等级与适用范围应符合表6-2的规定。

表6-2 各级公路交通工程及沿线设施等级与适用范围

各级公路交通工程及沿线设施等级	适用范围
A	高速公路
B	一级公路、二级公路作为干线公路时
C	一级公路、二级公路作为集散公路时
D	三级公路、四级公路

（二）公路交通设施的设计原则

1. 交通工程及沿线设施的建设规模与标准，应根据公路网规划、公路的功能、等级、交通量等确定；

2. 交通工程及沿线设施总体设计应符合公路总体设计的要求，准确体现设计意图，相互配合，统一协调，充分发挥公路的整体效益；

3. 交通工程及沿线设施应按照"保障安全、提供服务、利于管理"的原则进行设计。

第二节 交通安全设施

当前，交通事故成为我国第一大非正常死亡原因，设置合理的交通安全设施，在设施上对交通事故进行充分防控，具有重要的社会意义与经济价值。我国对交通安全设施的系统研究始于20世纪80年代，总结我国高速公路早期建设成果，交通部在1988—1992年期间，制定了（JTJ 074-1994）

《高速公路交通安全设施设计及施工技术规范》，于 1994 年 6 月实施；2006 年，对 JTJ 074-1994 版规范进行修订，于同年 9 月实施。与护栏相关的标准主要有：（JTG D80-2006）《高速公路交通工程及沿线设施设计通用规范》、(JTG D81-2017)《公路交通安全设施设计规范》、(JTG/T D81-2006)《公路交通安全设施设计细则》和（JTG F71-2006）《公路交通安全设施施工技术规范》、(JT/T 281-2007)《公路波形梁钢护栏》、(JT/T 457-2007)《公路三波形梁钢护栏》。

一、交通安全设施及其分类

交通安全设施是车辆在行驶中发生意外，使行驶轨迹发生严重偏离，可能冲出路外、对向行驶车道以及冲向道路限界边缘以外的结构物；或为保护城市道路人行道的行人安全；或为保护行驶中的车辆不致遭受抛落物的干扰；或为防止夜间对向行驶的车辆造成眩光；或为防止路外的人或动物进入道路用地范围，干扰机动车正常行驶以及为道路以外的单位、学校、居民区提供防噪声保护的各类设施。

交通安全设施包括道路交通标志、道路交通标线、护栏和栏杆、视线诱导设施、隔离栅、防落网、防眩设施、避险车道和其他交通安全设施。

本节主要介绍城市道路防护设施（防撞护栏、防撞垫、限界结构防撞设施、人行护栏、分隔设施、隔离栅、防落物网、防眩设施和声屏障）和公路交通安全设施（护栏和栏杆、视线诱导设施、隔离栅、防落网、防眩设施、避险车道及其他交通安全设施）。

二、城市道路防护设施

城市道路防护设施包括：防撞护栏、防撞垫、限界结构防撞设施、人行护栏、分隔设施、隔离栅、防落物网、防眩设施和声屏障。

防护设施的一般规定：防护设施应采用环保材料，便于安装，易于维修。防护设施不得侵入道路建筑限界，且不应侵入停车视距范围内。不能提供足够路侧安全净距的快速路路侧，必须设置防撞护栏；当路基整体式断面中间带宽度小于或等于 12m 时，快速路的中央分隔带必须连续设置防撞护栏。防护设施宜简洁大方，与道路、桥梁和周围建筑的设计风格统一协调。防撞护栏的起、讫点端部应做安全性处理。不同结构形式或不同刚度防撞护栏的衔接处，应设置过渡段，使护栏的刚度逐渐过渡，并形成一个整体。

（一）防撞护栏

防撞护栏是一种纵向结构设施，通过自身变形或迫使车辆爬高来吸收车辆的碰撞能量，以达到最大限度减少事故损失的目的。

1. 防撞护栏的设置应实现以下功能：
（1）阻止事故车辆越出路外或进入对向车道；
（2）使事故车辆回到正常行驶方向；
（3）最大限度地减少乘员的伤亡；
（4）诱导驾驶人的视线。
2. 防撞护栏的分类，通常有以下两种分类依据：

第一种分类按照防撞护栏在城市道路中的位置、功能及作用分类，可以分为路侧护栏、中央分隔带护栏、桥梁护栏。

（1）路侧护栏，是设置于城市道路建筑限界以外的护栏，以防止失控车辆越出路外或碰撞路侧构造物和其他设施。一般情况下，城市快速路不能提供足够路侧安全净距的路侧；公路路侧安全净区得不到满足时，应设置路侧护栏。

所谓安全净距或净区指的是：在公路或城市道路机动车道两侧，相对平坦、无障碍物、车辆驶出车行道后可以停车或驶回的带状区域。

公路和城市道路路侧防撞护栏的详细技术规定，参见《城市设施规范》和《公路设施规范》及它们所引用的相关的技术规范。如图6-1所示即为路侧护栏。

图6-1 路侧护栏

路侧护栏的设置应符合下列规定：
①快速路路侧护栏的防撞等级应符合表6-3的规定。

表 6-3　快速路路侧护栏防撞等级的适用条件

适用条件	设计速度（km/h）	
	100、80	60
一般路段、匝道	A	B
高边坡、桥头引道、隧道洞口连接线、靠近构造物路段	SB	A
高陡坡、高挡墙、临河路段；车辆越出路外可能发生严重事故的路段	SA	SB
临近其他快速路、人流密集区域的路段；车辆越出路外可能发生二次事故的路段	SS	SA

②主干路的路侧宜设置防撞护栏。主干路路侧护栏的防撞等级应符合表6-4 的规定。

表 6-4　主干路路侧护栏防撞等级的适用条件

适用条件	设计速度（km/h）	
	60、50	40
一般路段、匝道	B	—
高边坡、桥头引道、隧道洞口连接线、靠近构造物路段	A	B
高陡坡、高挡墙、临河路段；车辆越出路外可能发生严重事故的路段	SB	A
临近其他快速路、人流密集区域的路段；车辆越出路外可能发生二次事故的路段	SA	SB

③次干路、支路的路侧一般不设置路侧护栏，当车辆越出路外可能发生严重事故或严重二次事故的路段，宜设置防撞护栏。次干路和支路路侧防撞护栏的防撞等级参照主干路设置。

④邻近干线铁路、水库、油库、电站等需要特殊防护的路段，应对防撞护栏进行特殊设计。

（2）中央分隔带护栏，是设置于中央分隔带内的护栏。设置于城市快速干道、设计时速大于或等于50km/h 的主要干道以及高速公路、一级公路中央分隔带内的防撞护栏。图6-2 所示即为中央分隔带护栏。

图 6-2 中央分隔带护栏

中央分隔带护栏的设置应符合下列规定：
①快速路中央分隔带护栏的防撞等级应符合表 6-5 的规定。

表 6-5 快速路中央分隔带护栏防撞等级的适用条件

适用条件	设计速度（km/h）		
	100	80	60
一般路段	SBm	Am	Bm
小半径弯道、中央分隔带有桥墩及其他构造物等特殊防护路段	SAm	SBm	Am

②设计速度大于或等于 50km/h 的主干路中央分隔带宜设置防撞护栏。主干路中央分隔带护栏的防撞等级应符合表 6-6 的规定。

表 6-6 主干路中央分隔带护栏防撞等级的适用条件

适用条件	设计速度（km/h）
	60、50
一般路段	Bm
小半径弯道、中央分隔带有桥墩及其他构造物等特殊防护路段	Am

③活动护栏的设置应符合下列规定：快速路的中央分隔带开口处，应设置活动护栏；活动护栏的防撞等级宜与其所在路段中央分隔带护栏的防撞等级一致；活动护栏应与中央分隔带护栏衔接，并在衔接处做安全性处理。

(3) 桥梁护栏。图 6-3 所示即为桥梁护栏。

图 6-3 桥梁护栏

桥梁护栏的设置应符合下列规定：

①供机动车行驶的桥梁外侧应设置防撞护栏，桥侧护栏宜设置在机动车道与非机动车道之间的两侧分车带上，双幅式桥梁中央分隔带护栏与桥侧护栏的防撞等级相同，单幅式桥梁中央分隔带护栏的设置参照路基段中央分隔带护栏设置原则设计。

②城市道路桥涵护栏防撞等级的适用条件应符合表 6-7 的规定。

表 6-7 城市道路桥涵护栏防撞等级的适用条件

适用条件	道路类型		
	快速路	主干路	
	设计速度（km/h）		
	100、80	60、50	40
桥梁高度小于 2.5m，且桥下水深小于 2m 或无水	A	B	B
桥梁高度小于 2.5~6m，且桥下水深小于 2m 或无水	SB	A	B
桥梁高度小于 6~20m，且桥下水深大于 2m，或跨越或邻近次干路、支路或人流密集区	SA	SB	A
桥梁高度大于 20m，或跨域或邻近主干路或快速路	SS	SA	SB

③次干路、支路桥涵护栏防撞等级可按表 6-7 中设计速度为 40km/h 的主干路的标准选取。

④邻近或跨越干线铁路、水库、油库、电站等需要特殊防护的路段，桥梁护栏应确定合理的碰撞条件并进行特殊设计。

⑤快速路与主干路的小桥、涵洞、通道应设置与路基段形式相同的防撞护栏。

第二类按照受力后呈现的力学特征分类，根据护栏受到撞击后呈现的力学特性以及撞击过程中的吸能原理，还可以把护栏分为刚性护栏、半刚性护栏和柔性护栏三类。

①刚性护栏。车辆碰撞后基本不变形的护栏。混凝土护栏是主要代表形式，由一定形状混凝土块相互连接而组成墙式结构，车辆碰撞时通过爬高并转向来吸收碰撞能量，如图6-4所示。

图6-4　刚性护栏示例

②半刚性护栏。车辆碰撞后有一定的变形，又具有一定强度和刚度的护栏。波形梁护栏是主要代表形式，车辆碰撞时利用土基、立柱、波纹状钢板的变形来吸收碰撞能量，如图6-5所示。

③柔性护栏。它是具有较大缓冲能力的韧性护栏结构。缆索护栏是主要代表形式，车辆碰撞时依靠缆索的拉应力来吸收碰撞能量。由数根施加初拉力的缆索固定于端桩上而组成钢缆结构，主要依靠缆索的拉应力来抵抗车辆的碰撞荷载、吸收碰撞能量，如图6-6所示。

图6-5　半刚性护栏示例

图6-6　柔性护栏示例

城市道路可采用刚性或半刚性或柔性护栏，并根据实际情况需要采用不同的防撞等级和结构形式。

（二）防撞垫

防撞垫是独立的防护结构，在受到车辆碰撞时，通过自身的结构变形吸收碰撞能量，减轻对乘员的伤害程度，防撞垫可分为可导向防撞垫和非导向防撞垫。可导向防撞垫是具有侧面碰撞导向功能的防撞垫。非导向防撞垫是不具有侧面碰撞导向功能的防撞垫。

防撞垫成本低，具有很高的安全性能。它主要应用于城市道路或公路的出口三角区、收费岛前端以及隧道洞口等其他障碍物前端，防撞垫的吸能形式有多种，大部分都是靠物理吸能，例如橡胶、砂料等，较为可靠的为钢材的变形吸能。实践证明，防撞垫是一种有效的安全设施，它主要是降低事故的损害程度，而不是减少事故的发生。图6-7即为防撞垫的示意图。

图 6-7　防撞垫

防撞垫防撞等级应分为三级，各级主要技术指标应符合《城市道路交通设施设计规范》（GB50668-2011）的相关规定。

快速路主线分流端、匝道出口的护栏端部应设置防撞垫。主干路主线分流端、中央分隔带护栏端部、匝道出口的护栏端部宜设置防撞垫。

快速路与主干路的路侧构造物前端、收费岛前端宜设置防撞垫。

防撞垫的防撞等级应符合表6-8的规定。

表 6-8　防撞垫防撞等级的适用条件

道路类型	快速路		快速路、主干路
设计速度（km/h）	100	80	60
主线分流段、匝道出口、收费岛前端	A80	A65	A50
跨线桥桥墩前部、混凝土护栏上游端头、隧道口等路侧固定障碍物前端	A80、B80	A65、B65	A50、B50

（三）限界结构防撞设施

限界结构防撞设施的规定：

1. 在行驶中的车辆容易越出行驶限界，撞击到桥梁墩柱结构、主梁结构、隧道洞口的入口两侧和顶部结构、交通标志支撑结构等，这些限界结构处应设置限界结构防撞设施。

2. 道路的正面限界结构防撞可在路前方设置防撞垫、防撞岛、防撞墩及加强墩柱结构抗撞等防撞设施；侧面限界结构防撞可在路侧设置并加强防撞护栏。

3. 路侧设置组合式或混凝土墙式防撞护栏与限界结构位置重叠时，若限界结构自身能够满足防撞要求，可以采取与限界结构组合形成整体限界结构防撞，且迎撞面的截面形状与原防撞护栏一致。

4. 路侧设置波形梁防撞护栏的，当其变形不能够达到保护两侧限界结构的要求时，应加密护栏立柱的柱间距或采用不低于公路 SB 级防撞护栏设施。

5. 道路侧面没有设置防撞护栏的限界结构，正迎撞面宜设置防撞垫、防撞岛、防撞墩等结构防撞形式。

6. 顶面限界防撞可采取主体结构防撞设施、附属保护防撞设施和设置警告标志、限界标志等措施。

7. 限界结构防撞设施设计应按照安全、经济、耐用、便于维修的原则，并做到外观简洁，同时设置警示标记，且与道路、桥梁和周围城市景观、建筑的设计风格统一协调。

（四）人行护栏

人行护栏是为了保障行人安全而设置的一种隔离交通工程设施。通常在下列位置宜设置人行护栏：

1. 人行道与一侧地面存在高差，有行人跌落危险的，应设人行护栏。

2. 桥梁的人行道外侧，应设置人行护栏。

3. 车站、码头、人行天桥和地道的出入口、商业中心等人流汇聚区的车道边，应设置人行护栏。

4. 交叉口人行道边及其他需要防止行人穿越机动车道的路边，宜设置人行护栏，但在人行横道处应断开。

5. 在非全封闭路段天桥和地道的梯道口附近，无公共交通停靠站时，宜在道路两侧设人行护栏。护栏的长度宜大于 200m。天桥和地道的梯道口附近有公共交通停靠站时，宜在路中设分隔栏杆，分隔栏杆的净高不宜低于 1.10m。图 6-8 所示即为人行护栏。

图 6-8　人行护栏

（五）分离设施

分隔设施是分隔双向或同向交通、机动车和非机动车、车辆和行人等的设施。

道路交通分隔设施是交通管理措施的具体体现，是实施交通管理的物理分离方法（所谓物理分离方法通常是指设置一种障碍物使车辆和行人不能通过或很难通过的方法）。它是以一种静态的管理形式对道路交通进行调节和控制，同时起着人与车、车与车之间的分隔作用。并且它既能保障良好的交通秩序、降低交通警察的工作强度，节省警力，提高工作效率和工作效果，又能弥补人工管理在时间上、空间上存在的间断性、局限性等缺陷，从而为实现道路交通管理的连续性、完整性、科学性创造良好的物质基础。

1. 交通分隔设施的作用。交通分隔设施是设置在道路上，用来实施交通分隔、交通渠化以及对车辆和行人进行安全保护的各种构筑物的总称，是公安交通管理机关根据道路条件、交通流参数（流量、流向、流速等）、冲突点的分布概率、混合程度等因素，利用某些特定形状的物体组合让不同方向的交通流按规定路线通行的一种交通管理设施。它一般构筑在各种交通标线（如车行道中心线、车道分界线、车行道边缘等）的位置上或者紧贴交通标线，它是交通标线的立体化，对交通标线起到突出与加强的作用。概括起来说，交通分隔设施的作用主要有以下几点：

（1）使行人与车辆分隔；

（2）使相同方向或相对方向的机动车与机动车分隔；

（3）使机动车与非机动车分隔；

（4）对车辆禁行道路的入口处实行分隔；

（5）对地形险峻路段的外侧实行分隔。

在道路交通管理中，通过交通分隔设施的作用，可以有效地发挥道路功能，使行人、车辆各行其道，互不干扰，从而提高车辆行驶速度、安全系数，便利道路交通运输,改善道路交通秩序,增强道路通行能力,保障交通安全与畅通,同时还能起到美化市容的作用。正是由于交通分隔设施具有这种实施静态控制和提供安全的保护作用,所以它又被称为交通安全控制设施。

2. 交通分隔设施的种类。道路交通分隔设施,主要有分隔栏杆、分隔柱、交通岛、隔离墩等几种。图6-9、图6-10所示即为交通分隔栏杆、分隔柱的示意图。

图6-9 交通分隔栏杆、分隔柱示例1　　　图6-10 交通分隔栏杆、分隔柱示例2

3. 分隔设施的设置。分隔设施主要应用于城市道路,用以分隔对向行驶的机动车、同向行驶的机动车与非机动车、非机动车与行人、行人与路侧的其他建筑物等。从各地的实践情况来看,主要是根据交通流量和道路交通的客观实际来设置的。也就是说,当某一条道路交通量达到一定程度或虽然车流不大,但行人较多,严重影响到交通秩序和行车速度以及交通安全时,通过论证,得出设置隔离设施后能够改善或解决上述问题时才能设置。

通常在下列位置需要设置分隔设施:

(1) 双向六车道及以上的道路,当无中央分隔带且不设防撞护栏时,应在中间带设分隔栏杆,栏杆净高不宜低于1.10m(行人难以翻越的高度)。在有行人穿行的断口处,应逐渐降低护栏高度,且不高于0.7m,降低后的长度不应小于停车视距。断口处应设置分隔柱。

(2) 双向四车道及以上的道路,机动车道和非机动车道为一幅路设计,应在机动车道和非机动车道之间设置分隔栏杆。

(3) 非机动车流量达到饱和,或机动车有随意在路边停车现象时,机动车道和非机动车道为一幅路断面,宜在机动车道和非机动车道之间设置分隔栏杆。

(4) 机动车道和非机动车道为共板断面,路口功能区范围宜设非机动车和机动车分隔栏杆。在路口设置时,应避免设置分隔栏杆后妨碍转弯和掉头车辆的行驶。

(5) 非机动车道和人行道为共板断面,应在非机动车道和人行道之间设置分隔栏杆。

（6）非机动车道高于边侧地面有跌落危险时，应在非机动车道边侧设置分隔栏杆。

（7）人行道和绿地之间可根据情况设置分隔栏杆。

（8）人行道和停车场、设施带之间，需要进行功能分区的位置可设置分隔栏杆。

（9）交叉路口人行道边缘、行人会聚点的边缘可设置分隔柱。

（六）隔离栅和防落物网

城市快速路主路及设计速度大于或等于60km/h的匝道两侧应设置隔离栅，但下列情况可不设置隔离栅：

1. 路侧有水渠、池塘、河湖、山体等天然屏障时。

2. 路基边坡或挡土墙直立坡度大于2∶1的路段且道路与相邻地面高度差大于1.8m的。

行人通行的桥梁跨越轨道交通线、铁路干线、设计速度大于或等于60km/h的道路时，人行道外侧应设置防落物网，设置范围应为被跨越道路或轨道交通线、铁路干线的宽度并向两侧各延长10m。

（七）防眩设施

防眩设施是防止夜间行车受对向车辆前照灯眩目影响的设施（眩目：高亮度光源直接进入眼球，造成视觉机能临时性损伤，从而导致驾驶人视觉模糊、不清或短暂失明的状态）。防眩设施通常有板条式的防眩板、扇面状的防眩大板、防眩网、防眩棚等构造形式。有时中央分隔带上的植树和中央隔离栏也能起到防眩作用，但原则上不算防眩设施。图6-11、图6-12所示即为防眩设施的示意图。

图6-11 板条式的防眩板

图6-12 防眩网

城市快速路中央分隔带应设防眩设施，但分隔带宽度大于9m，或双向路面高差大于2m的可不设。

（八）声屏障

声屏障是在声源和接收者之间插入一种设施，使声波传播有一个显著的附加衰减，从而减弱接收者所在的一定区域内的噪声影响。根据《声环境质量标准》(GB 3096)进行声环境评价的结果不符合标准的路段，采取其他降噪措施仍达不到要求的，应设置声屏障。应根据道路与防护对象之间的相对位置、周围的地形地貌，选择最佳的声屏障设置位置。图6-13、图6-14所示即为声屏障的示意图。

图6-13 声屏障示例一

图6-14 声屏障示例二

三、公路交通安全设施

公路交通安全设施包括：护栏和栏杆、视线诱导设施、隔离栅、防落网、防眩设施、避险车道及其他交通安全设施。

（一）护栏和栏杆

护栏和栏杆包括：路基护栏、桥梁护栏和栏杆、中央分隔带开口护栏、缓冲设施。

1. 护栏和栏杆的一般规定。

（1）公路路侧或中央分隔带应通过保障合理的净区宽度来降低车辆驶出路外或驶入对向车行道事故的严重程度。净区宽度计算方法应符合《公路交通安全设施设计规范》(JTG D81—2017)附录A的规定。计算净区宽度得不到满足时，应按护栏设置原则进行安全处理。

（2）护栏设计应体现宽容设计、适度防护的理念。

（3）护栏标准段、护栏过渡段、中央分隔带开口护栏、防撞端及防撞垫的防护等级及性能，应满足现行《公路护栏安全性能评价标准》(JTG B05-01)的规定。需要采用其他防护等级或碰撞条件时应进行特殊设计，并经实车碰撞试验。

（4）护栏的任何部分不得侵入公路建筑限界。

（5）路侧护栏宜位于公路土路肩内。应根据路侧护栏和缓冲设施需要的宽度加宽路基或采取其他措施。

（6）中央分隔带护栏应与中央分隔带内的构造物、地下管线相协调。

(7) 路侧、中央分隔带内土基压实度不能满足护栏设置条件时（一般不宜小于90%），或路侧护栏立柱外侧土路肩保护层宽度小于规定宽度时，应采取加强措施。

2. 路基护栏。路侧计算净区（净区，是指公路车行道以外，无障碍物、车辆驶出车行道后可以停车或驶回公路的带状区域）宽度范围内有高速铁路、高速公路、高压输电线塔、危险品储藏仓库等设施时，事故严重程度等级为高，必须设置护栏。

设置路基护栏的防护等级应符合表6-9的规定。

表6-9 路基护栏防护等级的选取

公路等级	设计速度（km/h）	事故严重程度		
		低	中	高
高速公路	120	三（A、Am）级	四（SB、SBm）级	六（SS、SSm）级
	100、80			五（SA、SAm）级
一级公路	60	二（B、Bm）级	三（A、Am）级	四（SB、SBm）级
二级公路	80、60		三（A）级	
三级公路	40	一（C）级	二（B）级	三（A）级
四级公路	30、20		一（C）级	二（B）级

注：括号内为护栏防护等级的代码。

不同防护等级或不同结构形式的护栏之间连接时，应进行过渡段设计。护栏过渡段的防护等级应不低于所连接护栏中较低的防护等级。

高速公路、一级公路及作为干线的一级公路的隧道出入口等位置，护栏应进行过渡段设计；作为集散的二级公路及三级、四级公路的隧道出入口等位置护栏宜进行过渡段设计（护栏标准段是断面结构形式保持不变并在一定长度范围内连续设置的公路护栏结构段。护栏过渡段是设置于两种不同构形式或不同防护等级的公路护栏之间、连接平顺、结构刚度平稳过渡的公路护栏结构段）。

大型车辆占比例较大的路段，除位于冬季风雪较大的地区外，中央分隔带护栏宜使用混凝土护栏。冬季风雪较大的地区，宜选择少阻雪的护栏形式。

护栏形式选择还应考虑护栏材料的通用性、护栏的成本和养护方便性、沿线的环境等因素。护栏最小结构长度应符合表6-10的规定。

表 6-10 护栏最小结构长度

公路等级	护栏类型	最小长度（m）
高速公路 一级公路	波形梁护栏	70
	混凝土护栏	36
	缆索护栏	300
二级公路	波形梁护栏	48
	混凝土护栏	24
	缆索护栏	120
三级公路 四级公路	波形梁护栏	28
	混凝土护栏	12
	缆索护栏	120

其他具体要求详见《公路交通安全设施设计规范》（JTG D81—2017）相关的规定。

3. **桥梁护栏和栏杆**。一般情况下，桥梁路侧危险程度明显比路基段高，车辆越出桥梁外往往会造成车毁人亡的重大恶性交通事故。

对设置有人行道的公路，一般认为，可不必考虑车辆掉下桥梁的可能性。但是，为预防从桥上掉下的车辆造成二次事故并考虑到在公路桥梁上设置人行道（自行车道），车辆和行人处于同一平面上，对交通量大、车速高的桥梁段，车辆碰撞行人和自行车（非机动车）的事故严重度增大，为保护行人和自行车（非机动车），同时把机动车和自行车（非机动车）在平面上分隔开，提高车辆与行人（非机动车）的安全性，按实际需要在人行道与车行道（自行车道）分界处设置组合护栏是适当的。

桥梁护栏和栏杆的设置原则：

(1) 各等级公路桥梁必须设置路侧护栏。

(2) 高速公路、作为次要干线的一级公路桥梁必须设置中央分隔带护栏，作为主要集散的一级公路桥梁应设置中央分隔带护栏。

(3) 设计速度小于或等于 60km/h 的公路桥梁设置人行道（自行车道）时，可通过路缘石将人行道（自行车道）和车行道进行分离；设计速度大于 60km/h 的公路桥梁设置人行道（自行车道）时，应通过桥梁护栏将人行道（自行车道）与车行道进行隔离。

桥梁护栏与桥面板应进行可靠连接。当桥梁护栏与路基护栏的结构形式不同时，应进行过渡段设计。相邻路基未设置护栏时，桥梁护栏应进行端部处理。

高速公路、一级公路及作为干线的二级公路的桥梁与隧道衔接处，桥梁护栏应进行过渡段设计；作为集散的二级公路及三级、四级公路的桥梁与隧道衔接处，桥梁护栏宜进行过渡段设计。

其他具体要求详见《公路交通安全设施设计规范》（JTG D81-2017）相关的规定。

4. 中央分隔带开口护栏，是设置于中央分隔带开口处、具有开启功能的公路护栏结构段。

中央分隔带开口护栏是设置于城市快速路中央分隔带开口处、高速公路和禁止车辆掉头的一级公路的中央分隔带开口处的防撞护栏，中央分隔带开口护栏的防撞等级宜与其所在路段中央分隔带护栏的防撞等级一致。中央分隔带开口护栏应与中央分隔带护栏衔接，并在衔接处作安全性处理。图 6-15 所示即为中央分隔带开口护栏。

图 6-15 中央分隔带开口护栏

中央分隔带开口护栏设置原则：

（1）高速公路的对向交通是完全隔离的，为保持中央分隔带防护性能的完整性，高速公路的中央分隔带开口处必须设置中央分隔带开口护栏。

（2）设置中央分隔带的一级公路一般车速很快，不封闭的中央分隔带开口很容易导致恶性交通事故，因此规定除平时允许掉头的中央分隔带开口之外，其余开口宜设置中央分隔带开口护栏。

（3）中央分隔带开口护栏的长度必须能封闭中央分隔带开口才能起到分隔对向交通的目的，因此要求中央分隔带开口护栏的设置长度必须能有效封闭中央分隔带开口。

（4）中央分隔带开口护栏是公路交通管理设施的一部分，它必须与公路主体和其他交通工程设施互相协调才能完全发挥交通工程设施的功能。因此，为保证中央分隔带护栏的视线诱导功能的连续、顺畅，要求中央分隔带开口护栏的高度应该与中央分隔带护栏的高度保持协调。

（5）中央分隔带开口护栏上设置轮廓标或反光片是为了使夜间中央分隔带开口护栏具有很好的视认性，同时使中央分隔带一侧的轮廓标不至于中断而造成驾驶人的视觉错误。为与中央分隔带轮廓标相协调,建议设置的反射体在颜色和设置高度上与轮廓标保持一致。

(6) 当中央分隔带开口所处的路段有防眩要求的时候,宜在中央分隔带开口护栏上设置防眩设施。防眩设施的形式选择、设置间距、设置高度、遮光角等技术条件应符合《公路交通安全设施设计规范》(JTG D81—2017)防眩设施相关条文的规定。

中央分隔带开口护栏防护等级宜与相邻路段保持一致。线形良好路段经论证可低于相邻路段 1~2 个等级,但高速公路中央分隔带开口护栏不得低于三(Am)级。

5. 缓冲设施,是设置于公路互通式立体交叉、服务区、停车区出口处的分流鼻端、收费岛头,或者护栏端部等,可以减缓冲击、降低碰撞车辆和车内人员伤害的设施,主要形式有防撞端头、防撞垫等。

防撞端头是设置于护栏的迎车流方向起点,和护栏连接在一起,对碰撞车辆起阻挡、缓冲和导向作用的设施。防撞垫是设置于公路交通分流处的障碍物或其他位置的障碍物前端的一种缓冲设施,车辆碰撞时通过自体变形吸收碰撞能量,从而降低乘员的伤害程度。

缓冲设施的设置原则:

(1) 未进行安全处理的位于公路计算净区宽度内的路侧护栏,其上游端部应设置防撞垫或防撞端头。

(2) 高速公路的互通式立体交叉主线分流端、匝道分流端等应设置可导向防撞垫,隧道入口段洞口等位置未进行安全处理时宜设置可导向防撞垫。

(3) 孤立的上跨高速公路跨线桥中墩端部宜设置可导向防撞垫。

(4) 收费站导流岛端部可采用非导向防撞垫。

(5) 高速公路路侧计算净区宽度范围内有特殊形式的危险障碍物,不能采用其他方式进行有效安全防护时,应设置可导向防撞垫或非导向防撞垫。

(6) 防撞垫的平面布设应与公路线形一致,设置于主线分流端、匝道出口或收费站导流岛前端时,防撞垫的轴线宜与防撞垫两侧公路路线交角的中心线重叠,并与所在位置的其他公路交通设施相协调。

高速公路的主要功能是为用户提供安全、快捷的出行,防撞垫在提供安全防护的时候,不能影响其主要功能的发挥。可导向防撞垫放置在护栏端部时,要考虑防撞垫导向作用的发挥,并不造成新的安全隐患,要求防撞垫的导向结构与护栏连接顺畅。同时考虑施工、维护方便,应考虑安装的快捷性。

护栏防撞端头、防撞垫的防护等级如表 6-11 所示,防撞端头、防撞垫的防护等级应根据公路的设计速度选取。

表 6-11　护栏防撞端头和防撞垫防护等级

设计速度（km/h）	设计防护速度（km/h）	防护等级
120	100	三级（TS）
100	80	二级（TA）
80	60	一级（TB）

注1：括号内为护栏端头防护等级的代码。
注2：设计速度为60km/h的公路上游端头可根据实际情况确定是否设置防撞端头。

防撞端头、防撞垫的防护等级主要依据车辆正面碰撞的速度来确定，设计速度越高的高速公路，车辆撞击防撞垫的车速也就越高，因而所采用的防护等级也应该越高。考虑到国内防撞垫的研究、应用现状、运营经济成本等因素，《公路交通安全设施设计规范》（JTG D81-2017）采用了较为宽松的规定。但是，高速公路的防撞垫防护等级不能低于一（TB）级。

因运行速度、交通量等因素易造成更严重碰撞后果的路段，应结合实际防护需求提高防撞端头、防撞垫的防护等级。

（二）视线诱导设施

视线诱导设施，是指示公路线形轮廓及行车方向的设施，主要包括轮廓标、合流诱导标、线形诱导标、隧道轮廓带、示警桩、示警墩、道口标柱等。

1. 视线诱导设施的一般规定。
（1）视线诱导设施应能对驾驶人进行有效视线诱导。
（2）应加强公路视线诱导设施的设置。
（3）不同视线诱导设施之间应协调设置。
（4）视线诱导设施不得侵入公路建筑限界以内。
（5）视线诱导设施的结构形式和材料应尽可能降低对误驶撞上的车辆和人员的伤害。

2. 视线诱导设施的设置原则。
（1）轮廓标的设置应符合下列规定：

高速公路、一级公路的主线及其互通式立体交叉、服务区停车区等处的进出匝道和连接道及避险车道应全线连续设置轮廓标，中央分隔带开口段应连续设置轮廓标。二级及二级以下公路的视距不良路段、设计速度大于或等于60km/h的路段、车道数或车行道宽度有变化的路段及连续急弯陡坡路段宜设置轮廓标，其他路段视需要可设置轮廓标。

隧道侧壁应设置双向轮廓标。隧道内设有高出路面的检修道时，在检修道顶部靠近车行道方向的端部或检修道侧壁应增设轮廓标。

轮廓标应在公路前进方向左、右侧对称设置。高速公路、一级公路，按行车方向配置白色反射体的轮廓标应安装于公路右侧，配置黄色反射体的轮廓标应安装于中央分隔带。二级及二级以下公路，按行车方向配置的左右两侧的轮廓标均为白色。避险车道轮廓标颜色为红色。隧道路段、二级及二级以下公路，轮廓标宜设置为双面反光形式。

直线路段轮廓标设置间距不应超过 50m，曲线路段轮廓标设置间距不应大于表 6-12 的规定。公路路基宽度、车道数量有变化的路段及竖曲线路段，可适当加密轮廓标的间隔。

表 6-12　曲线路段轮廓标的设置间距

曲线半径（m）	≤89	90~179	180~274	275~374	375~999	1000~1999	≥2000
设置间距（m）	8	12	16	24	32	40	48

设置于隧道检修道上的轮廓标应保持同一高度，设置于其他位置的轮廓标反射器中心高度宜为 60~75cm。有特殊需要时，经论证可采用其他高度。在设置轮廓标的基础上，可辅助设置其他形式的轮廓显示设施，如在护栏立柱上粘贴反光膜等。安装轮廓标时，反射体应面向交通流，其表面法线应与公路中心线成 0°~25° 的角度。在线形条件复杂的路段应设置反光性能较高、反射体尺寸较大的轮廓标。

（2）合流诱导标的设置应满足《公路交通安全设施设计规范》（JTG D81-2017）第 4 章和现行《公路交通标志和标线设置规范》（JTG D82）的有关规定。

（3）线形诱导标的设置量满足《公路交通安全设施设计规范》（JTG D81-2017）第 4 章和现行《公路交通标志和标线设置规范》（JTG D82）的有关规定。

（4）隧道轮廓带的设置应符合下列规定：

特长隧道、长隧道可每隔 50m 设置一处隧道轮廓带。视距不良等特殊路段宜适当加密。无照明的二级及二级以下公路隧道可视需要设置隧道轮廓带。紧急停车带前适当位置宜设置隧道轮廓带。隧道轮廓带的颜色宜采用白色，宽度宜为 15~20cm。隧道轮廓带应避免产生眩光。

（5）三级、四级公路达不到护栏设置标准但存在一定危险因素的路段，宜设置示警桩、示警墩等设施，示警桩、示警墩的颜色宜为黄黑相间。

（6）未设置相应指路标志或警告标志的公路沿线较小平面交叉两侧应设置道口标柱，道口标柱的颜色应为红白相间。

（三）隔离栅

道路隔离栅也称道路护栏网，设置于公路沿线两侧，阻止人、动物进入公路或沿线其他禁入区域，防止非法侵占公路用地的设施。如图6-16、图6-17所示即为隔离栅的示意图。

图6-16 隔离栅示例一

图6-17 隔离栅示例二

1. 隔离栅设置的一般规定。

（1）隔离栅应能阻止行人、动物误入高速公路、需要控制出入的一级公路。它可有效地排除横向干扰，避免由此产生的交通延误或交通事故，保障公路的通行安全和效益的发挥。

（2）因为公路线形沿地形而变化，隔离栅的设置需要根据地形进行变化。

隔离栅的高度是结构设计的重要指标，该指标的取值高低直接影响着工程的材料费用和性能价格比。所以，隔离栅高度的确定需要结合实际的地域地形、沿线城镇人口的稠密程度，以及人们生产、生活流动路线等诸多因素而定。为了保证隔离栅的整体美观效果和设计施工的便利性，高度的变化只是根据特殊的地形和其他特殊因素而产生间断式的变化。一般情况下，隔离栅的高度尽可能统一，高度变化不能太频繁。

隔离栅的高度主要以成人高度为参考标准，一般在1.5~1.8m之间。在城镇及郊区人口密度较大的路段，隔离栅的设计高度建议取上限，并且根据实际需要可在此基础上进一步加高到使人无法攀越的程度。而在人迹稀少的山村或郊外，由于人流较少，攀登隔离栅穿越公路的可能性远远低于城镇地区，其设计高度经分析论证后可以适当降低。

（3）公路沿线地区的气候特点不同，重工业、都市或沿海地区对金属的腐蚀比较严重，隔离栅需要采用较高的防腐性能的涂层。

2. 隔离栅的设置原则。

（1）除符合下列条件之一的路段外，高速公路、需要控制出入的一级公路沿线两侧必须连续设置隔离栅，其他公路可根据需要设置：路侧有水面宽度超过6m且深度超过1.5m的水渠、池塘、湖泊等天然屏障的路段；高度大于1.5m的路肩挡土墙或砌石等陡坎的填方路段；桥梁、隧道等构造物，除桥头、洞口需与路基隔离栅连接以外的路段；挖方高度超过20m且坡度大于70°的路段。

(2) 隔离栅遇桥梁、通道、车行和人行涵洞时,应在桥头锥坡或端墙处进行围封。

(3) 隔离栅遇跨径小于 2m 的涵洞时可直接跨越,跨越处应进行围封。

(4) 隔离栅的中心线可沿公路用地范围界限以内 20~50cm 处设置。

(5) 在进出高速公路、需要控制出入的一级公路的适当位置可设置便于开启的隔离栅活动门。

(6) 高速公路、需要控制出入的一级公路在行人、动物无法误入分离式路基内侧中间区域时,可仅在分离式路基外侧设置隔离栅;在行人、动物可误入分离式路基内侧中间区域的条件下,应在分离式路基内侧需要的位置设置隔离栅。分离式路基段遇桥梁、通道、车行和人行涵洞时,应在桥头锥坡或端墙处进行围封。

(7) 隔离栅的网孔尺寸可根据公路沿线动物的体型进行选择,最小网孔不宜小于 50mm×50mm。

(8) 隔离栅的结构设计应考虑风荷载作用下自身的强度和刚度。

(四) 防落网

设置于公路桥梁两侧防止抛扔的物品、杂物或运输撒落物进入桥梁下铁路、通航河流或交通量较大的公路的设施,称为防落物网。设置于公路路堑边坡防止落石进入公路建筑限界内的柔性防护设施,称为防落石网。防落物网和防落石网统称为防落网。图 6-18、图 6-19 所示即为防落网的示意图。

图 6-18 防落网示例一

图 6-19 防落网示例二

1. 防落物网的设置原则应符合下列要求:

(1) 跨越铁路和饮用水水源保护区、高速公路、需要控制出入的一级公路的车行和人行构造物两侧均应设置防落物网。防落物网的高度可根据实际情况进行设置。需要设置的防落物网的构造物为分离式时,要在结构物内侧设置防落物网。

(2) 公路跨越通航河流交通量较大的其他公路时,应设置防落物网。

(3) 需要设置防落物网的桥梁采用分离式结构时,应在桥梁内侧设置防落物网。

（4）防落物网应进行防腐和防雷接地处理，防雷接地的电阻应小于10Ω。

（5）防落物网的设置范围为下穿铁路、公路等被保护区的宽度（当上跨构造物与公路斜交时，应取斜交宽度）并各向路外延长10~20m，其中上跨铁路的防落物网的设置范围还应符合相关规定。

2. 防落石网的设置原则应符合下列要求：

（1）根据路堑边坡的地质条件和土体、岩石的稳定性，在高速公路或一级公路建筑限界内有可能落石，经落石安全性评价对公路行车安全产生影响的路段，应对可能产生落石的危岩进行处理或设置防落石网，二级及二级以下公路有可能落石并影响交通安全的路段，可根据需要设置防落石网。

（2）防落石网应充分考虑地形条件、地质条件、危岩分布范围、落石运动途径及与公路工程的相互关系等因素后加以设置。防落石网宜设置在缓坡平台或紧邻公路的坡脚宽缓场地附近，通过数值计算确定落石的冲击动能、弹跳高度和运动速度，并选取满足防护强度和高度要求的防落石网。

（五）防眩设施

防眩设施是防止夜间行车受对向车辆前照灯眩目影响的设施。

1. 防眩设施设置的一般规定。

（1）防眩设施应按部分遮光原理设计，直线路段遮光角不小于8°，平、竖曲线路段遮光角为8°~15°，计算防眩设施的眩光距离采用120m。

（2）防眩设施的设置不得影响停车视距。

（3）防眩设施是一种提高行车安全性、舒适性的设置，设置要遵循经济合理的原则。

2. 防眩设施设置原则。

（1）高速公路、一公路中央分隔带宽度小于9m且符合下列条件之一者，宜设置防眩设施：

夜间交通量较大，且设计交通量中，大型货车和大型客车自然交通量之和所占比例大于或等于15%的路段。设置超高的圆曲线路段。凹形竖曲线半径等于或接近于现行《公路工程技术标准》（JTG B01）规定的最小半径值的路段。公路路基横断面为分离式断面，上下车行道高差小于或等于2m时。与相邻公路、铁路或交叉公路、铁路有严重眩光影响的路段。连拱隧道进出口附近。

（2）非控制出入的一级公路平面交叉、中央分隔带开口两侧各100m（设计速度80km/h）或60m（设计速度60km/h）范围内可逐渐降低防眩设施的高度，由正常高度逐步过渡到开口处的0高度，否则不应设置防眩设施。穿村镇路段不宜设置防眩设施。

（3）公路沿线有连续照明设施的路段，可不设置防眩设施。

（4）在干旱地区，中央分隔带宽度小于3m的路段不宜采用植树防眩。

（5）防眩设施连续设置时应符合下列规定：应避免在两段防眩设施中间留有短距离不设置防眩设施的间隙；各结构段应相互独立，每一结构段的长度不宜大于12m；结构形式、设置高度、设置位置发生变化时应设置渐变过渡段，过渡段长度以50m为宜。

（六）避险车道

避险车道是供制动失效车辆尽快驶离行车道、减速停车、自救的专用车道。

在连续长、陡下坡路段，为便于制动失效车辆撤离行车道，应结合交通安全评价，论证是否需要设置避险车道以及避险车道的设置位置。

避险车道的设置位置应与主线保持恰当的驶离角度，并应修建在失控车辆不能安全转弯的主线弯道之前以及修建在坡底人口稠密区之前。

1. 设置避险车道的一般规定。

（1）针对避险车道设置的交通标志、标线、轮廓标等设施有助于驾驶人对避险车道的有效识别并引导失控车辆驶入。

（2）高速公路避险车道宜设置照明、监控等管理设施，其他等级公路根据需要可设置照明、监控等管理设施。各等级公路的避险车道应在适当位置设置救援电话告示标志。

（3）避险车道应设置完备的排水系统。

2. 避险车道的设置原则。

（1）在连续下坡路段，应根据车辆组成、坡度、坡长、平曲线等公路线形和交通特征以及交通事故等因素，在货车因长时间连续制动而制动失效风险高的路段结合路侧环境确定是否设置避险车道以及具体设置位置。

（2）避险车道宜设置在连续下坡路段右侧视距良好、车辆不能安全转弯的主线平曲线之前或路侧人口稠密区之前的路段。避险车道宜沿较小半径的平曲线路段的切线方向，如设置在直线或大半径曲线路段时，避险车道与主线的夹角宜小于5°。

（3）避险车道入口之前宜采用不小于表6-13规定的识别视距。条件受限制时，识别视距应大于1.25倍的主线停车视距。

表6-13 避险车道入口的识别视距

制动床入口设计速度（km/h）	120	100	80	60
识别视距（m）	350~460	290~380	230~300	170~240

（4）避险车道的设置位置及形式宜结合地形、线形条件确定，设置位置

处宜避开桥梁，并应避开隧道。

从失控车辆驶入避险车道避免产生二次伤害的角度，避险车道宜避免设置在桥梁路段；由于隧道洞口的明暗视觉效应增加了驾驶人的心理、生理负荷，不利于驾驶人顺利驶入避险车道，因此，在隧道出口处不要设置避险车道。

（5）避险车道制动床的宽度宜为4~6m。高速公路宜设置救援车道，救援车道的宽度宜为5.5m，救援车道与制动床间应设置具有反光性能的隔离设施。

为便于失控车辆驶入避险车道，并考虑到经济性因素，避险车道制动床的宽度最好为4~6m；救援车道因起重机械固定的需要，其宽度最好为5.5m。

（6）避险车道制动床的长度应根据车辆驶入速度、避险车道纵坡及坡床材料综合确定。

在满足长度要求的避险车道末端设置消能设施是为失控车辆提供更高的安全保障。不宜将制动消能设施和阻拦索作为弥补避险车道长度不足的手段，避险车道设计要尽量满足其长度要求。确因地形所限制无法提供足够长度时，才可采取避险车道末端设置减速消能设施，或在中后段设置阻拦索弥补其长度不足，所采用的上述措施要通过论证后方可应用。

（7）避险车道制动床材料宜采用具有较高滚动阻力系数、陷落度较好、不易板结和被雨水冲刷的卵（砾）石材料，材料粒径以2~4cm为宜。

（8）避险车道制动床末端应增设防撞桶、废轮胎等缓冲装置或设施。

（9）在避险车道长度不能满足要求时，经论证可在制动床中段以后适当位置设置阻拦索或消能设施，阻拦索或消能设施的安全性应经过实车试验验证。阻拦索或消能设施宜进行防盗处理。

（七）其他交通安全设施

其他交通安全设施：如防风栅、防雪栅、积雪标杆、限高架、减速丘、凸面镜等的设置原则和规模参考《公路交通安全设施设计规范》（JTGD81-2017）的规定。

第三节　交通信号灯

交通信号灯是交通信号中的重要组成部分，是道路交通的基本语言。道路交通信号灯的设置与安装应符合《道路交通信号灯设置与安装规范》（GB 14886-2016）的要求。

交通信号灯又称为交通指挥灯，是向交通参与者发出特定的指令信号的专用灯具。它由红、黄、绿三色灯片、灯泡、反光镜和灯具壳组成。安装在平面交叉路口和路段，指挥和疏导车辆和行人安全通行。交通信号灯通过对同时到达的车辆和行人交通流分配以最有效的通行权，在时间上把相互冲突的交通流进行短暂分离，使其最有效地通过交叉路口或路段。

一、交通信号灯的种类

按信号灯功能分类，交通信号灯可分为：机动车信号灯、非机动车信号灯、左转非机动车信号灯、人行横道信号灯、车道信号灯、方向指示信号灯、闪光警告信号灯、道口信号灯、掉头信号灯。

（一）机动车信号灯

它是由红色、黄色、绿色三个几何位置分立的无图案圆形单元组成的一组信号灯，用于指挥机动车通行（见图6-20a）。

（二）非机动车信号灯

它是由红色、黄色、绿色三个几何位置分立的内有自行车图案的圆形单元组成的一组信号灯，用于指挥非机动车通行（见图6-20b）。

机动车信号灯和非机动车信号灯工作时其灯色按绿灯、黄灯、红灯的顺序循环变化，指挥车辆通行。

在未设置非机动车信号灯和人行横道信号灯的路口，非机动车和行人应当按照机动车信号灯的表示通行。

（三）左转非机动车信号灯

它是由红色、黄色、绿色三个几何位置分立的内有自行车和左箭头图案的圆形单元组成的一组道路交通信号灯，用于指挥左转非机动车通行（见图6-20c）。

（四）人行横道信号灯

它是由几何位置分立的内有红色行人站立图案的单元和内有绿色行人行走图案的单元组成的一组道路交通信号灯，用于指挥行人通行（见图6-20d）。

盲人过街声响提示装置安装在人行横道两端，在人行横道信号灯的绿灯时间内发出过街提示声音。盲人根据过街提示音横过道路。

（五）车道信号灯

它是由一个红色交叉形图案单元和一个绿色向下箭头图案单元组成的道路交通信号灯。红色交叉形表示本车道不准车辆通行；绿色向下箭头表示本车道准许车辆通行（见图6-20e）。

（六）方向指示信号灯

它是由红色、黄色、绿色三个几何位置分立的内有同向箭头图案的圆形单元组成的一组道路交通信号灯，用于指挥某一方向上的机动车通行。箭头方向向左、向上、向右，分别表示左转、直行、右转（见图6-20f和图6-21）。绿色箭头灯亮时，表示允许车辆沿箭头所指的方向行驶；红色或黄色箭头灯亮时，表示仅对箭头所指方向起红灯或黄灯的作用。

（七）闪光警告信号灯

它是由一个黄色无图案圆形单元构成的信号灯。工作状态闪烁，表示车辆、行人通行时应注意瞭望，在确保安全后通过（见图6-20g）。

（八）道口信号灯（道路与铁路平面交叉道口信号灯）

它是由两个或一个红色无图案圆形单元构成的道路交通信号灯。两个红灯交替闪烁或者一个红灯亮时，表示禁止车辆、行人通行；红灯熄灭时，表示允许车辆、行人通行（见图6-20h）。

（九）掉头信号灯

它是由红色、黄色、绿色三个几何位置分立的内有掉头箭头图案的圆形单元组成的一组道路交通信号灯，用于指挥机动车掉头（见图6-20i）。

a.机动车信号灯　　b.非机动车信号灯　　c.左转非机动车信号灯　　d.人行横道信号灯

e.车道信号灯　　　　　　f.方向指示信号灯　　　　g.闪光警告信号灯

h.道口信号灯　　　　　i.掉头信号灯

图6-20　信号灯

图6-21　方向指示信号灯实例

二、信号灯的设置条件

信号灯只有在需要时,即符合一定条件时才设置。《道路交通信号灯设置与安装规范》(GB 14886-2016)第五章明确规定了路口、路段、匝道设置信号灯的条件,主要考虑相交道路类型、交通流量和交通事故等因素。

(一)路口信号灯设置条件

设置信号灯的考虑因素:

1. 相交道路类型。可根据以下流程判断路口是否需要设置交通信号灯。

(1)规划道路。应根据相交道路的道路类型,判断路口是否应当设置信号灯。对于城市道路来说,主干路与主干路、次干路相交,次干路与次干路相交时,一般应设置信号灯进行交通信号控制;主干路、次干路与支路相交时,一般应设置交通标志、标线进行右进右出控制或让行控制等方式。但是,如果新建道路路口仅达到道路类型条件,而不满足交通流量条件时,设置的交通信号灯可以不开启。

(2)已建道路。应根据相交道路的道路类型,判断路口是否应当设置信号灯,判断方法同上。

当相交道路类型不满足设置条件,可根据机动车高峰小时流量、任意连续8h 的机动车小时流量、交通事故情况来判断是否应当设置信号灯,具体交通流量和交通事故值详见《道路交通信号灯设置与安装规范》(GB14886-2016)第5.1.2条、第5.1.3条。

不具备上连条件的路口,但在交通信号控制系统协调控制范围内,或因行人和非机动车通行易造成路口拥堵或交通事故时,也可以设置信号灯。

2. 交通流量条件。

(1)路口机动车高峰小时流量超过表6-14所列数值时,应设置信号灯。

表6-14 路口机动车高峰小时流量

主要道路单向车道数/条	次要道路单向车道数/条	主要道路双向高峰小时流量(pcu/h)	流量较大次要道路单向高峰小时流量(pcu/h)
1	1	750	300
		900	230
		1200	140
1	≥2	750	400
		900	340
		1200	220

续表

主要道路单向车道数/条	次要道路单向车道数/条	主要道路双向高峰小时流量（pcu/h）	流量较大次要道路单向高峰小时流量（pcu/h）
≥2	1	900	340
		1050	280
		1400	160
≥2	≥2	900	420
		1050	350
		1400	200

注1：主要道路指两条相交道路中流量较大的道路。

注2：次要道路指两条相交道路中流量较小的道路。

注3：车道数以路口50m以上的渠化段或路段数计算。

注4：在无专用非机动车道的进口，应将该进口进入路口非机动车流量折算成当量小汽车流量并统一考虑。

注5：在统计次要道路单向流量时应取每一个流量统计时间段内两个进口的较大值累计。

注6：pcu指当量小汽车。换算系数见《道路交通信号灯设置与安装规范》（GB 14886-2016）附录B。

《道路交通信号灯设置与安装规范》（GB 14886-2016）附录B（资料性附录）换算系数。

当量小汽车换算系数如表B.1所示。

表B.1　当量小汽车换算系数

车辆类型	换算系数
自行车	0.2
二轮摩托	0.4
三轮摩托或微型汽车	0.6
小客车或小于3t的货车	1.0
旅行车	1.2
大客车或小于9t的货车	2.0
9t~15t货车	3.0
铰接客或大平板拖挂货车	4.0

转弯车辆与直行车辆的换算系数如表 B.2 所示。

表 B.2　转弯车辆与直行车辆的换算系数

行驶类型	换算系数
直行	1.0
左转车（有干扰）	2.5
左转车（无干扰）	1.0
右转车（有干扰）	2.0
右转车（无干扰）	1.0

（2）任意连续 8h 的机动车小时流量。当路口任意连续 8h 的机动车平均小时流量超过表 6-15 所列数值时，应设置信号灯。

表 6-15　路口任意连续 8h 的机动车平均小时流量

主要道路单向车道数/条	次要道路单向车道数/条	主要道路双向任意连续 8h 平均小时流量（pcu/h）	流量较大次要道路单向任意连续 8h 平均小时流量（pcu/h）
1	1	750	75
		500	150
1	≥2	750	100
		500	200
≥2	1	900	75
		600	150
≥2	≥2	900	100
		600	200

3. 交通事故状况等条件。根据路口的交通事故情况，达到以下条件之一的路口应设置信号灯：

（1）三年内平均每年发生 5 次以上交通事故，从事故原因分析通过设置信号灯可避免发生事故的路口。

（2）三年内平均每年发生 1 次以上死亡交通事故的路口。

4. 路口综合条件。

（1）当上述交通流量、交通事故条件中，有两个或两个以上条件达到 80% 时，路口应设置信号灯。

（2）对于畸形路口或多路交叉的路口，应进行合理交通渠化后设置信号灯。

（3）在不具备交通流量、交通事故条件的路口，但在交通信号控制系统协调控制范围内的，可设置信号灯。

（4）在不具备交通流量、交通事故条件的路口，但因行人和非机动车通行易造成路口拥堵或交通事故时，可设置信号灯。

5. 路口非机动车信号灯设置条件。

（1）非机动车驾驶人在路口距停车线 25m 范围内不能清晰视认用于指挥机动车通行的信号灯的显示状态时，应设置非机动车信号灯。

（2）对于机动车单行线上的路口，在与机动车交通流相对的进口应设置非机动车信号灯。

（3）非机动车交通流与机动车交通流通行权冲突，可设置非机动车信号灯。

6. 路口人行横道信号灯设置条件。在采用信号控制的路口，已施划人行横道标线的，应设置人行横道信号灯。行人与车辆交通流通行权冲突，可设置人行横道信号灯。

7. 闪光警告信号灯设置条件。在需要提示驾驶人和行人注意瞭望、确认安全后通过的路口，宜设置闪光警告信号灯。

8. 道口信号灯设置条件。达到以下条件之一的道路与铁路的平面交叉口（以下简称道口），应设置道口信号灯：

（1）日间连续 12h 内，通过道口的车辆平均小时流量达到 500pcu/h 以上，且瞭望条件良好的道口。

（2）日间连续 12h 内，通过道口的车辆平均小时流量达到 200pcu/h 以上，且瞭望条件不良的道口。

（3）近 5 年内发生过较大事故或重复发生事故的道口。

（4）有通勤汽车或公交车通过的道口。

（二）路段设置信号灯的条件

1. 路段交通流量条件。在已施划人行横道的路段，符合下列条件之一时，应设置人行横道信号灯。

（1）路段机动车和行人高峰小时流量超过表 6-16 所规定数值时，应设置人行横道信号灯和相应的机动车信号灯。

表 6-16　路段机动车和行人高峰小时流量

路段双向车道数/条	路段机动车高峰小时流量（pcu/h）	行人高峰小时流量（人次/h）
<3	600	460
<3	750	390
<3	1050	300
≥3	750	500
≥3	900	440
≥3	1250	320

（2）路段任意连续 8h 的机动车和行人平均小时流量超过表 6-17 所规定数值时，应设置人行横道信号灯和相应的机动车信号灯。

表 6-17　路段任意连续 8h 的机动车和行人平均小时流量

路段双向车道数/条	任意连续 8h 的机动车平均小时流量（pcu/h）	任意连续 8h 的机动车平均小时流量（人次/h）
<3	520	45
<3	270	90
≥3	670	45
≥3	370	90

2. 路段交通事故条件。路段交通事故符合以下条件之一时，应设置人行横道信号灯和相应的机动车信号灯：

（1）3 年内平均每年发生 5 次以上交通事故，从事故原因分析通过设置信号灯可避免发生事故的路口。

（2）3 年内平均每年发生 1 次以上死亡交通事故的路口。

3. 车道信号灯设置条件。在潮汐车道、隧道、收费站以及需要对车道进行控制的路段，应设置车道信号灯。

（三）匝道设置信号灯的条件

根据城市快速路、高等级公路等道路交通状况，当车辆通过入口匝道汇入主路，对主路行驶车流产生严重冲突或造成下游路段拥堵的，可在匝道设置信号灯。

第四节 监控系统

道路交通监控系统是依托电子信息与互联网技术平台，对道路交通状况实施实时监督和控制，提高道路管理水平和服务水平，快速处置突发的交通事故，保障公路和城市道路交通安全，提高路网运行效率和服务质量的有效手段。目前在公路和城市道路的交通管理中得到了广泛的应用。

一、城市道路监控系统

（一）城市道路监控系统的功能组成

城市道路交通监控系统从设施分布角度可分为监控中心、外场设施两个部分，外场设施又包含监控设备和信息传输网络两个方面。城市道路交通监控系统以实时掌握路网交通流运行状态，缓解道路交通拥堵，增进道路交通安全，提高路网运行效率和服务质量为建设目标，宜具备信息采集、分析处理、信息发布和控制管理、信息共享和交换等功能。

（二）城市道路监控系统的基本要求

交通监控系统的建设应根据道路等级和城市规模，并结合城市经济发展阶段以及交通量和交通管理需求等因素综合考虑，按表6-18的要求确定。

表6-18 交通监控系统的建设要求

城市规模	道路等级			
	城市中、长、特长隧道	城市特大桥梁和城市快速路	主干路和次干路	支路
特大城市	应建设	应建设	应建设	应预留建设条件
大城市	应建设	应建设	宜建设	宜预留建设条件
中等城市	应建设	宜建设	宜预留建设条件	宜预留建设条件
小城市	应建设	/	宜预留建设条件	宜预留建设条件

交通监控系统应根据城市路网的现状、规划和交通管理需求进行统一规划，可根据城市交通状况和建设条件分步、分期实施。

交通监控系统配置按道路或路网的性质和监控系统特性划分不同等级，等级分类应符合表6-19的规定。

表 6-19　交通监控系统等级分类

交通监控系统等级	Ⅰ级	Ⅱ级	Ⅲ级	Ⅳ级
适用范围	城市中、长、特长隧道	城市特大桥梁和城市快速路	主干路和次干路	支路

（三）城市道路监控系统的管理模式

一座城市宜设一处道路交通监控中心，对全市道路网络的交通运行实施集中监控和管理。当城市道路网络规模较大且路网形态和交通状态具有明显的分区域散布特征，可根据管理需求设置区域交通监控中心。区域交通监控中心宜作为交通监控中心下属的交通监控分中心。城市特大桥梁和中、长、特长隧道宜设置独立的监控中心，对于地理位置分布较近又便于统一管理的，宜设置联合的监控中心。该监控中心宜作为交通监控中心下属的交通监控分中心。

（四）交通监控中心

1. 交通监控中心宜配置监控信息存储和处理计算机系统、闭路电视系统、信息发布和服务系统、应急指挥和处置系统以及信息通信网络系统。

2. 交通监控软件系统宜具备对各类交通相关信息的综合分析处理功能，以及对多种交通状态和交通异常事件的自动检测判断功能，能针对常发性和偶发性交通拥挤或阻塞自动生成交通控制对策方案和应急处置预案，以及相应的信息发布诱导方案。

（五）信息采集设施

信息采集设施主要由交通参数检测器、摄像机、气象检测仪等构成。各级监控系统对信息采集的规模、技术要求是不同的。

1. Ⅰ级交通监控系统的设备配置应全路段连续设置交通参数检测器、摄像机等设施，实行全路段全覆盖监控。在城市中、长、特长隧道等特殊路段应设置完善的紧急报警设施。

2. Ⅱ级交通监控系统的设备配置应全路段设置交通参数检测器、摄像机等设施，实行全路段监控。在交通量大的互通式立交、出入匝道宜全覆盖设置。

3. Ⅲ级交通监控系统的设备配置应在道路主要交叉口、互通式立交等重点区段，设置交通参数检测器、摄像机等监控设施。

4. Ⅳ级交通监控系统的设备配置可以根据需求在道路主要交叉口设置摄像机等监控设施。

在城市特大桥梁等特殊区段，以及恶劣的气象条件可能对交通安全构成威胁的路段宜根据各地的气候特征、管理需求和交通气象服务系统的总体建设要求，设置气象信息检测设备。

（六）信息发布和控制设施

信息发布和控制设施主要由可变信息标志、可变限速标志、交通信号控制设施等构成。各级交通监控系统的信息发布和控制设施的设置范围与技术要求是不同的。

1. Ⅰ级交通监控系统的设备配置，应在道路沿线及相关路段设置能够及时发布诱导信息以疏解常发性交通拥挤所必需的可变信息标志、可变限速标志等信息发布设施。在道路沿线、入口匝道等特殊路段，应布设满足交通控制管理需求的交通信号灯、车道信号灯、匝道开放/关闭可变信息标志等设施。有特别需要可增设交通违法事件检测记录设备。

2. Ⅱ级交通监控系统的设备配置，应在道路沿线及相关路段设置能够及时发布诱导信息并疏解常发性交通拥挤所必需的可变信息标志、可变限速标志等信息发布设施。在常发性拥挤路段周边的入口匝道和需要实行交通控制的入口匝道应布设满足交通控制管理需求的匝道开放/关闭可变信息标志等交通控制设施，同时辅以设置匝道周围道路的可变信息标志。有特别需要可增设交通违法事件检测记录设备。

3. Ⅲ级交通监控系统的设备配置应在连接快速路入口处前方的道路沿线设置可变信息标志。在道路其他路段可设置能够及时发布诱导信息以疏解常发性交通拥挤所必需的可变信息标志等信息发布设施。

4. Ⅳ级交通监控系统的设备配置可根据总体交通信息发布和控制规划要求布设信息发布和控制设施。

（七）信息传输网络

交通监控系统宜设置独立的信息传输网络。不具备条件时，可利用社会资源组建信息传输网络。信息传输网络宜采用光纤通信方式。

（八）系统互联和安全

系统互联包括监控中心与监控分中心、监控中心与上级管理机构信息系统，以及各中心与其他相关信息系统之间的互联。通过互联实现交通信息的交换和共享，并建立交通信息系统之间的运管协调和交通事件的协同处置等。系统互联应制定符合信息及应用安全需求的安全策略，并建立统一的安全管理平台。

二、公路监控系统

公路交通监控系统的系统组成与功能、作用、技术要求应与城市道路的基本相同。依据《公路工程技术标准》（JTG B01-2014）中的交通工程及沿线设施的规定，公路监控设施应符合下列规定：

（一）监控设施分为 A、B、C、D 四个等级

1. A 级：应全线设置视频监控、动态信息发布及交通诱导设施，结合收费

站、特大桥、隧道前、互通式立交、服务区等重点或有特殊需求路段，设置交通事件检测、交通量检测、环境信息检测、匝道控制设施。实现全线的全程监控、动态信息发布和交通诱导。

2. B级：应在收费站、特大桥、互通式立交、服务区等重点或有特殊需求路段，设置视频监控、交通事件检测、交通量检测、环境信息检测、匝道控制、动态信息发布和交通诱导设施。实现全线的重点监控、动态信息发布和交通诱导。

3. C级：宜在特大桥、服务区、客运汽车停靠站、公路平面交叉口等重点或有特殊需求路段，设置视频监控、交通事件检测、交通量检测、动态信息发布及交通诱导设施。

4. D级：可在特大桥、加油站、客运汽车停靠站、主要公路平面交叉口等重点或有特殊需求路段，设置交通量检测、现场交通信息提示及交通诱导设施。

（二）各等级监控设施的适用范围

各等级监控设施的适用范围可依据表6-20确定。

表6-20　各等级监控设施的适用范围

监控设施等级	适用范围
A	高速公路（全程监控）
B	高速公路（分段监控）
C	干线公路、二级公路
D	集散公路、支线公路

当桥梁、隧道设置结构监测、养护监测等设施时，应与路段的监控设施统一规划设计，协调管理。

第五节　交通服务设施

交通服务设施分为城市道路交通服务设施和公路交通服务设施。

一、城市道路交通服务设施

城市道路交通服务设施包括：人行导向设施、人行过街设施、非机动车停车设施、机动车停车设施和公交停靠站等。这些服务设施是保护行人安全、满足静态交通需求、鼓励公交出行、维护良好交通秩序不可或缺的重要组成部分。

（一）一般规定

1. 人行导向设施、人行过街设施、非机动车停车设施、机动车停车设施和公交停靠站等服务设施，应根据规划条件、道路布置情况统一设置。服务设施设置应与景观、环境相协调。

2. 服务设施应与其他交通设施协调布置，避免相互干扰，影响使用。

3. 服务设施的布置应符合国家现行标准《城市道路和建筑物无障碍设计规范》（JGJ 50）的要求。

（二）人行导向设施

人行导向设施和路名牌应统一规划、布置，方便使用。

人行导向设施有路线指示设施和地图导向设施，路名牌作为车行导向设施，也可为行人提供导向服务。人行导向设施应设置于设施带内，不得随意安装，并不应占用行人的有效行走空间。现有的道路没有明确设施带的，可把宽度大于3m的人行道路缘石外边线1.5m范围用于设置设施，新建道路应专门设置设施带，设施带可绿化、不铺装，专门用于安装公共设施。

1. 人行导向设施的设置应符合下列规定：

（1）人行导向设施宜设置在以下地点：

①步行街、商业区、比赛场馆、车站、交通枢纽等人流密集区域，以及在道路交叉口和公共交通换乘地点附近，宜设置人行导向设施。

②步行目的地众多的步行区域内，如商业街、CBD、广场和比赛场馆等区域；人流集散、换乘地点，如车站、枢纽等。交通枢纽、轨道交通车站和公共汽车站等换乘地点人流量大，行人在出口处需要明确的交通信息指引，应在换乘地点出口处设置完备的人行导向设施。此类导向设施应以地图为主，辅以路线导向设施。

③行人面临多条路线选择的地点，如道路交叉口。道路交叉口，尤其是大型立交附近，应在道路进口处设置导向设施，明示过街设施及周边区域。当路段连续距离超过300~500m，也应设置导向牌，帮助行人明确路线。

路段导向设施设置间距宜为300~500m，行人5~10min内可以找到导向设施。

（2）导向设施应内容明确、易懂，具有良好的可视性、避免遮挡，保持标识面的清晰、整洁。

（3）枢纽、广场和比赛场馆等重要设施人流密集，需要连续和安全的人行引导。这些设施场馆一般本身都设有人行引导系统，因此周边市政道路引导系统要结合其内部引导系统统一考虑，合理衔接。

（4）导向牌和地图可结合周边环境艺术化设置，要易于辨认，应清晰、易懂，便于识别。内容应明确，避免含混不清误导行人；图示和文字结合，便于包括老人和儿童在内的各种人群使用。

（5）人行导向设施布置应保证行人通行的连续性和安全性，为行人提供连续、安全、便利、通畅的导向服务；城市区域道路、建筑众多，车流量大，行人接触众多信息，不熟悉者难以选择安全便捷的路线，需要导向设施的引导，构成完整的人行导向标识系统；人行导向设施可有路线指示设施和地图导向设施等。导向设施要配合人行设施设置，引导行人便捷、安全地到达目的地。人行导向设施有人行路线指示设施和地图导向设施等，路线指示设施主要是步行者导向牌。

（6）路线导向设置适用于行人行进方向指示。1000m 属于行人能接受的步行范围，路线导向设施应反映 1000m 范围内的步行信息，即应反映 1000m 范围内的人行过街设施、公共设施、大型办公和居住区的行进方向。

地图导向设施应反映附近人行过街设施、公共设施、大型办公和居住区的位置，涵盖区域范围应便于行人使用，避免范围小导致的信息量小，或范围过大而造成的使用不便。地图宜覆盖 1000m 范围内信息，并根据周边建筑、设施密度适当调整，便于步行者安排行进路线。

2. 路名牌的设置应符合下列规定：

（1）城市道路交叉口位置应设置路名牌，两个交叉口间的距离大于 300m 的路段应在路段范围内设置路名牌。路名牌属于交通标志中的指路标志。路名牌应设置在道路交叉口，便于行人辨别道路和方向；较长路段也应设置路名牌，便于行人确定自身位置。

（2）路名牌应设置在道路交叉口或路段的明显位置，不得被遮挡。

（3）路名牌应平行于道路方向，尤其在多路交叉地点，行人可辨认路名牌及其所指道路。板面应含所指道路名称，写明方向，并应有门牌号码，还应标明道路两侧建筑上的门牌号码范围，如 37~78 号。

（三）人行过街设施

1. 人行过街设施的设置应符合下列规定：

（1）道路交叉口均应设置人行过街设施，道路路段应结合道路等级、路段长度及行人过街需求设置人行过街设施。即道路人行过街设施应统一规划，方便行人安全、便捷地穿越道路。人行过街设施应优先考虑在道路交叉口设置，再考虑路段上的人行过街设施。在道路交叉口，过街设施应结合道路交叉形式和交通组织统一设置，与机动车交通相协调。人行过街设施应与人行系统有机结合，配置导向设施，便于行人辨认寻找。

（2）过街设施间距应合理确定，以平衡行人过街和道路交通运行。既要减少行人到达过街设施平均步行距离，也要避免对道路交通的过多影响。快速路和主干路机动车流量大，车速快，应增大设置间距，300~500m 为宜；次干路机动车流量相对较小，可减小设置间距，150~300m为宜。设置间距和位置选择可根据道路沿线过街需求相应调整，在居住区、商业区等可适当加大设置密度。过街设施形式选择应注重平衡机动车通行和行人过街两方面的需求。

《上海市城市干道人行过街设施规划设计导则》（SZ-C-B03-2007）根据不同用地、道路等级决定过街设施最大间距，可供参考，如表6-21所示。

表6-21 中心城干道过街设施最大间距（m）

道路类型	用地类型	居住、社会服务设施用地		商业、办公		对外交通		绿地		工业仓储
		A类	B类	A类	B类	A类	B类	A类	B类	
快速路		300	500	350	500	400	500	500	600	700
主干路	Ⅰ级	250	350	250	350	350	400	400	500	600
	Ⅱ级	200	300	200	350	300	350	350	400	600
次干路		150	200	150	250	250	300	300	400	500

注：A类：中心区、市级副中心、地区中心；B类：中心城其他区域。

此导则在人行过街设施重要节点间距方面有如下规定，可供参考：

①过街设施距公交站及轨道站出入口不宜大于80m，最大不宜大于120m；

②学校、幼儿园、医院、养老院等门前应设置人行过街设施，过街设施距中小学校、医院正门不宜大于80m，最大不宜大于150m；

③过街设施距居住区、大型商业设施公共活动中心的出入口不宜大于100m，最大不宜大于200m；

④综合客运交通换乘枢纽除了符合上述基本原则外，应进行专项的人行过街设施规划设计。

（3）在交通枢纽、商业区、大型体育场馆等地点，人流密集，过街需求大的地点应设置相应过街设施，方便行人过街。过街设施应结合建筑场馆自身的人行组织，区域内人行系统连续设置，为行人提供安全、便捷、舒适的人行系统。

（4）城市快速路过街设施应采用立体过街方式。其他城市道路以平面过街方式为主，立体方式为辅，且应优先考虑人行地面过街。

立体过街利于保障行人安全和道路交通通畅，但增加了行人步行时间和工程造价。参照国家现行标准《城市道路交通规划设计规范》（GB 50220）和《城市人行天桥与人行地道技术规范》（CJJ 69）的规定。

（5）人行天桥和地道的布置必须与周边人行系统实现无缝连接，形成连续的人行通道，行人可以顺畅、连续、安全地横穿街道，避免因人行通道不连通造成安全隐患。其通行能力必须满足该地点行人过街需求。

（6）在人车密集的商业区、交通枢纽等过街需求大的地点。过街设施的设置可以结合建筑物统一设计，将人行天桥和地道与建筑物内人行空间合理衔接，形成空中或地下人行连廊，行人不必到建筑物外再寻找过街设施，可减少行人步行距离，有利于改善行人步行环境。

2. 平面过街设施的设置应符合下列规定：

（1）人行横道应设置在车辆驾驶人容易看清的位置，应清晰、无遮挡，驾驶人和行人易辨认。人行横道应尽量与车行道垂直，减少行人过街距离，增加安全性。

（2）信号灯管制路口，应施划人行横道标线，设置相应人行信号灯。交叉口和路段人行横道应根据路面宽度、交通情况、过街人流量和周边情况等选择配置人行信号灯。交叉口人行横道应结合交叉口机动车组织配置人行信号灯。设置有机动车信号灯的交叉口应施划人行横道线并配置相应的人行信号灯，信号周期应保证行人安全穿行道路。

无信号管制及让行管制交叉口应施划人行横道标线并设置注意行人的警告标志，并应在人行横道上游机动车道上施划人行横道预告标识线，保障行人通行安全。

英国规定在无信号控制人行横道处设置黄色闪光信号灯，提醒驾驶人降低车速，注意过道路的行人。

（3）道路交叉口采用对角过街时，必须设置人行全绿灯相位。

大型道路交叉口行人过街步行距离长，对角方向过街的行人需等两次人行绿灯，信号灯可设置人行全绿灯相位，禁止机动车通行，行人可直接进行对角过街。对角过街由于增加了人行全绿灯，对道路交通影响较大，不宜用在道路交通需求高的路口。

（4）人行横道的宽度与过街行人数及信号显示时间相关，顺延主干路的人行横道宽度不宜小于5m；顺延其他等级道路的人行横道宽度不宜小于3m，以1m为单位增减。

人行横道宽度要满足过街行人流量，提供舒适的通行空间。人行横道宽度与行人流量、信号灯配时、道路等级等有关，应根据实际情况进行调整。

（5）当路段或路口进出口机动车道大于或等于6条或人行横道长度大于30m时应设安全岛，安全岛的宽度不宜小于2m，困难情况不应小于1.5m。

人行安全岛可有效增加行人穿行道路的安全性。设置安全岛的人行横道，行人过街只需注意一侧交通即可，提高行人过街的效率和安全性。安全岛设置条件各方规定不同，现行国家标准《城市道路交通规划设计规范》（GB 50220）规定，超过4条机动车道设置安全岛，国家现行标准《城市道路设计规范》

(CJJ 37)认为机动车车道数大于或等于6条或人行横道长度大于30m时宜设安全岛,《城市道路交叉口规划规范》（报批稿）规定人行过街横道长度大于16m时（不包括非机动车道）应设安全岛。综合考虑我国城市道路交通情况,规定当路段或路口进出口机动车道大于或等于6条或人行横道长度大于30m时应设安全岛。

对于行人安全岛最小宽度有多种理解。国家现行标准《城市道路设计规范》（CJJ 37）规定最小宽度为1m,《上海市城市干道人行过街设施规划设计导则》规定为不宜小于2m,《城镇道路工程技术标准》（征求意见稿）规定最小宽度为1.5m。美国佛蒙特州《行人自行车设施规划设计导则》认为2.4~3m宽为宜,不得小于1.8m。安全岛宽度除满足人流量需求外,还应满足无障碍通行需求,能容纳轮椅通过。综合考虑,行人安全岛宽度不宜小于2m,困难情况不应小于1.5m,其面积应与过街人流量相符。

（6）人行安全岛在有中央分隔带时宜采用栏杆诱导式,无分隔带时宜采用斜开式。安全岛形式要与道路设计相结合,避免影响机动车行驶安全性。有中央分隔带时采用栏杆诱导式,安全岛作为分隔带的一部分,不会影响机动车行驶（见图6-22）；无中央分隔带时,机动车道线形需调整以容纳安全岛,安全岛宜采用斜开式设计减少对机动车行驶的影响（见图6-23）。

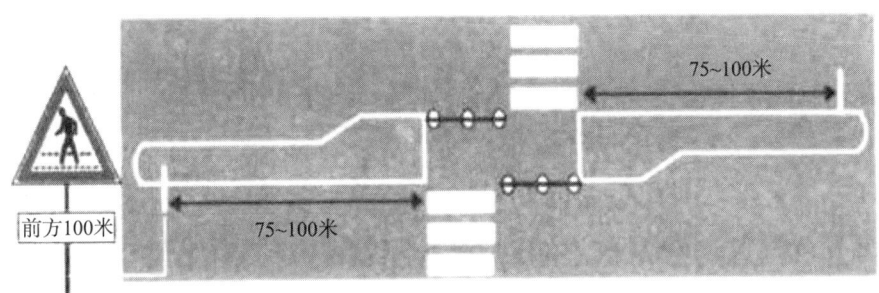

图6-22　路段栏杆诱导式安全岛参考样式

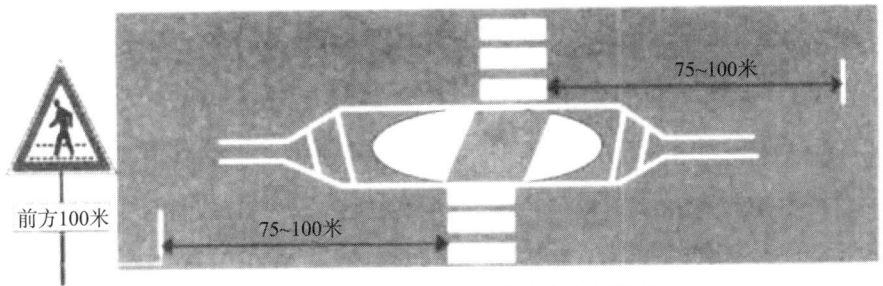

图6-23　路段平面斜开式安全岛参考样式

（7）居民区道路设计宜采用交通宁静措施保障行人安全；可通过设置减速角、减速垄、弯曲路段和环岛等降低车速。

交通宁静是国外居住区道路设计常见的安全措施，包括减少机动车道宽度、曲线设计、设置减速装置和增加人行过街设施等，可降低机动车行驶速度，增加行人过街安全，同时可美化居住区环境和降低交通噪声，创造舒适、安全的人行环境。

（8）与公交站相邻的人行横道，应设置在公交站进车端，并设在公交车停靠范围之外。人行横道位于公交站前端时，公交车将遮挡过街行人和道路上机动车的视线，易发生车祸，因此人行横道应设置于车站后端，并且避开公交车停车区域。

3. 道路路段人行横道信号灯根据下列条件设置：

（1）路段人行横道应根据路段宽度、交通情况、过街人流量和周边情况配置人行信号灯。双向机动车车道数达到或多于 3 条，或双向机动车高峰小时流量超过 750pcu 及 12h 流量超过 8000pcu 的路段上，当通过人行横道的行人高峰小时流量超过 500 人次时，应设置人行横道信号灯；

（2）不具备上述条件但路段设计车速超过 50km/h 时，应设置按钮式行人信号灯。高速车辆对过街行人威胁较大，应在高速路段采取措施保障行人过街。

英国和荷兰相关规范导则规定，当道路上车速大于 50km/h 时，人行过街设施处必须安装信号灯。借鉴国外经验，当过街行人少于高峰小时 500p/h，但路段车速大于 50km/h 时，也应设置信号灯。为减少对道路交通的影响，宜设置按钮式信号灯并增加机动车配时。

（3）学校、幼儿园、医院、养老院等特殊人群聚集地点行人过街有别于普通人，应加强安全措施，设置人行信号灯。在有特殊要求地点，如事故多发地点和常用警卫工作路线等，且无人行过街设施的，应设置人行横道线，并设置人行信号灯。

（四）非机动车停车设施

1. 非机动车停车设施要与人行系统连接，并设置指示标识。

城市交通应设置非机动车停车设施，避免非机动车乱停乱放。非机动车停车设施包括非机动车停车场和路侧停车设施，应根据停车需求、用地条件等选择。停车设施要与人行系统连接，保障停车安全性。

2. 大型公共交通枢纽和重要公共交通车站，应根据非机动车停车换乘需求，结合自身设计设置非机动车停车场。大型建筑应根据需求设置适当容量的非机动车停车场。

非机动车停车场主要设置在停车需求较大的场合，如有停车换乘需求的公共交通枢纽、公交场站和地铁车站等，人流密集的广场、体育场馆和商业区等。有停车换乘功能的非机动车停车场要结合建筑设计，减少行人换乘距离，方便换乘。

3. 非机动车停车场的规模应根据所服务的公共建筑性质、平均高峰日吸引车次总量，平均停放时间、每日场地有效周转次数以及停车不均衡系数等确定。停车场规模由需求决定。

4. 非机动车停车需求较小的公交停靠站，可布设路侧停车设施，设置非机动车车架和围栏。若非机动车停车需求大于30辆自行车，应设置专门停车场。

5. 非机动车存车架和围栏的设置应与道路、交通组织和市容管理要求相适应，与交通护栏结合设置，方便使用、经济美观。

6. 非机动车存车架和围栏应设置在道路的设施带内，且不应压缩人行道的有效人行通行宽度。存车架的设置应保证非机动车车身放置不超过路缘石外沿。围栏高度不应超过1.3m。

（五）机动车停车设施

1. 机动车停车场的设置应符合下列规定：

（1）机动车公共停车场的位置和规模要符合城市规划的要求，结合交通组织、区域停车需求、用地条件和道路交通条件等设置。机动车停车场的规划设置要考虑多方面因素，符合城市规划要求。停车场规模要满足一定量的停车需求，也要符合通过停车管理改善道路交通的政策需要。

（2）商业区、大型体育场馆、大型建筑等停车需求较大的地点，若建筑设施本身不能提供必要的停车场地，可根据其交通组织需求，在用地允许的条件下，考虑提供一定规模的公共停车场地。

（3）停车场入口与城市道路连接通道的长度，应满足高峰时段进场车辆排队长度的要求。停车场高峰时段常会发生车辆排队至道路的现象，应合理设计入口通道，通道长度能容纳排队车辆数。

（4）进出车辆多的停车场宜设置多个收费口，收费口服务能力应满足车辆进出需求。当停车场入口进入车辆多，收费口服务能力无法满足需求时，常会发生车辆排队至道路的现象，应合理增加收费口，提高服务能力，避免车辆排长队。

（5）应合理设置停车场内车流线和人行流线，避免交叉，人流量大的停车场人行出入口应分散布置。停车场内车流线和人行流线应尽量避免交叉，保障行人安全。人流量大的停车场人行出入口应分散布置，避免人流集中，造成拥挤和行人安全隐患。

（6）停车场的内部交通组织应与场地周边交通条件相符合，出入口及停车场内应设置交通标志、标线以指明场内通道和停车车位，引导车辆。

（7）停车场内部步行系统应与周边人行通道连接，人行流线宜用标线标示，与机动车流线交叉时，应设交通标志、标线。停车场内行人流线若与车行流线交叉，为保障行人安全，应合理布置、标示行人流线，保障行人安全。

（8）停车场出入口应有良好的通视条件，并设置交通标志。便于司机辨认，避免和道路交通发生冲突，影响安全。

2. 路侧停车位的设置应符合下列规定：

（1）路侧停车位作为停车场的补充，应合理设置。城市往往用地紧张，但停车需求大，路侧停车位可作为停车场的补充设置。路侧停车位由于压缩道路宽度，对道路交通有影响，且提供的停车位较少，不应作为城市主要的停车设施。在新建城区应规划充足的停车场，老城区用地紧张，路侧停车位可作为停车场的补充，适当布设，并合理规划。

（2）路侧停车位的设置应避免影响非机动车的正常通行，宜布设在有条件的机动车道外侧，不应侵占非机动车通行空间。

（3）道路交叉口、建筑物出入口及公交站台附近不得设置路侧停车设施。

（4）路侧停车位应结合停放车辆类型以及规定允许停车的时段进行设置，能满足不同类型车辆停车需求，并应用标志明示。

（5）路侧停车位的设置应避免对机动车道内车辆行驶的影响。路侧停车位的设置应避免车辆驶入、停放和驶出过程中对机动车道内车辆行驶的影响。

3. 出租车停靠站的设置应符合下列规定：

（1）交通繁忙、行人流量大、禁止随意停车的地段，应设置出租车停靠站，并根据需求合理确定停靠站规模和形式。

出租车停靠站作为行人与机动车的转换设施，可规范乘车秩序，提高安全性。停靠站主要设置在出租车需求量大、交通繁忙及禁止随意停车路段，以规范停车秩序，提高乘车效率。

各地点出租车需求不一，应合理预测确定区域出租车需求，根据需求选择出租车站形式和合理规模。避免因设施不足造成停车混乱和使用不便，或因规模过大造成土地资源浪费。在交通枢纽、体育场馆、影剧院等人流密集区域，应结合其人行组织单独设置出租车乘降设施，路侧出租车停靠站作为其补充可考虑适当设置。

（2）停靠站应结合人行系统和车行系统设置，方便乘客。行人可通过步行系统安全、便捷地乘车；出租车应可以顺畅进出停靠站，并减少其他机动车和非机动车交通的影响。

（3）出租车停靠站要配有标识系统。出租车停靠站应设置引导标志和标识，引导行人和机动车，方便使用，同时提醒周边其他机动车，减少安全隐患。

（4）停靠站布置根据道路交通条件可采取直接式或港湾式。

（5）需求量大的停靠站，宜预留乘客排队空间，并根据需要设置排队设施。在人流密集、出租车需求量大的地点，经常会出现排队现象，停靠站的设置应考虑周边乘客排队空间是否满足需求。可根据需要设置排队设施，如栏杆等，保证有序乘车。

（六）公交停靠站

1. 公交停靠站的设置应符合下列规定：

（1）公交停靠站应结合城市规划、公交线路组织、沿线公交需求及道路条件等规划设置。

（2）设置于道路立交的公交停靠站，停靠站间换乘宜为立体换乘。公交停靠站位于交通枢纽和地铁站附近，应统一设置，方便换乘。

（3）道路交叉口附近公交停靠站设置，应方便换乘，并减少对其他交通的影响。

（4）快速公交专用车站应满足快速公交运营要求。

2. 公交停靠站台的设置应符合下列规定：

（1）站台长度不宜小于2个停车位。当多条公交线路停靠时，车站通行能力应与各条线路最大发车频率的总和相适应。当停车位大于6辆车长或停靠线路多于6条，可分组、分区段设置。

（2）城市主干路应采用港湾式公交停靠站，车流量大的次干路宜采用港湾式公交停靠站；快速路上设置的公交停靠站应满足现行行业标准《城市快速路设计规程》（CJJ 129）的规定。

港湾式公交停靠站可有效减少公交车停靠对道路交通的影响。主干路对道路交通要求高，应采用港湾式公交停靠站；车流量大的次干路宜采用港湾式公交停靠站，减少公交车辆对道路交通的影响；其他次干路和交通量大的支路，有条件的，也可采用港湾式公交停靠站。公交车辆进出港湾式公交车站应避免影响主路交通，在快速路上设置港湾式公交站时公交车进出站和直行车道产生交织，现行行业标准《城市快速路设计规程》（CJJ 129-2009）中第3.0.10条规定主路设置的公交站应布置在与主路分离的停靠区，且出入口间距满足要求。

（3）常规公交车停靠站站台铺装宽度根据候车人流量确定，一般不应小于2m，条件受限时，不得小于1.5m；快速公交专用站台，双侧停靠的站台宽度不应小于5m，单侧停靠的站台宽度不应小于3m。

（4）设置在主路的公交站台应在辅路设置人行过街设施，并根据需要设置主路的人行过街设施。

(5) 机动车与非机动车混行路段，公交站台处宜在站台外侧设置非机动车道。机动车与非机动车混行路段，若公交站台设置于人行道，公交车停车位将占用非机动车道，公交流线和非机动车流线交叉，存在安全隐患。宜将非机动车道设置在站台外侧，道路线形做相应调整，人行道依次外移。在公交站台两侧，宜安装机动车与非机动车护栏等隔离设施，引导非机动车在站台外侧的非机动车道通行，避免非机动车进入机动车道。

(6) 两条以上公交线路停靠的车站，站台宜设置排队用的人行护栏。

3. 公交停靠站候车亭的设置应符合下列规定：

(1) 候车亭的设计应安全、实用、经济、美观，便于乘客遮阳、避雨雪，与周围景观相协调。

亭内宜设置座椅、靠架，方便乘客使用；候车亭应为乘客提供安全、舒适的候车环境。其设计在保障功能的前提下应与周边景观协调，美观大方。座椅等设施应方便实用，设计可多样化，美化环境。

(2) 候车亭进车端应有良好视线，候车亭尺寸应根据需求设计并与站台相协调。候车亭来车方向应有良好视线，乘客能看到驶来的公交车，可提前准备乘车并减少安全隐患。国外候车亭部分采用多面封闭设计，能最大限度遮挡雨雪，同时在来车方向使用玻璃墙体，保障了乘客和司机的良好视线。但这种多面封闭的候车亭不适宜在乘客密集的站台使用。

候车亭长度要根据车站高峰时段人流设计，以能容纳站台所有乘客为宜。如站台较长或分组设置，候车亭可分段设置。如站台空间不足，候车亭的设置应考虑为乘客留出足够空间，保障乘客安全顺畅穿行于站台。

(3) 站牌设置要便于公交司乘人员及乘客的观察和寻找，根据是否设置候车亭进行布置。

(4) 站台分组、分区段设置时，站牌应设在相应区段内。

二、公路交通服务设施

公路交通服务设施是公路交通运输体系的基本组成部分，是体现公路交通文化的窗口。服务设施应依据路网规划、公路服务水平和交通量的增长情况，全省或区域内总体规划，区分功能和规模大小，有重点、分层次地分期建设。

公路交通服务设施包括服务区、停车区和客运汽车停靠站。可结合服务区、停车区的地理位置和人文环境在服务区、停车区内设置观景台。

(一) 公路交通设施的位置

服务区、停车区的位置应根据区域路网、建设条件、景观和环境要求等规划和布设。客运汽车停靠站的位置宜根据区域公路交通规划、公路沿线城镇分布、出行需求布设，还要结合公路项目所在地区的公路运输规划和公共交通客运路线及停站点规划。调研公路运输管理部门的实际需求，避免不适应的情况。

（二）服务区设置应符合下列规定

1. 高速公路应设置服务区，作为干线的一、二级公路宜设置服务区。服务区平均间距宜为50km；当沿线城镇分布稀疏，水、电、气供应困难时，可适当加大服务区间距。

因戈壁、荒漠地区人烟稀少，水、电、气资源缺乏，山区高速公路由于地形复杂，服务设施选址困难，满足50km的设置间距非常困难。交通运输部（交公路发【2012】400号）《关于西部沙漠戈壁与草原地区高速公路建设执行技术标准的若干意见》中，也明确规定了"对于交通量较小，供水、供电困难路段，其服务区间距可适当加大。"

《日本高速公路设计要领》（1991年版）规定，服务设施之间的标准间距为15km，最大间距为25km；服务区之间标准间距为50km，最大间距为100km。美国的服务设施间距一般为65~80km。德国的高速公路服务站平均52km一处，加油站平均30km一处。

2. 高速公路服务区应设置停车场、加油站、车辆修理站、公共厕所、室内外休息区、餐饮、商品零售点等设施。根据公路环境和需求可设置人员住宿、车辆加水等设施。

3. 作为干线的一、二级公路宜设置停车场、加油站、公共厕所、室外休息点等设施，有条件的可设置餐饮、商品零售点、车辆加水等设施。

（三）停车区设置

1. 高速公路应设置停车区，作为干线的一、二级公路宜设置停车区。停车区可在服务区之间布设一处或多处，停车区与服务区或停车区之间的间距宜为15~25km。

2. 停车区应设置停车场、公共厕所、室外休息室等设施。

（四）客运汽车停靠站设置

客运汽车停靠站应设置车辆停靠和乘客候车设施，可与服务区结合设置。

（五）作为集散的一、二级公路和三、四级公路可根据需要设置加油站、公共厕所及客运汽车停靠站等设施

城市道路与公路具体的服务设施的详细设置要求与技术标准可以参阅相应的技术规范。

思考题

1. 简述公路与城市道路交通设施的等级。
2. 简述防护设施的种类与作用。
3. 简述防撞护栏的类型。
4. 简述隔离设施的作用。
5. 简述紧急避险车道的类型与作用。

第七章　道路交通标志和标线

道路交通标志和标线是引导道路使用者有秩序地使用道路，以促进道路交通安全、提高道路运行效率的基础设施，用于告知道路使用者道路通行权利，明示道路交通禁止、限制、遵行状况，告示道路状况和交通状况等信息。研究和实践证明，科学合理地使用和设置道路交通标志和标线，不仅能够维护交通秩序、预防和减少交通事故的发生，而且对交通流量起着调节、控制和疏导的作用，能够提高通行效率，真正实现道路交通有序、安全和畅通的目的。

21世纪，随着社会经济的快速发展，交通环境也发生了巨大的变化，道路网骨架的初步成形，公民法律意识的增强，对道路交通标志和标线的使用和设置也提出了新的要求，如何规范、合理设计和设置道路交通标志和标线，成了道路建设和管理部门的一项重要工作。本章内容主要依据现行国标《道路交通标志和标线》（GB5768）（共八个部分）、《公路交通安全设施设计规范》（JTG D81-2017）、《公路交通安全设施设计细则》（JTG/T D81-2017）、《城市道路交通标志和标线设置规范》（GB51038-2015）、《公路交通标志和标线设置规范》（JTG D82-2009），就道路交通标志和标线的设计原则、内容、设置要求、分类和含义进行了简述，详细的内容可参阅各种标准和规范。

第一节　道路交通标志

一、道路交通标志的概念及其作用

（一）道路交通标志的概念

道路交通标志（简称交通标志）是以颜色、形状、字符、图形等向道路使用者传递信息，用于管理交通的设施。它在现代道路交通管理中起着非常重要的作用。实践证明，科学合理地设置和使用道路交通标志，可以使道路交通更加有序、安全和畅通。

（二）道路交通标志的作用

1. 对交通流的组织管理。通过交通标志的引导，使交通流在路网中的分布更加合理，引导驾驶人优先选择安全性高的路线，控制交通流量的大小，避免车辆的拥堵和冲突。

2. 对道路使用者的警示和指引。通过交通标志的警示，可以预防危险的发生；通过交通标志的指引，道路使用者能够合理地选择自己的路线，快速到达目的地。

3. 交通管理执法的依据。交通标志是按照国家标准在道路上设置的一种交通安全设施，所以在道路上通行的所有交通参与者都必须严格遵守，也是交通管理人员纠正和处罚交通违法行为、判定交通事故责任的依据。

二、道路交通标志设计的基本原则

交通标志的设计是根据道路路网、路线的具体情况、行政区划的分布，以及驾驶人的实际需要合理确定交通标志的内容、位置及支撑结构的过程。交通标志的投资虽然只占道路工程很小的一部分，但是它却是道路能否高效、安全运营的关键。因此交通标志的使用必须综合各种影响因素在充分论证的基础上通过系统、科学的设计实现。

（一）道路交通标志设计的基本原则

1. 必须符合标准规范。在同一国家内，驾驶人可能驾车行驶几千公里，在这个过程中要求沿途的交通标志必须能够为驾驶人正确识别。唯一的办法就是采用同一个设计标准。在我国就是要符合国家标准（GB5768）《道路交通标志和标线》的规定。交通标志的设计不能提倡地方特色（旅游标志除外），标志的颜色、图案、尺寸等特征，必须符合国家标准的规定，这是交通标志设计的第一原则。

2. 必须符合人的生理和心理特点。交通标志是服务于人的，因此交通标志的设计必须符合人的生理特点和心理特征，在设计过程中也必须充分考虑人的因素。

交通标志设置的位置和高度要充分考虑驾驶人的视界，要求不同车型的驾驶人都能够及时发现，快速识别。

标志传递的信息量不能太多，驾驶人在驾驶过程中处于比较紧张的状态，要处理的交通信息很多，不可能把所有的注意力都集中在交通标志上面，如果信息过多，就容易分散驾驶人的注意力，影响交通安全。因此要求标志提供的信息明确、简洁。

在同一条道路上，如果设置的标志信息太多，也会导致驾驶人的认知心理疲劳。因此标志设计的时候必须考虑使用者的心理特征。

3. 必须满足道路使用者出行的信息需求。归根结底，交通标志是为道路使用者服务的，因此交通标志的设计以道路使用者的需求为根本出发点，以满足这种需求为最终目的。

4. 必须考虑交通安全的需求。交通标志应该能够通过适当的诱导和警示对交通安全起到积极的促进作用。随着社会的进步和发展，安全已经成为普通民众的一个基本需求，交通安全是其中的一个重要方面。考虑道路的交通安全是交通标志设计中必须遵循的重要原则。

交通标志经过不断地发展，已经从最初的简单的路径提示装置发展为集指路、指示、控制、警告、诱导等为一体的交通系统，发挥着重要的安全、引导功能。相应的，交通标志的设计也从最初的单点标志设计演化为路网系统标志设计，其复杂程度以及专业要求越来越高。严格遵守交通标志设计的基本原则，是交通标志发挥功能的重要基础。

（二）道路交通标志设计的内容

交通标志在交通系统中发挥的作用目前还无法代替，因此科学、合理地设计交通标志具有非常重要的意义。在成功的交通标志设计过程中，需要包含以下三个方面的内容：

1. 布设。"布设"是交通标志的布置设计，解决的是在何处布置交通标志和布置什么内容的标志，是设计过程的第一个环节，也是最重要的环节。优秀的交通标志布设，可以充分发挥交通标志的诱导、指路、控制和警示作用，满足不同道路使用者的需求，将交通标志系统的功能最大化。

2. 板面设计。交通标志板面设计是对交通标志的具体外观特征进行设计，包括尺寸、颜色、图案的形式、文字的大小、位置及相互关系等。可以说交通标志板面设计是解决如何保证交通标志被正确识别和理解的问题。因此标志必须醒目、易于辨认，表达的含义要明确。

3. 结构设计。所有的交通标志都需要牢固、稳定的支撑结构，这样才能在各种条件下都保证交通标志能发挥正常的作用。如果标志的结构不稳固导致标志倾覆，就会对道路上的车辆和行人带来危险。因此，为交通标志设计一个可靠的支撑结构是交通标志设计的一项非常重要的内容。

（三）道路交通标志板面设计的要素

心理学研究认为，交通参与者受到交通标志的刺激并作出反应时，首先注意到的是颜色和形状，其次是板面上的图形、符号和文字，通过颜色和形状的判断，可以知道是何种标志，通过图形、符号和文字的识别，可以了解标志所传递的具体信息。所以标志的颜色、形状、图形、符号和文字是交通标志设计的关键和核心。

1. 颜色。交通标志属安全色标，其颜色主要由安全色和对比色组合而成。安全色是表达安全信息含义的颜色，为红、蓝、黄、绿等颜色，表示禁止、警告、指示等含义。而对比色是使安全色更加醒目的反衬色，一般为黑、白两种。这几种颜色的基本组合,既考虑了标志的视认清晰度,又考虑了颜色所能表达的抽象含义和产生的直观联想作用,即生理、心理作用。例如,红色使人联想到火与血的危险信息;黄色在心理上产生警戒的感觉;蓝色和白色配合使用使人产生舒适、恬静、和平、安全的感觉,故在标志的使用上,红色可用于禁令标志,黄色可用于警告标志,蓝、绿色用于指示标志。

按照GB5768.2-2009的规定,交通标志颜色的基本含义和作用如下:

(1) 红色:表示禁止、停止、危险,用于禁令标志的边框、底色、斜杠,也用于叉形符号和斜杠符号、警告性线形诱导标的底色等;

(2) 黄色或荧光黄色:表示警告,用于警告标志的底色;

(3) 蓝色:表示指令、遵循,用于指示标志的底色,表示地名、路线、方向等的行车信息,用于一般道路指路标志的底色;

(4) 绿色:表示地名、路线、方向等的行车信息,用于高速公路或城市快速路指路标志的底色;

(5) 棕色:表示旅游区及景点项目的指示,用于旅游区标志的底色;

(6) 黑色:用于标志的文字、图形符号和部分标志的边框;

(7) 白色:用于标志的底色、文字和图形符号以及部分标志的边框;

(8) 橙色或荧光橙色:用于道路作业区的警告、指路标志;

(9) 荧光黄绿色:表示警告,用于注意行人、注意儿童警告标志。

2. 形状。形状和颜色一起构成标志给道路使用者的第一感知,因此形状也是交通标志的一个重要因素,不同形状代表不同的信息,通过对交通标志形状的视认性研究,一般认为在同等面积条件下,各种形状的视认性顺序为三角形→菱形→矩形→圆形→六角形→八角形等,以三角形的视认性最好。

据有关国际规定,安全标志的形状一般采用四种,如图7-1所示。

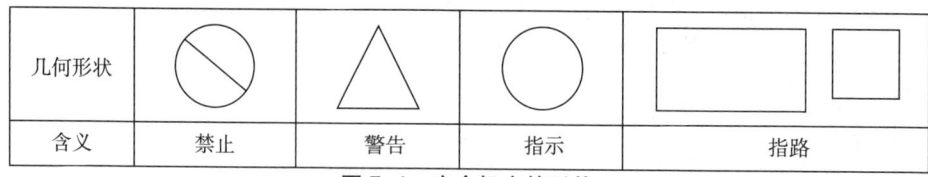

图 7-1 安全标志的形状

我国交通标志形状主要有三角形、圆形、矩形等几种。三角形虽有不能更多地容纳图像信息的缺点,但它最为醒目、最易辨认,故以它作为警告标志的形状。圆形具有辨认性不太好的缺点,但在同样条件下,圆形内的字符图案显得大些,看起来更清楚,而且圆形和周围其他带角的东西也易于区别,可用作禁令、指示标志的形状。矩形可利用的面积较大,足以布置文字说明和图形符号,给人以安稳的感觉,故以它作为指示、指路和辅助标志的形状。另外少数情况下，也有用八角形、叉形符号的标志。

我国交通标志形状的一般使用规则如下：

（1）正等边三角形：用于警告标志；

（2）圆形：用于禁令和指令标志；

（3）倒等边三角形：用于"减速让行"禁令标志；

（4）八角形：用于"停车让行"禁令标志；

（5）叉形：用于"铁路平交道口叉形符号"警告标志；

（6）方形：用于指路标志，部分警告、禁令和指示标志，旅游区标志，辅助标志，告示标志等。

3. 图形、符号和文字。它是表达、传递交通信息的基本要素。研究表明：在困难的视觉条件下，图形、符号信息无论在辨认程度还是辨认距离上均比文字信息要优越。另外，用图形、符号表达的信息还不受语言文字的限制，只要设计的图形和符号形象、直观，不同国家、不同民族、不同语言文字的道路使用者均可理解、认读。所以，以图形和符号为主的标志得到了联合国的推荐。但由于历史的原因，我国目前的交通标志还有用文字来表示的，为提高道路交通标志的易读性和公认程度，国标 GB5768.2-2009 为图形、符合和文字的使用都作了具体的规定。

（1）道路交通标志的字符应规范、正确、工整。按从左至右、从上至下顺序排列。一般一个地名不写成两行或两列。

根据需要，可并用汉字和其他文字。标志上的汉字应使用规范汉字，除有特殊规定之外，汉字应排在其他文字上方。

如果标志上使用英文，地名用汉语拼音，相关规定参照 GB 17733，第一个字母大写，其余小写；专用名词用英文，第一个字母大写，其余小写，根据需要也可全部大写。交通标志常用名词的中英对照参见 GB 5768.2-2009 附录 A。

（2）交通标志中汉字的高度一般应根据设计速度选取，具体见 GB 5768.2-2009，汉字的字宽和字高相等。汉字的字体采用 GB5768 交通标志字体（简体）。

（3）交通标志的图形应当使用 GB 5768.1-2009 规定的图形。除另有规定外，图形可以单独、组合使用于不同的标志中。

交通标志如使用 GB5768.1-2009 规定以外的图形或标志，应按 GB 5768.1-2009 附录 A 规定程序执行，并应以附加辅助标志或文字的方式说明试用标志的含义。试用标志如属于禁令或指示（令）标志，不具有相应的法律效力。

三、道路交通标志的分类及各类道路交通标志的作用、基本技术规定

（一）道路交通标志的分类

交通标志的分类方法很多，主要有以下几种：

1. 交通标志按其作用可分为主标志和辅助标志两大类：

（1）主标志包括警告标志、禁令标志、指示标志、指路标志、旅游区标志、作业区标志和告示标志。

　　警告标志：警告车辆、行人注意道路交通的标志；

　　禁令标志：禁止或限制车辆、行人交通行为的标志；

　　指示标志：指示车辆、行人应遵循的标志；

　　指路标志：传递道路方向、地点、距离信息的标志；

　　旅游区标志：提供旅游景点方向、距离的标志；

　　作业区标志：告知道路作业区通行的标志；

　　告示标志：告知路外设施，安全行驶信息以及其他信息的标志。

（2）辅助标志：附设在主标志下，对主标志起辅助说明的标志。

2. 交通标志按光学特性可分为逆反射式、照明式和发光式三种，其中照明式又分为内部照明式和外部照明式。

3. 交通标志按板面内容显示方式可分为静态标志和可变信息标志。

（二）各类道路交通标志的作用及基本技术规定

1. 警告标志。它是警告车辆驾驶人、行人前方有危险的标志，及时提醒道路使用者前方道路有危险点，以便提前采取必要行动，确保交通安全。

　　警告标志的颜色为黄底、黑边、黑图形。"注意信号灯"标志的图形为红、黄、绿、黑四色。"叉形符号""斜杠符号"为白底红图形。警告标志的形状为等边三角形或矩形，三角形的顶角朝上。警告标志的尺寸一般应根据设计速度选取，也可考虑设计路段的运行速度（V85）进行调整。设置空间受限时，可以采用最小值，具体尺寸和规定参见 GB5768.2-2009。

　　GB5768-2009 中示例的警告标志共 47 个，如表 7-1 所示。

表 7-1　GB5768-2009 中示例的警告标志

编号	名　称	图　形	说　明
警1	交叉路口标志		用以警告车辆驾驶人前方道路为平面交叉路口，谨慎慢行，注意横向来车
警2	急弯路标志		用以警告车辆驾驶人前方为急转弯，需减速慢行
			可以和"限制速度"标志、"建议速度"标志联合使用，也可以和说明急弯半径的辅助标志共同使用
警3	反向弯路标志		用以警告车辆驾驶人前方为反向弯路，减速慢行
			可以和"限制速度"标志、"建议速度"标志联合使用
警4	连续弯路标志		用以警告车辆驾驶人减速慢行
			可以和"限制速度"标志、"建议速度"标志联合使用；也可以和说明连续弯路长度的辅助标志共同使用
警5	陡坡标志		用以提醒车辆驾驶人小心驾驶。图形分别表示：上陡坡、下陡坡
			可用辅助标志说明陡坡的坡度和坡长，也可将坡度值标在警告标志图形上

续表

编号	名称	图形	说明
警6	连续下坡		用以提醒车辆驾驶人小心驾驶
			可以和辅助标志共同使用表示连续下坡的坡长，长度15km
警7	窄路标志		用以警告驾驶人注意前方车行道或路面狭窄情况，遇有来车应予减速避让。设在双车道路面宽度缩减为6m以下的路段起点前方。图形分别表示：两侧变窄、右侧变窄、左侧变窄
			可用辅助标志说明窄路的长度，也可与"建议速度"标志联合使用
警8	窄桥标志		用以警告车辆驾驶人注意前方桥面变窄，应谨慎驾驶
警9	双向交通标志		用以提醒车辆驾驶人前方道路由单向行驶进入双向行驶的路段，注意会车
警10	注意行人标志		用以警告车辆驾驶人前方通过行人密集路段，需减速慢行，注意行人。标志底色也可以采用荧光黄绿色
警11	注意儿童标志		用以警告车辆驾驶人前方是少年儿童应该出入的地点，需减速慢行，注意儿童。标志底色也可采用荧光黄绿色
警12	注意牲畜标志		用以提醒车辆驾驶人前方经常有牲畜横穿、出入，需注意慢行

续表

编号	名称	图形	说明
警13	注意野生动物标志		用以提醒车辆驾驶人前方通过野生动物保护区，注意慢行。标志上的动物图形可用该地区最常出现的野生动物种类适当表示
警14	注意信号灯标志		用以提醒车辆驾驶人注意前方路段设有信号灯，应依信号灯指示行车
警15	注意落石标志		用以提醒车辆驾驶人前方是有落石危险的傍山路段，注意落石。使用时应根据落石的不同方向选择图形
警16	注意横风标志		用以提醒车辆驾驶人前方路段经常有侧向风，小心驾驶
警17	易滑标志		用以促使车辆驾驶人注意慢行。设在路滑容易发生事故的路段前适当位置
警18	傍山险路标志		用以提醒车辆驾驶人小心驾驶。使用时应根据傍山险路的不同朝向选择图
警19	堤坝路标志		用以提醒车辆驾驶人小心驾驶。使用时应根据堤坝路的不同位置选择图形
警20	村庄标志		用以提醒车辆驾驶人注意村庄，小心驾驶
警21	隧道标志		用以提醒车辆驾驶人前方进入隧道小心驾驶
警22	渡口标志		用以提醒车辆驾驶人前方到达渡口，谨慎驾驶
警23	驼峰桥标志		用以提醒车辆驾驶人前方通过驼峰桥，视距不良，谨慎驾驶

续表

编号	名称	图形	说明	
警 24	路面不平标志		用以提醒车辆驾驶人前方通过路面颠簸路段，减速慢行	
警 25	路面高突标志		用以提醒车辆驾驶人前方路面突然高突或遇到减速丘，需减速慢行	
警 26	路面低洼标志		用以提醒车辆驾驶人前方路面突然低洼，需减速慢行	
警 27	过水路面（或漫水桥）标志		用以提醒车辆驾驶人前方通过过水桥或漫水桥路段，需谨慎慢行	
警 28	铁路道口标志		有人看守铁路道口	用以警告车辆驾驶人前方通过铁路道口，注意慢行或停车
警 29			无人看守铁路道口	
警 30			叉形符号：表示多股铁路与道路相交	
警 31			一、二、三道斜杠分别表示距铁路道口 50m、100m、150m	
警 32	注意非机动车标志		用以提醒车辆驾驶人前方经常有非机动车横穿和出入，需注意慢行	
警 33	注意残疾人标志		用以提醒车辆驾驶人前方道路经常有残疾人出入，需减速慢行，注意残疾人	
警 34	事故易发路段标志		用以告示前方道路为事故易发路段，谨慎驾驶	
警 35	慢行标志		用以提醒车辆驾驶人前方道路发生特殊情况，需减速慢行	
警 36	注意障碍物标志		用以告示前方道路有障碍物，车辆应按标志指示减速慢行	

续表

编号	名称	图形	说明	
警37	注意危险标志		用以提醒车辆驾驶人谨慎驾驶。本标志一般不单独使用,其下应设辅助标志,说明危险原因	
警38	施工标志		用以告示前方道路施工,车辆应减速慢行或绕道行驶	
警39	建议速度标志	30km/h	用以提醒车辆驾驶人以建议的速度行驶。此标志一般不单独使用	
		60km/h 出口 30km/h	图形分别表示:出口建议速度、弯道建议速度	
警40	隧道开车灯标志		用以警告车辆驾驶人进入隧道打开前照灯,注意行驶。此标志与隧道标志(警21)只需设置一个	
警41	注意潮汐车道标志		用以警告车辆驾驶人注意前方为潮汐车道。注:潮汐车道设置位置、行驶方向变换时间等,需提前向社会告知	
警42	注意保持车距标志		用以警告车辆驾驶人注意和前车保持安全距离	
警43	注意分离式道路标志		十字平面交叉	用以警告车辆驾驶人注意前方平面交叉的被交道路是分离式道路
			丁字平面交叉	
警44	注意合流标志		用以警告车辆驾驶人注意前方有车辆会合进来	

续表

编号	名　称	图　形	说　明	
警45	避险车道标志		避险车道预告	用以提醒货车驾驶人前方有避险车道，注意是否使用
			避险车道入口指示	
警46	注意路面结冰、注意雨（雪）天、注意雾天、注意不利气象条件标志		注意路面结冰	用以警告车辆驾驶人注意路面结冰、注意雨（雪）天、注意雾天、注意不利气象条件等谨慎驾驶。用于可变信息标志上
			注意雨（雪）天	
			注意雾天	
			注意不利气象条件	
警47	注意前方车辆排队			用以警告车辆驾驶人注意前方车辆排队，用于可变信息标志上

2. 禁令标志。它是禁止或限制车辆、行人交通行为的标志。它表示禁止、限制及相应解除的含义，道路使用者应严格遵守。

禁令标志的颜色，除个别标志外，为白底、红圈、红杠、黑图形。图形压杠。

禁令标志的形状为圆形，但"停车让行标志"为八角形，"减速让行标志"为顶角向下的倒等边三角形。

禁令标志的尺寸大小一般应根据设计速度选取，也可考虑设计路段的运行速度（V85）进行调整。当设置空间受限时，可以采用最小值，具体尺寸和规定参见 GB5768.2-2009。

GB5768-2009 中示例的禁令标志共 48 个，如表 7-2 所示。

表 7-2　GB5768-2009 中示例的禁令标志

编号	名　称	图　形	说　明
禁 1	停车让行标志		表示车辆应在停止线前停车瞭望,确认安全后方可通行
禁 2	减速让行标志		表示车辆应减速让行,告示车辆驾驶人应慢行或停车,在确保干道车辆优先,确保安全的前提下,方可进入路口
禁 3	会车让行标志		表示车辆会车时,应停车让对方车先行
禁 4	禁止通行标志		表示禁止一切车辆和行人通行
禁 5	禁止驶入标志		表示禁止一切车辆驶入
禁 6	禁止机动车驶入标志		表示禁止各类机动车驶入。对时间或某一类机动车有禁止规定时,应用辅助标志说明
禁 7	禁止载货汽车驶入标志		表示禁止载货汽车驶入。对驶入的载货汽车有载重量限制或其他限制时,应用辅助标志说明
禁 8	禁止电动三轮车驶入标志		表示禁止电动三轮车驶入
禁 9	禁止大型客车驶入标志		表示禁止大型客车驶入
禁 10	禁止小型客车驶入标志		表示禁止小型客车驶入(含十一座以下面包车、七座以下商务车及小轿车)
禁 11	禁止挂车、半挂车驶入标志		表示禁止挂车、半挂车驶入

续表

编号	名　称	图形	说　明
禁 12	禁止拖拉机驶入标志		表示禁止各类拖拉机驶入
禁 13	禁止三轮汽车、低速货车驶入标志		表示禁止三轮汽车、低速货车驶入
禁 14	禁止摩托车驶入标志		表示禁止摩托车驶入
禁 15	禁止某两种车驶入标志		表示禁止标志上所示的某两种车驶入，此标志板面上不应多于两种车辆图形
禁 16	禁止非机动车进入标志		表示禁止各类非机动车进入
禁 17	禁止畜力车进入标志		表示禁止畜力车进入
禁 18	禁止人力客运三轮车进入标志		表示禁止人力客运三轮车进入
禁 19	禁止人力货运三轮车进入标志		表示禁止人力货运三轮车进入
禁 20	禁止人力车进入标志		表示禁止人力车进入
禁 21	禁止行人进入标志		表示禁止行人进入
禁 22	禁止向左转弯标志		表示前方路口禁止一切车辆向左转弯，有时间、车种等特殊规定时，应用辅助标志说明或附加图形

续表

编号	名称	图形	说明
禁 23	禁止向右转弯标志		表示前方路口禁止一切车辆向右转弯，有时间、车种等特殊规定时，应用辅助标志说明或附加图形
禁 24	禁止直行标志		表示前方路口禁止一切车辆直行有时间、车种等特殊规定时，应用辅助标志说明或附加图形
禁 25	禁止向左向右转弯标志		表示前方路口禁止一切车辆向左向右转弯，有时间、车种等特殊规定时，应用辅助标志说明或附加图形
禁 26	禁止直行和向左转弯标志		表示前方路口禁止一切车辆直行和向左转弯，有时间、车种等特殊规定时，应用辅助标志说明或附加图形
禁 27	禁止直行和向右转弯标志		表示前方路口禁止一切车辆直行和向右转弯，有时间、车种等特殊规定时，应用辅助标志说明或附加图形
禁 28	禁止掉头标志		表示此路段禁止机动车掉头
禁 29	禁止超车标志		表示该标志至前方解除禁止超车标志的路段内，不允许机动车超车。已设有道路中心实线和车道实线的可不设此标志
禁 30	解除禁止超车标志		表示禁止超车路段结束。此标志和禁止超车标志（禁29）成对使用
禁 31	禁止停车标志		表示在限定的范围内禁止一切车辆停放。禁止车辆停放的时间、车种和范围可用辅助标志说明
禁 32	禁止长时停车标志		表示在限定的范围内禁止一切车辆长时停放，临时停车不受限制。禁止车辆停放的时间、车种和范围可用辅助标志说明

续表

编号	名称	图形	说明
禁33	禁止鸣喇叭标志		表示禁止车辆鸣喇叭，禁止鸣喇叭的时间和范围可用辅助标志说明
禁34	限制宽度标志	3m	表示禁止装载宽度超过标志所示数值的车辆通行
禁35	限制高度标志	3.5m	表示禁止装载高度超过标志所示数值的车辆通行
禁36	限制质量标志	10t	表示禁止总质量超过标志所示数值的车辆通行
禁37	限制轴重标志	10t	表示禁止轴重超过标志所示数值的车辆通行
禁38	限制速度标志	40	表示该标志至前方解除限制速度标志或另一块不同限速值的限制速度标志的路段内，机动车行驶速度（单位为 km/h）不准超过标志所示数值。限速值的确定及设置参见 GB 5768.5—2017
禁39	解除限制速度标志	40	表示限制速度路段结束。此标志应和限制速度标志（禁38）配合使用。以另一块不同限速值的限速标志表示前一限速路段结束时，可不设此标志
禁40	停车检查标志	检查	表示机动车应停车接受检查，有车种规定时，应用辅助标志说明
禁41	禁止运输危险物品车辆驶入标志		表示禁止运输危险物品车辆驶入
禁42	海关标志	海关 DOUANE	表示道路前方是海关，所有机动车应停车后方可通过

续表

编号	名称		图形	说明
禁 43	区域禁止及解除标志	区域限制速度		表示区域内禁止（或解除）车辆的某种行为
禁 44		区域限制速度解除		
禁 45		区域禁止长时停车		
禁 46		区域禁止长时停车解除		
禁 47		区域禁止停车		
禁 48		区域禁止停车解除		

3. 指示标志。它是指示车辆、行人行进的标志。道路使用者应遵循。

指示标志的颜色，除个别标志外，为蓝底、白图形。指示标志的形状为圆形、长方形和正方形。

指示标志的尺寸大小一般应根据设计速度选取，也可考虑设计路段的运行速度（V85）进行调整。设置空间受限时，可以采用最小值，具体尺寸和规定参见 GB5768.2-2009。GB5768-2009 标准中示例的指示标志共 36 个，如表 7-3 所示。

表7-3 GB5768-2009 标准中示例的指示标志

编号	名称		图形	说明
示1	直行标志			表示一切车辆只准直行,有时间、车种等规定时应用辅助标志说明或附加图形
示2	向左或向右转弯标志	向左转弯		表示一切车辆只准向左转弯
示3		向右转弯		表示一切车辆只准向右转弯
示4	直行和向左(向右)转弯标志	直行和向左转弯		表示一切车辆只准直行和向左转弯(或直行和向右转弯)
示5		直行和向右转弯		
示6	向左和向右转弯标志			表示一切车辆只准向左和向右转弯
示7	靠右侧(或靠左侧)道路行驶标志	靠右侧道路行驶		表示一切车辆只准靠右侧(或靠左侧)行驶
示8		靠左侧道路行驶		
示9	立体交叉行驶路线标志	立体交叉直行和左转弯行驶		表示一切车辆在立体交叉处可以直行和按图示路线左转弯(或直行和右转弯)行驶
示10		立体交叉直行和右转弯		
示11	环岛行驶标志			表示一切车辆只准靠右环行,环内驶出车辆和环行车辆具有优先权,车辆进入环岛时应让环内车辆优先通行
示12	单行路标志	单行路(向左或向右)		表示该道路为单向行驶,已进入车辆应依标志指示方向行车
示13		单行路(直行)		

续表

编号	名称	图形	说明
示14	步行标志		表示该段道路只供步行，任何车辆不准进入
示15	鸣喇叭标志		表示机动车行至该标志处应鸣喇叭，以提醒对向车辆驾驶人注意并减速慢行
示16	最低限速标志		表示机动车驶入前方道路的最低时速限制
示17	路口优先通行标志		表示交叉口主要道路上车辆享有优先通行权利
示18	会车先行标志		表示车辆在会车时享有优先通行权利
示19	人行横道标志		表示该处为人行横道，该标志与人行横道线同时使用
示20	车行道行驶方向标志	右转车道	表示车道的行驶方向，同时车道上应施划与标志一致的导向箭头
示21		左转车道	
示22		直行车道	
示23		直行和右转合用车道	
示24		直行和左转合用车道	
示25		掉头车道	
示26		掉头和左转合用车道	
示27		分向行驶车道	

续表

编号	名称	图形	说明	
示 28	公交线路专用车道标志		表示该车道专供本线路行驶的公交车辆行驶	
示 29	机动车行驶标志		表示该道路只供机动车行驶	
示 30	机动车道标志		表示该车道只供机动车行驶	
示 31	非机动车行驶标志		表示该道路只供非机动车行驶	
示 32	非机动车道标志		表示该车道只供非机动车行驶	
示 33	快速公交系统（BRT）专用车道标志		表示该车道专供 BRT 车辆行驶	
示 34	多乘员车辆（HOV）专用车道标志		表示该车道只供多乘员的车辆行驶	
示 35	停车位标志		表示可以停放机动车	表示机动车允许停放的区域
			表示从标志处向箭头指示方向机动车可以停放	
			表示按图示占用部分人行道边缘停放机动车	
示 36	允许掉头标志		表示该处允许机动车掉头	

4. 指路标志。它是传递道路方向、地点、距离信息的标志。表示道路信息的指引，为驾驶者提供去往目的地所经过的道路、沿途相关城镇、重要公共

设施、服务设施、地点、距离和行车方向等信息。

指路标志的颜色，除特别说明外，一般道路标志为蓝底、白图形、白边框、蓝色衬边；高速公路和城市快速路指路标志为绿底、白图形、白边框、绿色衬边。

指路标志的形状，除个别标志（如地点识别标志、里程碑、分合流标志）外，为长方形和正方形，如图 7-2 所示。指路标志的尺寸大小，应根据字数、文字高度及排列情况确定。具体参见 GB5768.2-2009。

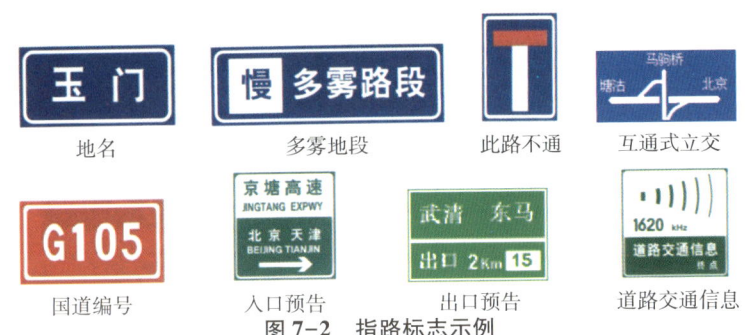

图 7-2 指路标志示例

指路标志的主要功能有：于交叉路口给车辆驾驶人及行人指示通往目的地的方向；沿途指示通往目的地的方向及途径；在道路分流和合流处指示驾驶人通往目的地的正确车道或方向；指示道路编号及方向；指示至目的地的里程及距某出口的距离；指示各出口编号；指示爬坡车道、车距确认及各项服务设施；提供其他有用信息。

（1）指路标志信息依据重要程度、道路等级、服务功能等因素分层：

①A 层信息：指高速公路、国道、城市快速路，直辖市、省会、自治区首府等控制性城市，及其他本区域内相对重要的信息；

②B 层信息：指省道、城市主干道路，县及县级市，及其他本区域内相对比较重要的信息；

③C 层信息：指县道、乡道、城市次干道路、支路、乡、镇、村，及其他本区域内的一般信息。

根据地区特点，可继续下分。

（2）指路标志信息选取应遵循以下原则：

①关联、有序；

②便于不熟悉路网的道路使用者顺利到达目的地；

③信息量适中：一块指路标志板面中，各方向指示的目的地信息数量之和不宜超过六个；一般道路交叉路口预告标志和交叉路口告知标志板面中，同一方向指示的目的地信息数量不应超过两个，同一方向需选取两个信息时，应在

一行或两行内按照信息由近到远的顺序由左至右或由上至下排列,见图 7-3 示例。

图 7-3　标志板面信息排列示例

(3) 指路标志的分类:

①一般指路标志。它的功能分为路径指引标志、地点指引标志、路段沿线设施指引标志、其他道路信息指引标志。其中路径指引标志设置在一般道路交叉口前后,其他类型指路标志设置在一般道路路段上。

路径指引标志如下: a. 交叉路口预告标志; b. 交叉路口告知标志; c. 公路编号; d. 街道名称(见图 7-4)。

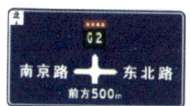   

a.交叉路口预告标志　　b.交叉路口告知标志　　c.公路编号　　d.街道名称

图 7-4　路径指引标志

地点指引标志如下: a. 地名标志; b. 著名地点标志; c. 分界标志; d. 地点识别标志(见图 7-5)。

a.地名标志　　　　　　　b.著名地点标志　　　　c.分界标志

d.地点识别标志

图 7-5　地点指引标志

道路沿线设施指引标志如下: a. 停车场(区)标志; b. 错车道标志; c. 人行天桥标志和人行地下通道标志; d. 残疾人专用设施标志; e. 观景台标志; f. 应急避险设施(场所)标志; g. 休息区标志(见图 7-6)。

a.停车场（区）标志　　b.错车道标志　　c.人行天桥标志和人行地下通道标志

d.残疾人专用设施标志　　e.观景台标志　　f.应急避险设施（场所）标志　　g.休息区标志

图7-6　道路沿线设施指引标志

其他道路指引信息标志如下：a. 绕行标志；b. 此路不通标志；c. 车道数变少标志；d. 车道数增加标志；e. 交通监控设备标志；f. 隧道出口距离预告标志；g. 线形诱导标志；h. 里程牌、里程碑；i. 百米桩；j. 公路界碑（见图7-7）。

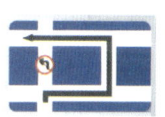

a.绕行标志　　b.此路不通标志　　c.车道数变少标志　　d.车道数增加标志

e.交通监控设备标志　　f.隧道出口距离预告标志　　g.线形诱导标志

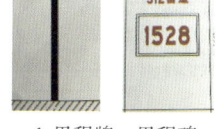

h.里程牌、里程碑　　i.百米桩　　j.公路界碑

图7-7　其他道路指引信息标志

②高速公路、城市快速路指路标志。按照标志的功能分为路径指引标志、沿线信息指引标志、沿线设施指引标志。

路径指引标志如下：a. 入口指引标志：包括入口预告标志，入口处地点、方向标志，命名编号标志，路名标志；b. 行车确认标志：包括地点距离标志，命名编号标志，路名标志；c. 出口指引标志：包括下一出口预告标志，出口预告标志，出口标志及出口地点、方向标志（见图 7-8）。

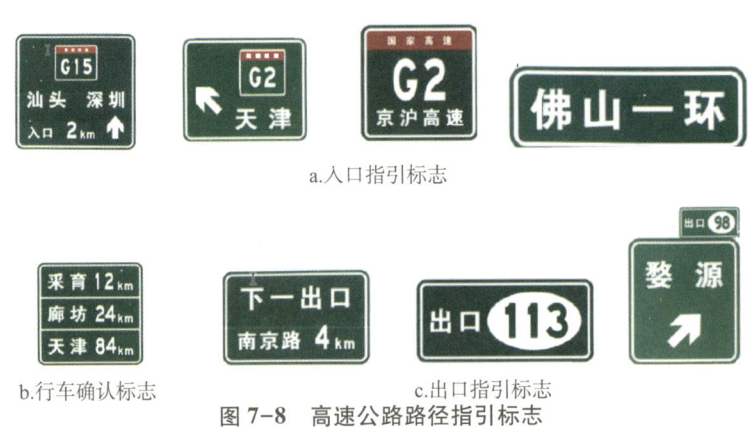

图 7-8　高速公路路径指引标志

沿线信息指引标志如下：a. 起点标志；b. 终点预告标志；c. 终点提示标志；d. 终点标志；e. 著名地点标志；f. 分界标志；g. 交通信息标志；h. 里程牌和百米牌；i. 停车领卡标志；j. 车道数变少标志；k. 车道数增加标志；l. 交通监控设备标志；m. 车距确认标志；n. 特殊天气建议速度标志；o. 隧道出口距离预告标志（见图 7-9，其中图中 e、f、j、k、l、o 参照一般道路指路标志图）。

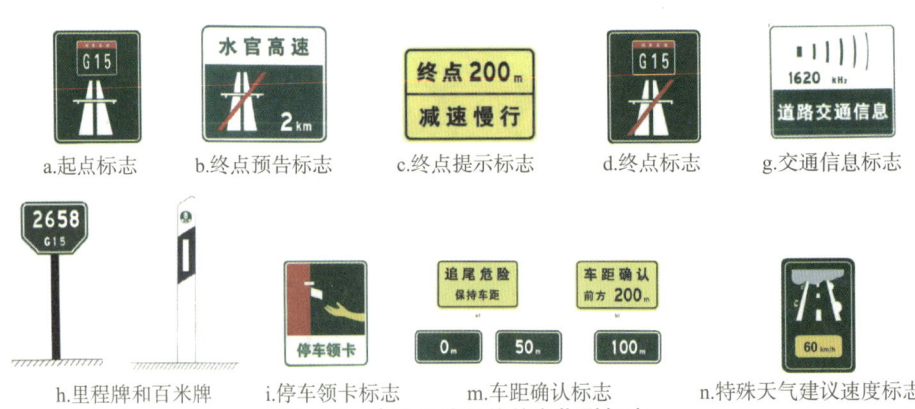

图 7-9　高速公路沿线信息指引标志

沿线设施指引标志如下：a. 紧急电话标志；b. 救援电话标志；c. 收费站预告及收费站标志；d. ETC 车道标志；e. 计重收费标志；f. 加油站标志；g. 紧急停车带标志；h. 服务区预告标志；i. 停车区预告标志；j. 停车场预告标志及停车场标志；k. 爬坡车道标志；l. 超限监测站标志（见图 7-10）。

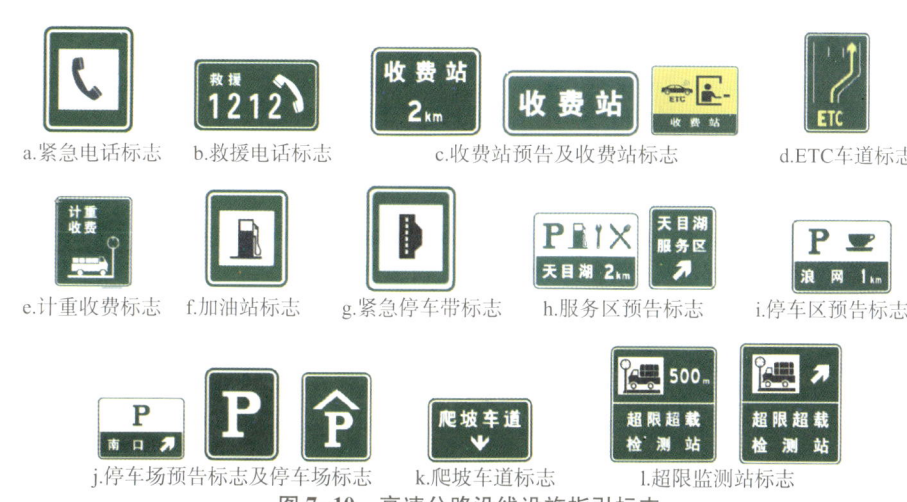

图 7-10　高速公路沿线设施指引标志

③方向标志。方向标志与指路标志一起使用，用于指示道路地理方向，包括"东""南""西""北"四个方向，每个方向的角度范围为正向左右各45°。图 7-11 为设置在指路标志板面中的方向标志，设置在一般道路指路标志板面中时为白底，蓝色图形，设置在高速公路、城市快速路指路标志板面中时为白底，绿色图形。其中 a 适用于交叉路口处，b~e 适用于立体交叉出口匝道处。f 为设置在指路标志板面外的方向标志，此时地理方向标志的颜色与相应的指路标志的颜色一致。

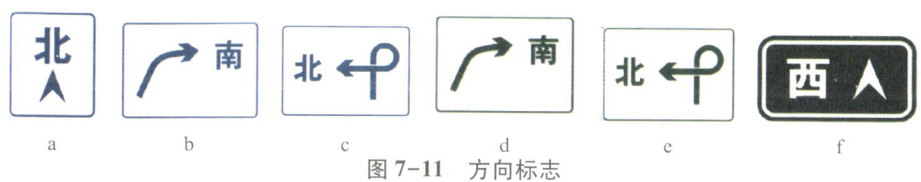

图 7-11　方向标志

5. 旅游区标志。它是为吸引和指引人们从高速公路或其他道路上前往邻近的旅游区，在通往旅游景点的路口设置的标志，使旅游者能方便地识别通往旅游区的方向和距离，了解旅游项目的类别。

旅游区标志的颜色为棕底、白字（图形）、白边框、棕色衬边。

旅游区标志的形状为矩形。旅游指引标志的尺寸大小由字高、字数和图形确定。旅游符号的标志尺寸一般宜采用 60cm×60cm。

旅游区标志按功能可分为指引标志和旅游符号标志两大类。

指引标志的作用是提供旅游区的名称、有代表性的图案及前往旅游区的方向和距离（见图 7-12）。高速公路沿线 4A 级及以上旅游景区可设置旅游区标志，一般公路沿线 3A 级及以上旅游景区可设置旅游区标志，更低级别景区不建议设置旅游区标志。

a.旅游区距离　　　　　b.旅游区方向

图 7-12　旅游区指引标志

旅游符号的作用是提供旅游项目类别、具代表性的符号及前往各旅游景点的指引，让旅游者了解景点的旅游项目。旅游符号下可附加辅助标志以指示前进方向和距离（见图 7-13）。

a.问讯处　　　b.徒步　　　c.骑马　　　d.游泳　　　e.滑冰

图 7-13　旅游符号标志

6. 作业区标志。

（1）作业区的概念及组成。作业区是由于道路施工、养护等作业影响交通运行，而进行交通管控的路段。

作业区由警告区、上游过渡区、缓冲区、工作区、下游过渡区和终止区六个区域组成（见图 7-14）。

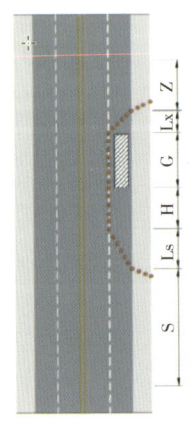

a.占用车行道的作业区　　　b.占用路肩的作业区

图 7-14　作业区组成图

注：S-警告区；Ls-车道封闭上游过渡区；H-缓冲区；G-工作区；Lx-下游过渡区；Z-终止区。

（2）作业区的交通标志。它是告知道路作业区通行的标志。用于通告道路交通阻断、绕行等情况。

①一般规定。用于作业区的标志为警告标志、禁令标志、指示标志及指路标志的临时标志，由于道路作业临时设置的警告和指路标志，底色为橙色或荧光橙色；临时指示和禁令标志，底色不变。照明条件不好、能见度差的作业区，临时警告和指路标志底色宜采用荧光橙色。作业区临时标志均可采用主动发光标志。作业区交通标志宜采用 GB/T 18833-2012 V 类、Ⅳ 类反光膜。设置于警告区的标志尺寸根据该路段的设计速度确定，设置于作业区其他位置的标志尺寸根据作业区的限制速度确定。作业区交通标志应易于搬动和运输、能简单快速地安装和拆除，安装后结构稳定。

②作业区交通标志种类：施工标志；车道数变少标志；改道标志；橙色箭头标志；绕行标志；线形诱导标志；注意交通引导人员标志；出口关闭标志；出口标志；行人、非机动车通道标志；移动性作业标志。

施工标志：用于预告距离作业区的长度，设置于作业区，辅助标志上的数字宜取警告区长度，包括 a. 作业区距离标志；b. 作业区长度标志；c. 作业区结束标志（见图 7-15）。

a.作业区距离标志　　b.作业区长度标志　　c.作业区结束标志

图 7-15　施工标志

车道数变少标志：根据作业区车道封闭情况，选择车道数变少标志图案，设置于警告区中点附近（见图 7-16）。

图 7-16　车道数变少标志

改道标志：用于告示车辆改道行驶，用于借用对向车道或改道的作业区，设置于警告区中点附近。如图 7-17 所示，图中 a 用于作业方向道路完全封闭、车辆借用对向车道或便道通行时；图中 b 用于作业方向道路未完全封闭、一部分车辆借用对向车道通行，一部分车辆在原车道行驶；图中 c 用于作业方向道路完全封闭、车辆借用同向便道通行时。

图 7-17 改道标志

橙色箭头标志：用于指示车辆离开作业区所在道路、绕过作业区返回到原路的绕行路径。橙色箭头附着于绕行路线沿线原有指路标志的支撑结构上，箭头指向绕行路线的方向（见图 7-18）。

绕行标志：用于指示前方道路作业封闭的绕行路线，设置于作业封闭路段前方的交叉口前，用黑色箭头表示绕行路线（见图 7-19）。

 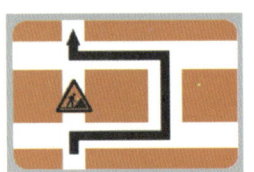

图 7-18　橙色箭头标志　　　　图 7-19　绕行标志

线形诱导标志：用于引导作业区行车方向，提示道路使用者前方线形（行驶方向）变化，注意谨慎驾驶（见图 7-20）。

图 7-20　线形诱导标志

注意交通引导人员标志：用以告示前方有交通引导人员指挥作业区路段的交通，设置于交通引导人员之前至少 100m 处（见图 7-21）。

出口关闭标志：用于表示高速公路或城市快速路的出口因作业关闭的情况，宜附着于关闭出口的出口预告标志和出口标志上。根据需要，可于关闭出口的前一个出口前增加设置，并以辅助标志说明关闭出口的名称或编号（见图 7-22）。

出口标志：当作业区影响驾驶人对出口的判断时，用以指示出口，可根据需要设置（见图 7-23）。

图 7-21　注意交通引导人员标志　　图 7-22　出口关闭标志　　图 7-23　出口标志

行人、非机动车通道标志：当作业区占用人行道、非机动车道时，用以指示临时的行人和非机动车绕行通道，设置于绕行通道前适当位置（见图 7-24）。

图 7-24　行人、非机动车通道标志　　图 7-25　移动性作业标志　　图 7-26　移动性作业标志安装于工程车后部示例

移动性作业标志：用于警告前方道路有作业车正在作业，车辆驾驶人应减速或变换车道行驶。移动性作业标志悬挂或安装于工程车或机械之后部，也可以设置于移动作业区前。单独设置时标志边长不应小于 100cm，下缘距离地面应不小于 0.5m。标志为橙色底、黑色图案，背面斜插色旗两面，如图 7-25 所示。移动性作业标志安装于工程车后部示例，如图 7-26 所示。

作业区标志在使用时应和交通标线，其他道路作业交通安全设施配合使用。具体设置参照 GB5768.4-2017。其他道路作业安全设施主要有路栏、交通锥、交通桶、交通柱等（见图 7-27）。详细内容参见 GB 5768.4-2017 附录 B 道路作业安全设施。

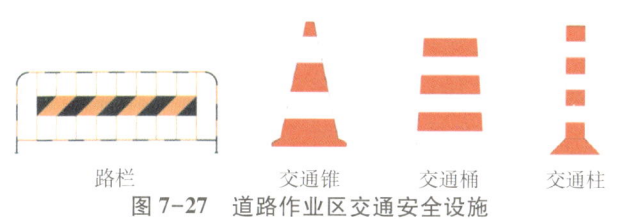

路栏　　交通锥　　交通桶　　交通柱

图 7-27　道路作业区交通安全设施

7. 告示标志。它是用以解释、指引道路设施、路外设施，或者告示有关道路交通安全法和道路交通安全法实施条例的内容。告示标志的设置有助于道路设施、路外设施的使用和指引，取消其设置不影响现有标志的设置和使用。

告示标志一般为白底、黑字、黑图形、黑边框，板面中的图形标识如果需要可采用彩色图案。告示标志的尺寸由字数、字高确定。

告示标志分为行车安全提醒和校车停靠站点标志两类。

行车安全提醒标志用于提醒驾驶人在行驶过程中一些需要注意的情况或需要避免的驾驶行为，包括相关法律法规禁止的行为。图 7-28 为各类行车安全提醒的标志。

图 7-28　行车安全提醒标志

校车停靠站点标志，用于提醒机动车驾驶人注意此处为校车停靠站点，如图 7-29 所示。

图 7-29　校车停靠站点标志

8. 辅助标志。辅助标志附设在主标志下，对主标志起补充说明作用。辅助标志不能单独使用。凡主标志无法完整表达或指示其规定时，为维护行车安全与交通畅通的需求，应设置辅助标志。辅助标志安装在主标志下面，紧靠主标志下缘。辅助标志的尺寸由字数、字高确定。

辅助标志的颜色为白底、黑字（图形）、黑边框、白色衬边。辅助标志的形状为矩形。

辅助标志的种类按其用途可分为：表示时间；表示车辆种类、属性；表示方向；表示区域或距离；表示警告或禁令理由或组合辅助标志（见图 7-30）。

| 机动车 | 向左、向右各50m | 学校 | 除公共汽车外 | 组合辅助标志 |

图 7-30　辅助标志

四、可变信息标志

（一）可变信息标志的概念及其用途

可变信息标志，是一种因交通、道路、气候等状况的变化而改变显示内容的标志。它把与路段上可能发生的各种情况相对应的管理信息预先储存在标志内或与标志相连接的仪器上，通过各种探测设备随时掌握交通等方面状况的变化，及时把有关的交通管理信息显示在标志面上，告知车辆驾驶员和行人遵照执行或提醒注意。可变信息标志不宜显示和交通无关的信息。可变信息标志可用作速度限制、车道控制、道路状况、交通状况、气候状况及其他内容的显示。

1. 显示车速信息。配合交通指挥信号线控制或区域自动控制，在距离路口若干距离处设可变信息标志，显示车速信息，表示经过该处的车辆按所示车速行驶，可不停顿地通过前方路口。

2. 显示车道信息。它主要用来通告某条车道关闭或开放等信息。例如，某道路有三条机动车道，旁边两条分别供车辆来和去，中间一条根据单向交通量的变化，通过可变信息标志显示对某方向开放或关闭的信息。

3. 显示道路状况。它主要用来通告前方路段有施工作业、道路水段、塌方等信息。

4. 显示交通状况。它主要用来通告前方路段和匝道的交通情况，报道发生交通事故、交通阻塞等信息。

5. 显示气候状况。它主要用来通告前方路段不利于行车的气候条件，诸如阵雨、大风、大雾或路面积雪、结冰等信息。

通过利用可变信息标志对道路状况、交通状况和气候状况的信息显示，以及对车辆的速度、车道的使用进行控制与调整，从而达到促进交通安全畅通的目的。

（二）可变信息标志的显示方式

可变信息标志的显示方式有多种，如：高亮度发光二极管（LED）、翻板式、字幕式、光纤式等。可根据标志的功能要求、显示内容、控制方式、环保节能、经济性等进行选择。

可变信息标志发布信息内容的方式，一般有如下四种：

1. 底色选择法。通过在路线图上显示出不同的底色，表示高速公路和街道交通的拥挤程度，以及匝道上交通疏通的程度。

2. 信息牌面选择法。信息牌面选择法，是从若干信息中挑选要求显示内容的方法。

3. 文字符号选择法。最常用的为灯泡矩形标志，用电路控制法，使矩阵中规定的灯泡发光，构成各种文字、符号。也可采用由很多金属小圆盘组成的磁性矩阵组件，当金属小圆盘在接收到正确极性的脉冲信号后，其位置便发生翻转，而每一个金属小圆盘的正面，为发光反射面，反面为暗黑的底色，因而构成各种文字或符号。

4. 纤维导光标志。这是一种节省能源的新型标志。光导纤维作为反光反射介质，使光线通过反射传到纤维另一端的玻璃泡内发光，纤维导光玻璃泡可以构成任何需要的文字、符号。如果在光源和导光纤维系统之间加上滤光器，则可产生彩色文字、符号。

（三）可变信息标志的板面

可变信息标志显示的警告、禁令、指示等标志的图形、字符、形状等应符合 GB5768.2-2009 的规定，显示的文字的字体、字高、间距等按照清晰、易辨、安全的原则确定。主动发光可变信息标志的颜色可按 GB5768.2-2009 标志颜色的规定执行，也可按表 7-4 的规定执行。可变信息标志各部分颜色的色品坐标应符合相关国家标准的规定。

表 7-4 主动发光可变信息标志的颜色

类　别	显示内容	底　色	边　框	图形、符号、文字
文字标志	道路一般信息	黑色	—	绿色
	道路警告信息		—	黄色
	道路禁令信息		—	红色
图形标志	警告标志	黑色	黄色	黄色
	禁令标志	黑色	红色	黄色
	指示标志	黑色	蓝色	绿色
	指路标志	黑色	绿色	绿色
	作业区标志	黑色	随类型	黄色
	辅助标志	黑色	—	绿色
	潮汐车道标志	黑色	—	红色"×"绿色"↓"
	可变导向车道	蓝色a	—	绿色或黄色
图形标志	交通状况	蓝色或绿色a	—	红、黄、绿等色
	其他信息	视需要		

注：a 为不可变部分的颜色。

（四）可变信息标志的设置

符合下列情况之一者，可设置可变信息标志：

1. 结合路网管理需求，高速公路或城市快速路出入口前合适路段；
2. 长隧道入口前；
3. 潮汐车道起始路段和可变导向车道进入路口前；
4. 有其他特殊要求的路段。

五、道路交通标志的设置

（一）道路交通标志设置的基本要求

1. 交通标志的设置应综合考虑，布局合理，防止出现信息不足或过载现象。信息应连续，重要的信息宜重复显示。
2. 交通标志一般情况下应设置在道路行进方向右侧或车行道上方；也可以根据具体情况设置在左侧，或左右两侧同时设置。
3. 为保证视认性，同一地点需要设置两个以上标志时，可安装在一个支撑结构上，但最多不应超过四个；分开设置的标志，应先满足禁令、指示和警告标志的设置空间。
4. 原则上要避免不同种类的标志并设。解除限制速度标志、解除禁止超车标志、路口优先通行标志、会车先行标志、会车让行标志、停车让行标志、减速让行标志应单独设置；如条件受限制无法单独设置时，一个支撑结构上最多不应超过两种标志。
5. 标志板在一个支撑结构上并设时，应按禁令、指示、警告的顺序，先上后下，先左后右排列。
6. 警告标志不宜多设。同一地点需要设置两个以上警告标志时，原则上只设置其中最需要的一个。

（二）道路交通标志设置的位置

1. 警告标志设置在危险地点的前方，具体位置一般根据道路的设计速度决定。也可考虑所处路段的最高限制速度或运行速度按表7-5中的距离进行适当调整。

表 7-5 警告标志前置距离一般值　　　　　　　　　　单位：米

速度（km/h）	条件A	条件B										
	0	10	20	30	40	50	60	70	80	90	100	110
40	*	*	*	*								
50	*	*	*	*	*							
60	30	*	*	*	*							
70	50	40	30	*	*	*						
80	80	60	55	50	40	30	*	*				
90	110	90	80	70	60	40	*	*	*			
100	130	120	115	110	100	90	70	60	40	*		
110	170	160	150	140	130	120	110	105	90	70	50	
120	200	190	185	180	170	160	140	130	110	90	60	40

注1：条件A——道路使用者有可能停车后通过警告地点，典型的标志如注意信号灯标志、交叉口警告标志、铁路道口标志等。

注2：条件B——道路使用者应减速后通过警告地点，典型的标志如急弯路标志、连续弯路标志、陡坡标志等。

注3：*——不提供具体建议值，视当地具体条件确定。

2. 禁令标志设置于禁止、限制及相应解除开始路段的起点附近。对于车辆如未提前绕行则无法通行的禁令标志设置的路段，应在进入禁令路段的路口前或适当位置设置相应的预告或绕行标志。除特别说明外，禁令标志上不允许附加图形、文字。

3. 指示标志设置于指示开始路段的起点附近。有时间、车种等规定时，应用辅助标志说明。除特别说明外，指示标志上不允许附加图形。附加图形时，原指示标志的图形位置不变。

4. 指路标志设置应符合每一指路标志的具体规定。

一般道路指路标志的设置：路径指引标志设置在一般道路交叉口前后，其他类型指路标志设置在一般道路路段上。其他指路标志的设置位置详见GB5768.2-2009。

5. 旅游区标志设置：旅游区距离标志设置在通往旅游区路段上的适当位置；旅游符号标志设置在通往旅游景点的交叉口附近，或在大型服务区内通往各旅游景点的路口。也可在指路标志上附具代表性的旅游符号，让旅游者了解景点的旅游项目。旅游符号下可附加辅助标志以指示前进方向和距离。

6. 作业区交通标志的设置：作业区的交通标志是针对作业期间设置的临时性标志，所以设置时应从警告区开始，向终止区推进。作业区具体标志的设置要与交通标线和其他设施配合使用，具体规定详见 GB5768.4-2017。作业完成后应及时拆除并恢复原交通标志、标线及其他设施。

7. 告示标志的设置：告示标志的设置要有助于道路设施、路外设施的使用和指引，告示标志的设置不应影响警告、禁令、指示和指路标志的设置和视认。告示标志和警告、禁令、指示和指路标志设置在同一位置时，禁止并设在一根立柱上，需要设置在警告、禁令、指示和指路标志的外侧。

（三）道路交通标志设置的方式

道路交通标志的设置方式可分为：路侧式、悬臂式、门架式和附着式四种。

1. 路侧式。它是指将标志安装在单柱或双柱上，设置在道路边缘、人行道、中央分隔带的方式，如图 7-31 所示。单柱式一般适用于中、小型尺寸的警告、禁令、指示等标志。双柱式一般适用于长方形的指示或指路标志。设置的高度比较灵活，视具体情况而定。一般在 1.2~2.5m 之间。路侧安装的标志一般均设在道路的土路肩以外，不得侵入建筑净空的规定，标志板内缘距路肩边缘不得小于 25cm。

2. 悬臂式。它是指将标志安装在单柱上，并设置在车行道上方的方式，如图 7-32 所示。悬臂式标志安装，其设置高度应满足建筑限界的规定。标志下缘到路面的净空高度至少按该道路规定的净空高度设置。一般道路为 4.5m，高速公路必须确保在 5.0m 以上。考虑到施工误差，标志板变形下垂，路面加罩面等因素，需留 50cm 的余量。在积雪地区，应考虑历年积雪深度及除雪方法，一般净空高度必须留有压实雪层厚度的余量。悬臂式安装方式适用于柱式安装有困难的；道路较宽、交通量较大、外侧车道大型车辆阻挡内侧车道小型车道视线时；视距受限制时；或景观上有要求时。

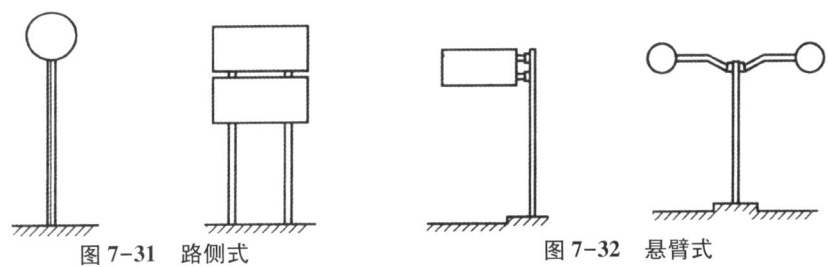

图 7-31　路侧式　　　　图 7-32　悬臂式

3. 门架式。它是指将标志安装在门式结构上，并将标志设置在车行道上方的方式，如图 7-33 所示。门架式标志安装，其设置高度应满足建筑限界的规定。标志下缘到路面的净空高度必须确保 4.5m，高速公路必须确保 5.0m 以上。考虑到施工误差、门架的挠度、路面加铺增厚等因素，需多留 50cm 的余量。在积雪地区，应考虑历年积雪深度及除雪方法，一般净空高度必须留有压实雪层厚度的余量。门架式安装方式适用于受空间限制，路侧式、悬臂式安装有困难的；多车道道路（同向三车道以上）需要分别指示各车道去向的；车道变换频繁，出口匝道为多车道的；或互通式立交间隔距离较近标志设置密集之处时。

4. 附着式。它是指将标志安装在附属设施上的方式，如图 7-34 所示。附着式标志的安装可根据标志附设的结构形式选择适当位置。标志无论是安装在路侧，还是安装在车行道上方，其安装的高度应满足建筑限界和道路净空的要求。

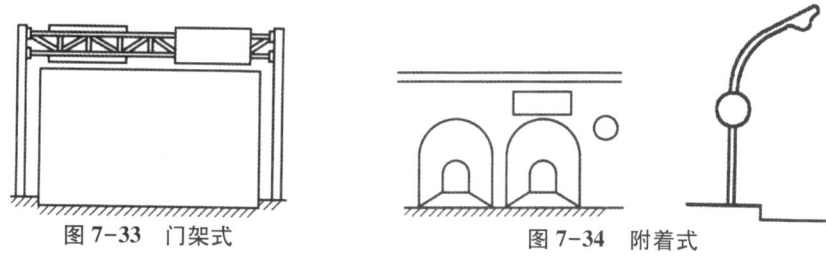

图 7-33　门架式　　　　　　　图 7-34　附着式

上述四种设置方式，一般以路侧式为基本方式，但在有些重要的地点应选用悬臂式或门架式。在具体选择时要根据情况灵活运用。

警告、禁令、指示标志，其信息大都采用图形符号，视认效果好，一般应采用路侧式安装。除非由于道路构造或其他原因，采用路侧式安装视认效果不理想；或在事故多发路段；或为了强调前方路段的危险性等，可采用悬臂式安装。

指路标志的信息以文字为主，图形符号为辅。指路标志种类繁多，要求表达的内容和信息量差别很大。一般内容单一，信息量少的指路标志宜采用路侧式安装。指路标志中指示方向、地点、距离的路径诱导标志信息量多，并且要对沿线重要地点作出向导，是非常重要的标志，应按悬臂式安装。如果在多车道的道路上，上述指路标志采用门架式也是必要的。需要分别指示各车道去向的指路标志也应采用门架式安装。为了提高有些指路标志（如：著名地点、爬坡车道、道路编号、服务区等）的视认效果，根据道路标志布设的需要，而采用悬臂式或门架式安装。

从造价角度讲，柱式最经济，门架式最昂贵，悬臂式介于二者之间，同一标志板面设置成不同的支撑结构方式，造价可能相差几倍。所以，应尽可能采用造价低的支撑方式来设置标志。

公路沿线设置有上跨天桥等构造物、路侧设置有高挡土墙或照明灯杆等时，交通标志在满足公路建筑限界要求的前提下，可采用附着式安装方式。

设置于相同位置、内容类型相近的交通标志宜采用同一安装方式。

（四）道路交通标志的安装要求

标志安装除另有规定外，应使标志面垂直于行车方向，视实际情况调整其水平或俯仰角度。

1. 标志安装应尽量减少标志板面对驾驶人的眩光；
2. 标志安装角度宜根据设置地点道路的平、竖曲线线形进行调整；
3. 路侧标志应尽可能与道路中线垂直或成一定角度，其中，禁令和指示标志为 0°~45°，如图 7-35a 所示；指路和警告标志为 0°~10°，如图 7-35b 所示；

门架、悬臂、车行道上方附着式标志的板面应垂直于道路行车方向，并且板面宜倾斜 0°~15°，如图 7-35c 所示。

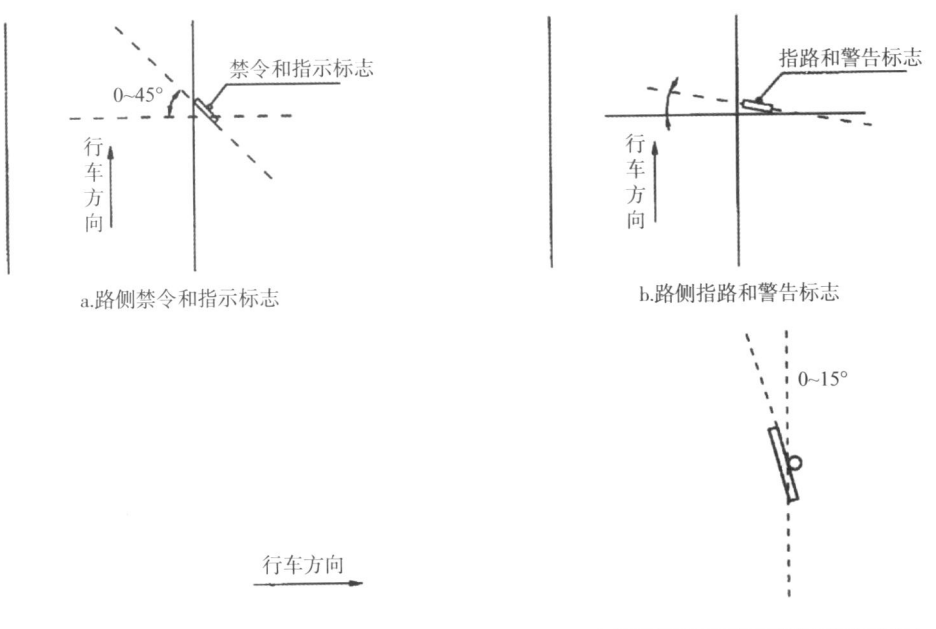

a.路侧禁令和指示标志　　　　b.路侧指路和警告标志

c.门架、悬臂、车行道上方附着式标志

图 7-35　标志安装角度示意图

第二节　道路交通标线

一、道路交通标线的概述

（一）概念及作用

1. 概念。道路交通标线（简称交通标线或标线）是由施划或安装于道路上的各种线条、箭头、文字、图案及立面标记、实体标记、突起路标和路边线轮廓标等所构成的交通安全设施。由于主要设置在路面上，所以也称为路面标线。道路交通标线可以与道路交通标志、交通信号灯和其他交通管理设施配合使用，也可单独使用。

2. 作用。道路交通标线是重要的交通管理设施，合理设置的道路交通标线对维护交通秩序，保障交通安全，提高通行效率，起着非常重要的作用。

（1）向道路使用者传递有关道路交通的信息。设置交通标线可以向道路使用者传递道路交通的规则、警告、指引等信息，道路使用者可以根据传递的信息，及时采取措施，实现安全、高效的目的。

（2）保障道路交通流的平稳有序运行。利用道路交通标线，可以实行分道行驶，各种不同方向、不同速度、不同种类的车辆相互分离，车辆与行人相互分离，减少了相互干扰；利用道路交通标线，可在平面交叉路口组织渠化交通，引导行人和各种车辆按标线所示的位置、方向、路线行进，减少了交通流的冲突和交织，保障了道路交通流的平稳有序运行，提高了道路的通行能力。

（3）守法和执法依据。道路交通标线是国家道路交通管理法律、法规的具体表现形式之一，带有强制性和普遍性。它要求所有道路交通参与者都必须遵守，在它的指引下通行。道路交通标线既是交通参与者行使交通权利的法律依据的具体表现，也是公安交通管理机关实施交通规划、事故与违法行为处理等交通管理警务的具体法律依据。

（二）设计原则

道路交通标线是交通管理设施的重要组成部分，在交通管理和控制中起着非常重要的作用，在具体设计时，应遵循下面的原则：

1. 与道路交通运行情况相匹配的原则：交通标线的设置是为促进道路交通更加顺畅，提高道路交通的效率和安全。进行标线设计之前，首先需要对所设计的道路基础条件、实践（或可能的）交通组成、交通流运行的特点有详细的了解，依据实际交通需要设置标线。与交通运行不相匹配的交通标线不但会妨碍交通流的正常运行，还会使交通参与者对交通标线的功能产生怀疑，严重时还有可能使哪些遵守路面标线的交通参与者置身险境。

2. 适当设置的原则：路面标线作为信息传递的手段，所传递的信息量是有限的，如果期望标线传递的信息过多反而可能导致混乱，妨碍正确信息的传递。过多或不必要的标线不仅会导致混乱，还会产生路面附着力降低的问题，无论是从物理意义上还是从安全意义上都是应该尽量避免的。

3. 灵活设计的原则：交通标线设计不应拘泥于形式上的统一，应该树立这样一个观点：关注交通实际状况，一切以道路资源有效利用及交通运行更加顺畅安全为目的。在此基础之上依据道路交通标线灵活处理各种标线的设置。

4. 交通标线设计与道路设计的关系：这两者是两个相互独立的系统，即使最初道路设计时设计成单向四车道的道路，之后随着沿途条件和交通条件的变化，也有可能通过交通标线设置变成单向三车道或单向五车道使用。合理设计交通标线与合理设计道路本身具有同等的重要性，也能够发挥同等的效能。无论设计多么合理的道路，如果没有合理的标线设置，也不能发挥出应有的作用；相反，即使是基础条件较差的道路，通过合理的标线设置，也可以发挥出较好的功能，这一点充分说明了标线设置的重要性。

5. 与其他交通设施相匹配的原则：同一地点设置的交通标志、标线等交通设施，所传递的交通信息不能相互矛盾，不能给交通参与者造成困惑。

6. 新建道路或临时性道路向公众开放时，需要在适当的位置设置必要的交通标线（或临时标线）。当标线陈旧不能提供足够的视认性或已经不再适应变化后道路环境时，应按照变化后的道路环境重新设置标线。

总之，交通标线的设置应当让道路使用者感觉遵从路面标线是最好而且是最安全的选择，要树立人们对交通标线的信赖。

（三）形式、颜色及含义

道路交通标线的颜色为白色、黄色、蓝色或橙色，路面图形标记中可出现红色或黑色的图案或文字。道路交通标线的形式、颜色及含义如表7-6所示。

表7-6 道路交通标线的形式、颜色及含义

编号	名称	图例	含义
1	白色虚线	— — —	画于路段中时，用以分隔同向行驶的交通流；画于路口时，用以引导车辆行进

续表

编号	名称	图例	含义
2	白色实线		画于路段中时,用以分隔同向行驶的机动车和非机动车,或指示车行道的边缘;画于路口时,用作导向车道线或停止线,或用以引导车辆行驶轨迹;画为停车位标线时,指示收费停车位
3	黄色虚线		画于路段中时,用以分隔对向行驶的交通流或作为公交车专用车道线;画于交叉口时,用以告示非机动车禁止驶入的范围或用于连接相邻道路中心线的路口导向线;画于路侧或缘石上时,表示禁止路边长时停放车辆
4	黄色实线		画于路段中时,用以分隔对向行驶的交通流或作为公交车、校车专用停靠站路边停放车辆;画为网格线时,标示禁止停车的区域;或为停车位标线时,表示专属停车位
5	双白虚线		画于路口,作为减速让行线
6	双白实线		画于路口,作为停车让行线
7	白色虚实线		用于指示车辆可临时跨线行驶的车行道边缘,虚线侧允许车辆临时跨越,实线侧禁止车辆跨越
8	双黄实线		画于路段中,用以分隔对向行驶的交通流
9	双黄虚线		画于城市道路路段中,用于指示潮汐车道
10	黄色虚实线		画于路段时,用以分隔对向行驶的交通流。实线侧禁止车辆越线,虚线侧准许车辆临时越线
11	橙色虚、实线		用于作业标线
12	蓝色虚、实线		作为非机动车专用道标线;画为停车位标线时,指示免费停车位
13	本部分规定的其他路面线条、图形、图案、文字、符号、凸起路标、轮廓标等		

道路交通标线颜色的色度性能应符合 GB/T16311 的规定。实际应用中，如需使用表 7-6 内容以外的道路交通标线，应遵循 GB5768.1-2009 附录 A 的要求。

二、道路交通标线的分类

道路交通标线的分类方法很多，主要介绍下面几种：
（一）按功能分类
1. 指示标线：指示车行道、行车方向、路面边缘、人行道、停车位、停靠站及减速丘等的标线；
2. 禁止标线：告示道路交通的遵行、禁止、限制等特殊规定的标线；
3. 警告标线：促使道路使用者了解道路上的特殊情况，提高警觉准备应变防范措施的标线。
（二）按设置方式分类
1. 纵向标线：沿道路行车方向设置的标线；
2. 横向标线：与道路行车方向交叉设置的标线；
3. 其他标线：字符标记或其他形式标线。
（三）按形态分类
1. 线条：施划于路面、缘石或立面上的实线或虚线；
2. 字符：施划于路面上的文字、数字及各种图形、符号；
3. 突起路标：安装于路面上用于标示车道分界、边缘、分合流、弯道、危险路段、路宽变化、路面障碍物位置等的反光体或不反光体；
4. 轮廓标：安装于道路两侧，用以指示道路边界轮廓、道路的前进方向的反光柱（或反光片）。

三、各类道路交通标线的含义

（一）指示标线
指示标线分为纵向标线、横向标线和其他标线。
1. 纵向标线包括：
（1）可跨越对向车行道分界线。可跨越对向车行道分界线（也可称为可跨越道路中心线）为黄色虚线，用于分隔对向行驶的交通流。一般设在道路中线上，但不限于一定设在道路的几何中心线上。车辆在保证安全的情况下，可以越线超车或转弯。

凡路面宽度可画两条及以上机动车道的双向行驶的道路，在允许车辆越线超车或转弯时，应划可跨越对向车行道分界线（见图 7-36）。

(2) 可跨越同向车行道分界线。可跨越同向车行道分界线为白色虚线，用来分隔同向行驶的交通流，设在同向行驶的车行道分界上。在保证安全的情况下，允许车辆短时越线行驶（见图 7-37）。

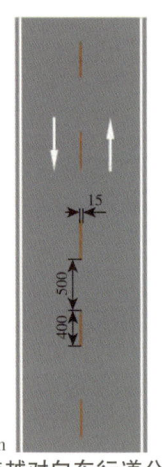
图 7-36　可跨越对向车行道分界线

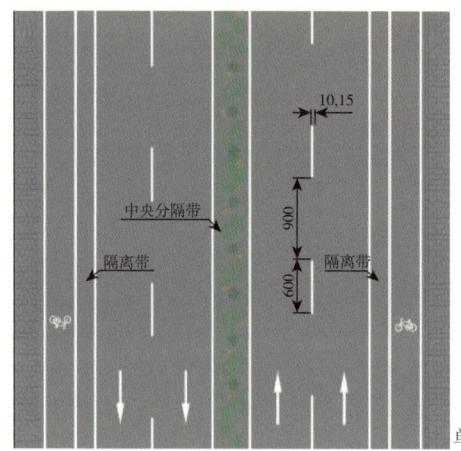
图 7-37　可跨越同向车行道分界线

(3) 潮汐车道线。车辆行驶方向可随交通管理需要进行变化的车道称为潮汐车道，以两条黄色虚线并列组成的双黄虚线作为其指示标线，指示潮汐车道的位置（见图 7-38）。潮汐车道线应使用相应的可变标志、车道行车方向信号控制设施来配合实现车道行车方向随需要变化的功能，可配合使用相应的物理隔离设施。

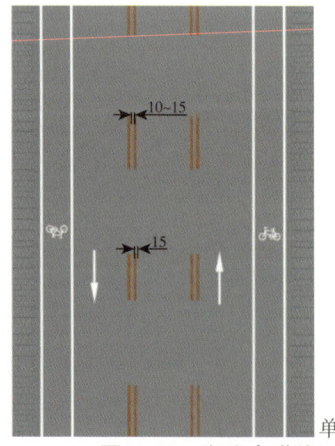
图 7-38　潮汐车道线

(4) 车行道边缘线。车行道边缘线用以指示机动车道的边缘或用以划分机动车道与非机动车道的分界。用以划分机动车道与非机动车道的分界时，也可称作机非分界线。

车行道边缘有白色实线、白色虚线、白色虚实线、黄色单实线等：

①车行道边缘白色实线用于指示禁止车辆跨越的车行道边缘或机非分界。图 7-39 所示双向四车道及以上道路除出入口、交叉口及允许路边停车的特殊路段外，所有车行道边缘上应设置车行道边缘白色实线，双向三车道及以下道路可不设置，但下列情况下应在车行道边缘施划白色实线：

道路的窄桥及其上下游路段；

采用道路设计极限指标的曲线段及其上下游路段；

交通流发生合流或分流的路段；

路面宽度发生变化的路段；

路侧障碍物距车行道较近的路段；

经常出现大雾等影响安全行车天气的路段；

非机动车或行人较多的机非混行路段。

②车行道边缘白色虚线用于指示车辆可临时越线行驶的车行道边缘。跨越边缘虚线行驶的车辆应避让其他正常行驶的车辆、非机动车和行人。在出入口、交叉口及允许路边停车路段等允许机动车跨越边缘线的地方，可设置车行道边缘白色虚线。图 7-40 所示城市道路相邻出入口间距小于等于 100m 时，车行道边缘虚线可连续设置。

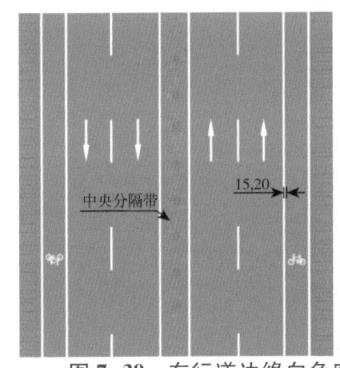

图 7-39 车行道边缘白色实线

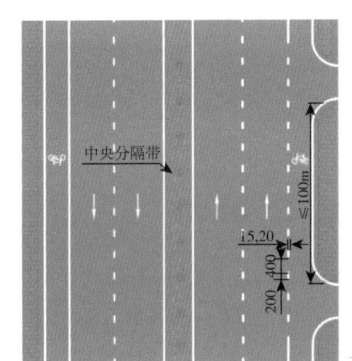

图 7-40 车行道边缘白色虚线

③车行道边缘白色虚实线的虚线侧允许车辆越线行驶，实线侧不允许车辆越线行驶，用以规范车辆行驶轨迹。在必要的地点，如公交车站临近路段、允许路边停车路段等，可设置车行道边缘白色虚实线。跨线行驶的车辆，应避让其他正常行驶的车辆、非机动车和行人（见图 7-41）。

④机动车单向行驶且非机动车双向行驶的路段，在机动车道与对向非机动车道之间应施划黄色单实线作为车行道边缘线。单向行驶的道路左边缘应施划黄色单实线为车行道边缘线（见图 7-42）。

道路中央有永久性物理隔离设施分隔对向交通流时，靠近隔离设施的车行道边缘线应为白实线；城市道路上采用活动护栏等可移动隔离设施分隔对向交通流时，靠近隔离设施的车行道边缘线可为黄色实线。

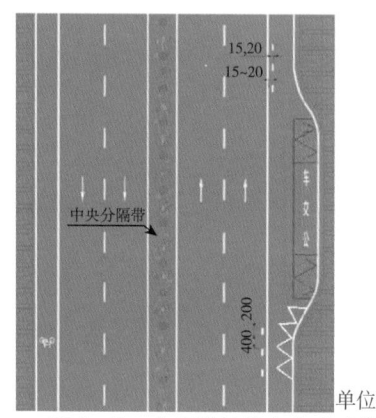
图 7-41　车行道边缘白色虚实线

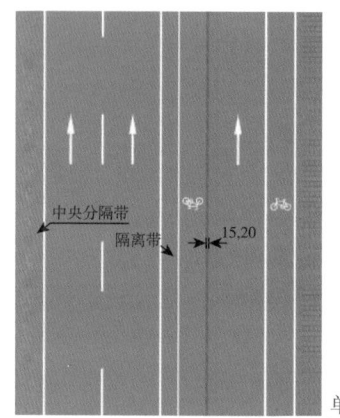
图 7-42　车行道边缘黄色单实线

（5）左弯待转区线。左弯待转区线为白色虚线，用来指示左转弯车辆在直行时段进入待转区等待左转的位置。左弯待转区线应在设有左转弯专用信号且辟有左转弯专用车道时使用，设于左转弯专用车道前端，伸入交叉路口内，但不得妨碍对向直行车辆的正常行驶（见图 7-43）。

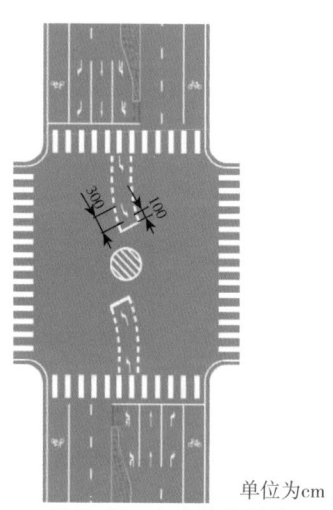
图 7-43　左弯待转区线

（6）路口导向线。在平面交叉口面积较大、形状不规则或交通组织复杂，车辆寻找出口车道困难或交通流组织严重时，应设置路口导向线，辅助车辆行驶和转向。连接同向车道分界线或机非分界线的路口导向线为白色圆曲（或直）虚线。连接对向车道分界线的路口导向线为黄色圆曲（或直）虚线。

（7）导向车道线。设置于路口驶入段的车行道分界线称作导向车道线，用于指示车辆应按导向方向行驶的导向车道的位置。导向方向固定的导向车道线为白色实线。可变导向车道线用于指示导向方向随需要可变的导向车道的位置，可变导向车道内不应设置导向箭头，可变导向车道线应与可变的车道行驶方向标志配合使用。进入可变导向车道的车辆应按车道行驶方向标志显示的指向行驶（如图7-44）。

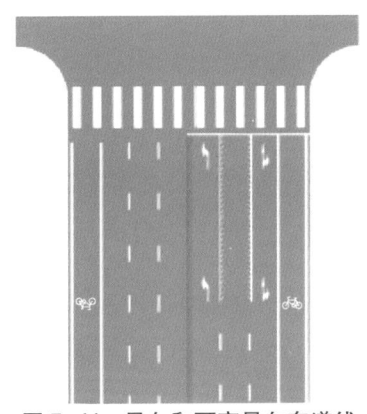

图7-44　导向和可变导向车道线

2. 横向标线包括：

（1）人行横道线。人行横道线为白色平行粗实线（斑马线），既表示一定条件下准许行人横穿道路的路径，又警示机动车驾驶人注意行人及非机动车过街。

道路交叉口和行人横过道路较为集中的路段中无过街天桥、地下通道等过街设施时，应施划人行横道线；学校、幼儿园、医院、养老院门前的道路没有行人过街设施的，应施划人行横道线，设置指示标志。

（2）车距确认标线。车距确认标线作为车辆驾驶人保持行车安全距离的参考，视需要设于较长直线段、易发生追尾事故或其他需要的路段，应与车距确认标志配合使用。

车距确认标线有白色折线和白色半圆状车距确认标线两种类型。

3. 其他标线包括：

（1）道路出入口标线。道路出入口标线用于引导驶入或驶出车辆的运行轨迹，提供安全交会，减少与突出路缘石碰撞的可能，一般由出入口的纵向标线和三角地带标线组成。

出入口标线的颜色为白色，按照 GB 5768.3-2009 的有关要求，应结合出入口的形状和具体线性进行设计布置。

（2）停车位标线。停车位标线标示车辆停放位置。可在停车场或路边空地，车行道边缘或道路中间适当位置设置。无特殊说明时，停车位标线应和停车场标志配合使用。

停车位标线的颜色为蓝色时表示此停车位为免费停车位，为白色时表示此停车位为收费停车位，为黄色时表示此停车位为专属停车位。停车位标线的宽度可介于 6~10cm 之间。停车位标线按两种车型规定尺寸，上限尺寸长为 1560cm、宽为 325cm 适用于大中型车辆；下限尺寸长为 600cm、宽为 250cm，适用于小型车辆。在条件受限时，宽度可适当降低，但最小不应低于 200cm。

停车位标线按设置方式可分为：

①车辆平行于通道方向停放的平行式；

②车辆与通道方向成 30°~60°角停放的倾斜式；

③车辆垂直于通道方向停放的垂直式。

可根据通道宽度、停放车辆种类、交通量等情况选择采用。

（3）停靠站标线。停靠站标线包括港湾式停靠站标线和路边式停靠站标线两种：

①港湾式停靠站标线：标示车辆通向专门的分离引道的路径和停靠位置，由渐变段引道白色虚线、正常段外边缘白色实线或白色填充线组成。

②路边式停靠站标线：当公共汽车线路客流量较少、道路条件受限制或用于校车停靠时，可在路边施划路边式停靠站标线，指示公共汽车或校车停靠站的位置，并指示除公共汽车或校车外，其他车辆不得在此区域停留。

（4）减速丘标线。布置减速丘的路段，应在减速丘前端设置减速丘标线，以提前告知道路使用者。减速丘标线由设置在减速丘上的标记和设置在减速丘上游的前置标线组成。减速丘标线应采用反光标线。

（5）导向箭头。导向箭头用于指示车辆的行驶方向。在行驶方向受限制的交叉入口车道内，车道数减少路段的缩减车道内，设有专用车道的交叉口或路段、畸形、复杂的交叉口，渠化后的车道内应设置导向箭头。导向箭头的基本形状及含义如表 7-7 所示。

导向箭头的颜色为白色，可根据实际车道导向需要设置，组合使用时不宜超过两种方向。

表 7-7　导向箭头的基本形状及含义

导向箭头	含　义
	指示直行

续表

导向箭头	含　义
	指示前方可直行或左转
	指示前方左转
	指示前方右转
	指示前方可直行或右转
	指示前方掉头
	指示前方可直行或掉头
	指示前方可左转或掉头
	指示前方道路仅可左右转弯
	提示道路前方有左弯或需向左合流
	提示道路前方有右弯或需向右合流

(6) 路面文字标记。它是利用路面文字指示或限制车辆行驶的标记。路面文字标记包括道路行驶方向的指示信息、特定时间段指示信息、出口提示信息等内容。路面文字标记的高度应根据道路设计速度确定，具体参见 GB 5768.3-2009，汉字标记应沿车辆行驶方向由近及远竖向排列，数字标记沿车辆行驶方向横向排列。

(7) 路面图形标记。设置于车道或停车位内的路面图形标记宽度为车道或停车位宽度的一半，并四舍五入取 10cm 的整倍数。

(二) 禁止标线

禁止标线可分为纵向禁止标线、横向禁止标线和其他禁止标线。

1. 纵向禁止标线包括：

(1) 禁止跨越对向车行道分界线。它也可称为禁止跨越道路中心线，有双黄实线、黄色虚实线和单黄实线三种类型。用于分隔对向行驶的交通流，并禁止双方向或一个方向车辆越线或压线行驶。一般设在道路中线上。但不限于一定设在道路的几何中心线上。

①双黄实线作为禁止跨越对向车行道分界线时，禁止双方向车辆越线或压线行驶。一般施划于单方向有两条或两条以上机动车道而没有设置实体中央分隔带的道路上，除交叉路口或允许车辆左转弯（或掉头）路段外，均应连续设置，可采用振荡标线的形式。

②黄色虚实线作为禁止跨越对向车行道分界线时，实线一侧禁止车辆越线或压线行驶，虚线一侧准许车辆暂时越线或转弯。越线行驶的车辆应避让正常行驶的车辆。

③黄色单实线作为禁止跨越对向车行道分界线时，禁止双方向车辆越线或压线行驶。一般施划于单方向只有一条车道或一条机动车道和一条非机动车道道路、视距受限制的竖曲线、平曲线路段及有其他危险需要禁止超车的路段，可采用振荡标线的形式。

(2) 禁止跨越同向车行道分界线。用于禁止车辆跨越车行道分界线进行变换车道或借道超车。设于交通繁杂而同向有多条车行道的桥梁、隧道、弯道、坡道、车行道宽度渐变路段、交叉口驶入段、接近人行横道线的路段或其他认为需要禁止变换车道的路段，此标线为白色实线。

(3) 禁止停车线。

①禁止长时间停车线：用于禁止路边长时停放车辆，但一般情况下允许装载货物或上下人员等车辆的临时停放。本标线为黄色虚线，施划于道路缘石正面及顶面，无缘石的道路可标画于路面上。本标线可配合"禁止停放"路面文字和禁止长时停放标志一并使用。并可根据需要在辅助标志上标明禁止路边

停放车辆的时间或区间。

②禁止停车线：用于指示禁止路边停、放车辆。本标线为黄色实线，施划于道路缘石正面及顶面，无缘石的道路可施划于路面上。本标线可配合"禁止停放"路面文字和禁止停放标志一并使用，并可根据需要在辅助标志上标明禁止路边停放车辆的时间和区间。

2. 横向禁止标线包括：

（1）停止线。它表示车辆让行、等候放行等情况下的停车位置。停止线为白色实线。

（2）停车让行线。它表示车辆在此路口应停车让干道车辆先行。设有"停车让行"标志的路口，除路面条件无法施划标线外，均应设置停车让行线。停车让行线为两条平行白色实线和一个白色"停"字。

（3）减速让行线。它表示车辆在此路口应减速让干道车辆先行。设有"减速让行"标志的路口，除路面条件无法施划标线外均应设置减速让行标线。减速让行线为两条平行的虚线和一个倒三角形，颜色为白色。

3. 其他禁止标线包括：

（1）非机动车禁驶区标线。在无专用左转相位信号控制的较大路口或其他需要规范非机动车行驶轨迹的路口内，可设非机动车禁驶区标线，用以告示非机动车使用者在路口内禁止驶入的范围。非机动车禁驶区范围以机动车道外侧边缘为界，可配合设置中心圈。左转弯非机动车应沿禁驶区范围外绕行，且两次停车。非机动车禁驶区标线的颜色为黄色虚线。

（2）导流线。它表示车辆需按规定的路线行驶，不得压线或越线行驶。导流线主要用于过宽、不规则或行驶条件比较复杂的交叉路口，立体交叉的匝道口或其他特殊的地点。导流线应根据交叉路口的地形和交通流量、流向情况进行设计。导流线的颜色为白色，与道路中心线相连时，也可用黄色。标线形式可分为单实线、V型线和斜纹线三种。

（3）中心圈。可设在平面交叉路口的中心，用以区分车辆大、小转弯或作为交叉口车辆左右转弯的指示，车辆不得压线行驶。中心圈有圆形和菱形两种形式，颜色为白色。

（4）网状线。它用以表示禁止以任何原因停车的区域，视需要划设于易发生临时停车造成堵塞的交叉路口、出入口及其他需要设置的位置。网状线的颜色为黄色网状实线。

（5）车种专用车道线。

①公交专用车道线：由黄色的虚线及白色的文字组成，表示除公交外，其他车辆和行人不得进入该车道。公交专用车道线应与公交专用车道标志配合设置。

②小型车、大型车专用车道线：在车道内施划"小型车""大型车"路面白色文字，表示该车道为小型车专用车道和大型车专用车道。

③多乘员车辆专用车道：由白色虚线及白色文字组成，表示该车道为有多个乘车人的多乘员车辆专用的车道，未载乘客或乘员数未达规定的车辆不得入内行驶。多乘员车辆专用车道线应与多乘员车辆专用车道标志配合设置。

④非机动车道线：由车道线、非机动车标记图案和"非机动车"文字组成，一般情况下可仅采用非机动车标记图案而不标文字标记，除特殊点段外，该车道为非机动车道，机动车不得进入。非机动车标线颜色为蓝色时，表示此车道仅供非机动车行驶，行人及其他车辆不得进入。

（6）禁止掉头（转弯）标记。用于禁止车辆掉头的路口或区间。禁止掉头（转弯）标记由黄色导向箭头和黄色叉形标记左右组合而成。黄色叉形标记位于左侧，如本车道为限时禁止掉头（转弯）车道，应在禁止掉头（转弯）标记下附加禁止掉头（转弯）时间段的黄色文字。禁止掉头（转弯）标记应与禁止掉头（转弯）标志配合设置。

（三）警告标线

警告标线可分为纵向标线、横向标线和其他标线。

1. 纵向标线包括：

（1）路面（车行道）宽度渐变段标线。它用以警告车辆驾驶人路宽或车道数变化，应谨慎行车，并禁止超车。标线颜色为黄色。并应配合设置相应标志。

（2）接近障碍物标线。它用以指示路面有固定性障碍物，警告车辆驾驶人谨慎行车，引导交通流顺畅驶离障碍物区域。接近障碍物标线的颜色，应根据障碍物所在位置，与对向车行道分界线或同向车行道分界线的颜色一致。

（3）铁路平交道口标线。它用以指示前方有铁路平交道口，警告车辆驾驶人应在停车线处停车，在确认安全的情况下或信号灯放行时，才可通过。线条及标字见 GB5768.3-2009 的规定。

铁路道口交通标志和标线的具体设置参见 GB5768.6-2017。

2. 横向标线包括减速标线：用于警告车辆驾驶人前方应减速慢行。可分为收费广场减速标线、车行道减速标线等。

收费广场减速标线设于收费广场及其前部适当位置，为白色反光虚线，根据设置位置的不同，可以是单虚线、双虚线或三虚线，垂直于行车方向设置。

车行道减速标线设置于弯路、坡路、隧道洞口前、下长坡路段及其他需要减速的路段前或路段中的机动车车道内，分为车行道横向减速标线和车行道纵向减速标线，可用振荡标线的形式。

3. 其他标线包括：

（1）立面标记。它用以提醒驾驶人注意，在车行道或近旁有高出路面的构造物。立面标记一般可设在靠近道路净空范围的跨线桥、渡槽等的墩柱立面、隧道洞口侧墙断面及其他障碍物立面上。标线为黄黑相间倾斜线条。

（2）实体标记。它用以给出道路净空范围内实体构造物的轮廓，提醒驾驶人注意。可设在靠近道路净空范围的上跨桥梁的桥墩、中央分隔墩、收费岛、实体安全岛或导流岛、灯座、标志基座及其他可能对行车安全构成威胁的立体实物表面上，一般应涂至距地面2.5m以上的高度。标线为黄黑相间的倾斜线条。

（四）其他标线

1. 突起路标。它是固定于路面上起标线作用的突起标记块，可用来标记对向车行道分界线、同向车行道分界线、车行道边缘线等，也可用来标记弯道、进出口匝道、导流标线、道路变窄、路面障碍物等危险路段。

突起路标的形状和布设详见GB5768.3-2009的规定。

2. 轮廓标。它用于指示道路的前进方向和边缘轮廓。

轮廓标的设置详见GB5768.3-2009的规定。

四、道路交通标线的设置

（一）道路交通标线设置的基本要求

1. 应符合道路设计要求，充分体现道路总体设计的意图；
2. 应与交通实际运行特点相适应，有利于道路交通的有序、安全与畅通；
3. 宜与交通标志设置配合使用，相互协调，相互补充，也可单独使用；
4. 应遵循适当设置的原则，不得出现传递信息过量或不足的情况；
5. 应与周边其他交通设施表达的信息相匹配，传递的交通信息不得相互矛盾；
6. 应保证交通标线在使用期间的可视性，及时对交通标线进行维护。

（二）道路交通标线设置的材料要求

1. 应具有抗滑性能，不宜低于所在道路路面的抗滑要求；
2. 应具有耐磨性能，保证正常的使用寿命；
3. 应具有可视性，具备良好的反射能力，白天、夜间及雨天视认性符合要求；
4. 干燥时间应短，操作应简单，利于施工；
5. 应具有良好的环保性能；
6. 在规定的使用期限内，标线不应出现明显的变色。道路交通标线颜色的色度、性能应符合现行国家标准《道路交通标线质量要求和检测方法》

（GB/T 16311）的规定。

目前，道路交通标线常用的材料可分为溶剂型涂料标线、热熔型涂料标线、水溶性涂料标线、双组分涂料标线、预成型标线带标线五种。

（三）道路交通标线的维护

1. 标线的可视性受天气的影响非常大，雨、雪的覆盖大大降低了标线的可视性。因此，要及时清理路面上的积雪、积水等，保证标线能发挥自身的作用。

2. 标线的使用寿命一般不是很长，受气候和道路上交通量的影响也比较大，应及时更新，道路养护和经营单位应当尽早发现，并通报标线的损坏情况要求及时重新涂刷。所有的标线在每年的春天和秋天都要重新涂刷，要保证每年至少涂刷一次。对于那些交通流量很大的道路，应考虑标线的实际磨损情况来重新涂刷。

3. 路面的清洁程度对标线的可视性影响较大，尘土的覆盖会大大降低标线夜间可见度。一定要定期对路面进行除尘、清扫，并且保证每年要有一次夜间检查标线，使标线具有足够的反光性和夜间可视性。

4. 当标线老化严重或当交通条件发生变化，标线的位置功能需要重新划分时，需要对原有标线进行移除，重新设置新标线。重新设置新标线时，应保证旧标线去除干净以及道路的干燥和清洁，避免标线的污染。

五、特殊路段道路交通标志和标线的设置

（一）学校区域

学校区域，是指幼儿园、小学、中学的校门上、下游 150m 半径范围内的道路。

学校区域交通标志、标线设置的一般规定：

1. 学校区域的道路交通标志和标线应与其他交通安全与管理设施相协调。
2. 学校区域限速和警告标志的尺寸宜在 GB5768.2 要求的基础上放大。
3. 学校区域交通标志采用的反光膜宜为符合 GB/T18833-2012DE Ⅳ 类或 Ⅴ 类反光膜。
4. 学校区域的警告标志的底色宜采用荧光黄绿色；辅助标志的底色可采用荧光黄绿色。
5. 学校区域的限速值不宜超过 30km/h。
6. 学校区域的起点前、儿童经常出入的地点前以及直接通往校门的路口前，应设置相应的注意儿童、注意行人警告标志。
7. 学校区域可设置禁止鸣喇叭标志，禁止鸣喇叭的时间和范围可用辅助标志说明。

其他规定参见 GB5768.8-2018。

（二）铁路道口

铁路道口交通标志、标线设置的一般规定：

1. 铁路道口路段道路交通标志的颜色、形状、尺寸、图符应符合 GB5768.2 的相关规定；铁路道口路段道路交通标线的颜色、形状、尺寸、图符应符合 GB5768.3 的相关规定。

2. 多股铁路与道路相交，应在有人看守铁路道口标志或无人看守铁路道口标志的上方设置叉形符号。

3. 铁路道口标线的尺寸应符合 GB5768.3-2009 的规定。

4. 多车道道路设置铁路道口标线时，每条机动车道均应设置一组铁路道口标线。

5. 铁路道口附近路段双车道时应设置禁止跨越对向车行道分界线，多车道时还应设置禁止跨越同向车行道分界线。除城市道路交叉口密集路段外，从停止线开始计算，禁止跨越对向车行道分界线和禁止跨越同向车行道分界线的长度不小于 30m。

6. 如需设置网状线，应设置于停止线后并覆盖铁道，交通量较小、范围较小的铁路道口可采用简化网状线。

具体设置内容参见 GB5768.6-2017。

（三）作业区

作业区是由于道路施工、养护等作业影响交通运行，而进行交通管控的路段。

作业区交通标志、标线布置的一般规定：

1. 作业区交通标志、标线及其他设施，是针对作业期间设置的临时性设施，作业完成后应及时拆除并恢复原交通标志、标线及其他设施。

2. 作业区设置交通标志、标线及其他设施时，应从警告区开始，向终止区推进。移除顺序应与设置顺序相反。

3. 公路上与作业区相邻的机动车道宽度不应小于 3.0m，城市道路上不应小于 2.75m，否则应封闭该车道。

4. 除移动作业外，必须设置渠化设施（用以阻挡或分隔交通流、标明车辆绕行路线、保护作业现场设施和人员的交通锥、交通桶、交通柱、活动护栏等设施的总称）分隔作业区域和交通流。分隔对向交通流时宜使用活动护栏，可使用塑料注水（砂）隔离栏，条件不具备时也可使用交通锥、交通桶或交通柱。

5. 渠化设施的设置范围包括上游过渡区、缓冲区、工作区及下游过渡区。交通锥、交通桶、交通柱的间距不宜大于 10m，在上游过渡区宜适当加密。位于道路交叉范围内的作业区和临时作业区可根据实际情况简化上游过渡区、缓冲区、下游过渡区的渠化设施的设置。

6. 除移动作业区外，作业区应根据实际交通组织设置作业区交通标志：

（1）警告区起点应设置作业区距离标志，预告作业区位置；

（2）作业区车道数减少时，应设置车道数变少标志；

（3）作业区借用对向车道或便道通行时，应设置改道标志；

（4）上游过渡区内，应根据实际情况设置线形诱导标或可变箭头信号；

（5）作业区较长时，缓冲区起点宜设置作业区长度标志；

（6）工作区前应设置路栏；

（7）终止区末端宜设置作业区结束标志；

（8）需要绕行其他道路的作业区交通组织，应设置橙色箭头或绕行标志；

（9）根据需要设置其他作业区标志；

（10）临时作业区可根据实际情况缩短作业区距离标志与上游过渡区的距离，并简化车道数变少标志、改道标志、作业区长度标志、作业区结束标志的设置。

7. 在上游过渡区的起点前应设置限速标志，在缓冲区和工作区可根据需要重复设置；终止区末端对作业区的速度限制应予解除；原路段限速值与作业区限速值差值较大时，宜进行限速过渡。位于交叉口的作业区、临时作业区和移动作业区可简化限速标志设置。

8. 无中间带路段内侧车道的作业区和借用对向车道组织交通的作业区，对向应设置作业区交通标志、标线及其他设施。

9. 长期作业区，已有交通标志和标线适用于道路作业期间交通通行时，应予以保留并维持整个作业期内的良好状态；已有交通标志和标线与作业期间交通组织冲突时，应予以去除和遮挡。

10. 移动作业区应在移动作业车上安装移动性作业标志或可变箭头信号，并宜配备交通引导人员或在移动作业车后方设置安装有移动性作业标志或可变箭头信号的保护车辆，也可在移动作业车上配备车载防撞垫。

11. 作业区夜间宜设置照明或主动发光标志，除移动作业区外，同时应设置施工警告灯。施工警告灯应设置在路栏顶部，同时宜设置在渠化设施的顶部，也可同时设置在围绕工作区的其他设施上。设置间距不宜大于20m，高度宜为1.2m且不低于1.0m。

12. 作业区附近存在隧道、急弯、陡坡、铁路道口、视线不良等路段时，应根据实际情况增设相应的标志。

其他道路作业区布置的详细内容参见 GB5768.4-2017。

思考题

1. 简述道路交通标志与道路交通标线的在交通管理中的作用。
2. 简述道路交通标志、道路交通标线的种类及作用。
3. 什么是道路交通标志设计的三要素？它们在标志中的作用是什么？
4. 分析诱导标在保障行车安全中的作用。

第八章 道路交通安全评价简介

随着时代的不断发展，基础建设逐渐完善，在道路交通网络给人们带来良好的出行条件的同时，却衍生出大量的交通事故，导致公众的人身安全和财产安全受到威胁。为了能够鉴别事故隐患、降低事故率、减轻事故严重度，需要对道路安全评价进行分析研究，以安全度作为重要指标，寻求改善道路交通安全的有效途径。

道路安全评价是由西方发达国家相继发展起来的用于鉴别事故隐患、降低事故率、减轻事故严重度的有效方法。它从人、车、路各方面对道路安全的内在作用入手，综合以往事故调查处理的经验，贯穿于设计、建设及经营的各阶段。道路安全评价的核心在于审查道路与交通工程项目或其他与道路安全有关的项目在其规划、设计、施工和养护中，是否保证以最小的项目经费得到最大的交通安全程度。

为更好地了解这一有效的方法，结合我国国情，本章介绍道路安全评价的定义、特征、内容、基本流程、评价指标、实施安全评价的时期、评价方法等。

第一节 道路交通安全评价现状

一、道路交通安全评价的背景

汽车已成为人类文明进步的标志。人类在享受其带来的舒适、便捷等优越性的同时，也付出了沉重的代价。据世界卫生组织公布的有关数字显示，全世界每年有130多万人死于交通事故，1200万人受伤或致残，相当于每年一个米兰市被从地球上抹掉。因道路交通事故而受重伤的人数每年达到500多万人，受伤总人数达3000多万人。多年来累计死于汽车轮下的人数已超过两次世界大战的浩劫数。它所造成的损失也是惊人的，全球每年因交通事故造成的经济损失高达5180亿美元，许多国家因道路交通事故造成的经济损失达到其国民经济总产值（GDP）的2%。因此人们把道路交通事故称为"现代文明病"和"永无休止的战争"。

中国道路交通安全问题亦十分突出,交通死亡人数和受伤人数是世界之首,万车死亡率比号称汽车王国的美国高了近百倍。尤其是近几年全国范围内重特大交通事故和群死群伤事故的不断发生,给交通安全工作带来了巨大的压力。自 2000 年"畅通工程"实施以来,我国城市道路设施和交通秩序有了一定的改观,但因我国各城市道路交通建设和管理水平普遍不高,短时间内仍难以全方位得到有成效的提升,我国城市道路交通事故的发生率仍比较高。随着城市化进程逐步加快,我国城市人口和产业规模迅猛增长,大量的流动人口涌入城市,城市的交通量也随之增大。随着城市经济的发展,城市的一些基础设施特别是道路和附属设施滞后于城市化的进程,城市的交通拥堵和交通安全已经成为城市的公害。

二、道路交通安全评价发展概况

安全评价主要通过对研究对象在某一特定时间内的状况,运用安全评价方法进行评价研究。道路交通安全综合评价则是对现有或将建的道路工程项目或交通工程项目、任何与道路用户有关的其他项目的正式审查,并给出项目存在的或潜在的安全问题以及相应的改善建议措施等一系列连续工作的综合。在交通安全评价发展过程中,道路交通安全评价的相关研究与工作目前进行得较多,也较为成熟与完善,在一些发达国家已经取得了较好的成效。

20 世纪 70 年代初期,英国最早开展了道路交通安全研究工作。1974 年在道路交通条例中进一步明确了新建道路安全评价的必要性;1988 年,道路交通条例中通过了一项法律,"在大不列颠大陆所有道路权力机构必须采取措施降低新建道路事故隐患",该法律促成了世界首份正式的安全评价参考文献;1989 年,英国发行了《道路安全审计字典与实践》。在道路交通安全评价技术应用推广方面,英国深入研究道路的规划、设计、施工、运营的每个阶段,从各种道路用户类型的安全角度去检查道路的不安全因素和事故隐患,从而降低事故率。澳大利亚自从 20 世纪 60 年代后,交通年死亡人数一直占所有死亡人数的 3%。因此,澳大利亚政府非常重视交通安全的研究,除了对已有道路和发生的交通事故进行分析研究,还较早地开展了道路安全评价工作,并形成规范和制度,使其在道路交通安全方面取得了国际认可的成就。

但事实上,这只是交通安全评价的一个方面。目前,各国交通运输的发展,都仍在不同程度地受到交通安全事故的制约,一些研究人员认为,除了交通运输内部的危险因素以外,交通运输安全状况甚至还受到交通系统之外的其他功能系统的影响(如土地开发与使用方式、布局、道路综合管理模式等)。例如,道路交通事故的发生是由于事件的连续发生所致,人、车、路是这一事件链的主要因素。由于道路系统中人、车、路三者是有机地结合在一起的，所以单独从一个方面割裂地分析道路交通安全问题是难以奏效的，因此应当建立起系统的研究方法以求有效改善道路交通安全状况。

世界道路会议（PIARC）道路安全委员会在1995年会议上为1999年的会议制订了几个改善道路安全状况的论题，但事实上只有道路安全评价引起了与会专家的兴趣。PIARC道路安全委员会对道路安全评价的定义为"道路交通安全评价是应用系统方法，将道路交通安全的知识应用到道路的规划和设计等各个阶段，以预防交通事故"。道路交通安全评价可用于现有道路、新建道路及现有道路的改善，适用于公路项目，也适用于城市道路项目的安全评价。事实上，有些国家如澳大利亚则将道路交通安全评价的适用范围扩展到所有与道路交通安全有关的土地开发项目，包括一些大型的商场、娱乐设施、停车场等。这些土地开发项目对原有交通的影响及干扰作用是显而易见的，故将其列入评价范围之内是相当必要的。

20世纪90年代，引入安全审查的概念，也是我国最早的道路交通安全评价，是从世行、亚行贷款的一些公路建设项目发起并逐步拓展的，是以预防交通事故和提高道路交通安全为目的一项新技术手段。2004年原交通部为公路安全保障工程实施提供了技术支持，立项开展了"公路交通安全应用技术研究"产生了公路安全评价的系列规范和指南，为我国安全评价实践提供了依据。同年出版了《公路项目安全评价指南》（JTG/T B05-2004）是我国首部全国范围内实施安全评价的规范性文件。2006年，交通部和世界道路协会在北京举办的国家公路安全研究讨论会上提出将道路安全审计工作逐步推广到我国公路建设项目中。同年，在公安部召开的预防道路交通事故工作研讨会中，与会代表们也重点讨论了如何对现有公路进行安全评价，引入国外道路安全审计模式，加强对道路交通安全的监督。2011年《中华人民共和国道路交通安全法》及2004年《中华人民共和国公路法》中均明确提出道路安全隐患整治、道路交通安全评估与验收的相关内容，为制定和实施道路安全评价相关政策法规提供了法律依据。

道路交通安全是贯穿整个交通系统始终的永恒命题。因此，我们需要进一步提高道路交通安全的综合评价能力与水平，建立一个全面而清晰的交通运输安全评价体系，通过对相关数据的搜集及模型建立，各种与安全相关的指标的科学量化，使交通系统中各复杂因素之间的相关性与相关程度得到客观描述、定性与定量，从而得到与事实最为接近的交通安全评价结果，为管理与决策者提供直观的、科学的依据。

三、道路交通安全评价阶段划分

按照道路交通项目从可行性研究到开通运营过程，道路交通安全评价阶段划分为工程可行性研究阶段、初步设计阶段、施工阶段、预开通阶段、运营阶段，以道路通车时间为时间节点，道路交通安全评价的过程可划分为开通运营前评价阶段和开通运营评价阶段。

（一）开通运营前评价阶段

1. 可行性研究阶段。可行性研究阶段的评价目标，是依照道路工程项目既有规划条件和内容，从交通安全的角度出发，评价规划道路和路网的功能适配性、不同层次路网衔接的顺适性，以及多方式交通系统转换的安全性。重点评价规划方案与设计标准是否存在不合理之处和交通安全隐患，以及备选方案路线的连续性、平顺性、合理性，尤其是交叉口分布的合理性。

2. 初步设计阶段。初步设计阶段评价是对道路工程、平纵线形、视距、交叉口设计指标的安全性实施评价。此外，道路工程设计方案与设计规范之间的偏差对于对交通安全产生的影响，以及对施工过程可能遇到的危险实施安全预防等也是安全评价的内容。

3. 施工阶段。施工阶段安全评价分为施工图设计阶段及施工阶段评价两个部分，其中施工图设计阶段，也称详细设计方案阶段，以标志标线控制信号照明交叉口细节设计与交通组织方案、路侧景观等包含设计要素的安全性能评价为主。施工阶段评价主要以施工区、施工组织与管理、施工方案等与施工过程密切相关的交通导流方案、临时交通控制设施及临时交通管制方案等为评价重点。除此之外，施工人员与车辆、经过施工区域的用路者安全保障，也是施工阶段安全评价的内容。

4. 预开通阶段。预开通阶段评价是对施工结束后和开通运营前的新建（改建）道路进行安全评价，主要测试道路能否满足不同用户的安全需求。假设用户在不同时段和不同天气条件下使用道路，识别事故多发点位置和类型，提出解决方案消除安全隐患。因此，预开通阶段侧重评价道路状况在施工过程中所发生的变化，以及对已经开通道路的相互影响。

（二）开通运营评价阶段

新建和改建道路工程及交通设施投入运营后，道路环境和交通量等交通环境随着时间的增长不断发生变化。促使静态的道路规划设计指标与动态变化的交通环境之间发生错位，产生道路安全隐患和事故黑点。因此，道路开通运营后，持续监测道路交通运行安全状况，排查道路隐患和事故黑点是道路运营阶段交通安全管理和道路运营的主要任务。

按照评价对象将道路交通运行安全评价划分为公路交通运行安全评价、城市道路交通运行安全评价和道路交叉口安全评价。公路交通安全评价按照公路技术等级评价方法不同，依据交通运行特性分为高速公路及一级公路评价，二级及以下等级公路安全评价和区域公路路网安全评价。城市道路交通运行环境复杂，安全评价侧重于对交通安全设施、交通运行特性、道路使用者及管理保障水平等内容进行评价。交叉口交通安全评价则侧重于对道路交通冲突严重性和安全服务水平等级进行评价。

第二节　道路交通安全评价工作流程和内容

一、道路交通安全评价的概念

（一）道路交通安全评价概念的产生

道路交通安全评价的目的是检查道路或道路建设是否存在潜在的事故风险和安全性能问题，是在人类与道路交通事故作斗争的几十年上百年的过程中，经过不断完善，综合道路安全研究成果而逐步成型的。

英国运输部认为道路安全评价是对直接影响道路用户安全的道路组成元素和其相互作用或施工当中的其他因素的评价，通过评价在道路开放交通之前预测可见的潜在的道路安全问题，发现潜在的危险。

澳大利亚认为道路安全评价是由一个独立的合适的检查者（机构）对与道路建设有关的工作的审查以保证提供高水平的道路安全。

美国 ITE 技术委员会认为道路安全评价是对现有或将建道路或交通项目或其他与道路用户有关的项目所做的正式审查，由合格的独立的检查者检查项目的现在事故可能性和道路交通的安全性能。

在我国，道路交通安全评价是以一个地区或一条道路为研究范围，通过收集资料、事故调查、现场测量等手段获得与研究范围内相关的信息，通过事故指标、隐患指标及风险指标等，应用适合的评价方法对研究范围进行安全程度的评价。

道路交通安全评价，国外也称为道路交通安全审计、道路交通安全核查、道路交通安全审查。它既需要安全评价理论的支撑，又需要理论与实际经验的结合，二者缺一不可。目前国内安全评价和国外的略有不同，国内尚未建立风险的基准的标准，量化的 QRA 计算目前尚无法进行，因此更多的是为政府和管理者提供安全防范措施。

（二）道路交通安全评价的定义

道路交通安全评价是运用安全系统工程的原理和方法，对拟建或已有道路可能存在的危险性及可能产生的后果进行综合评价和预测，并根据可能导致的事故风险大小，提出相应安全对策措施，以达到系统安全的目的。

1. 道路交通安全评价对象。按研究对象分为宏观评价、微观评价；按照评价时间范围分为事前评价、事后评价，其中事前评价采用的是道路开通前的信息，事后评价采用的是道路运营后的信息。

宏观评价着眼于区域，研究区域经济、车辆保有量、人口及其构成与交通安全的相互关系，目的在于分析某一区域的社会变革、经济和技术的发展所引起的交通安全状况的变化，并寻找能应对这种变化的技术与政策措施。

微观评价着眼于具体，从不同的角度分析影响交通干线、诱发交通事故的各种具体因素，为改善某一路段、路口的安全状况或规范某一交通行为制定可行性措施。

2. 道路交通安全的评价主体。

（1）技术要求。评价人员对道路设计、交通工程要有丰富的评价经验。

（2）公正性要求。公正的指出道路设计中存在的安全问题，不得因对设计存有偏见而无端挑剔设计中的问题，也不能仅利用个人的专业特长而忽视其他工程师的经验。

（3）独立性要求。评价工作过程、评价结论不应受业主和设计人员的限制。

3. 道路交通安全评价的实施时间。道路交通安全评价应贯穿于工程系统的设计、建设、运行和退役整个生命周期的每一个阶段。

（1）阶段一：工程可行性研究阶段。

路线走向、建设标准和主要规范、考虑对现有路网的影响、出入口控制、确定交叉口数量与类型。

（2）阶段二：初步设计阶段。

对平纵横线形、交叉口进行道路安全评价。

（3）阶段三：施工图设计阶段。

对道路线形、交叉口、标志标线、信号、照明等进行道路安全评价。

（4）阶段四：开放交通之前。

对竣工道路及各类附属设施进行全面的安全检查，发现那些在图纸上难以发现的安全问题和危险路况，提出必要的整改措施。

（5）阶段五：开放交通之后运营一段时间。

现有道路的道路安全状况的调查与评价，进行道路黑点的鉴别与改造设计。

由于我国各城市交通特点和交通技术水平发展不平衡，各地可根据实际情况对交通影响评价的工作内容作出更具体的规定。

二、道路交通安全评价的流程

道路安全评价的目的是检查道路或道路建设是否存在潜在的事故风险和安全性能问题。主要流程如下：

1. 前期准备。
（1）制订评价方案；
（2）根据评价的对象和范围，排出评价时间计划表；
（3）在调查了解各评价单元的设备设施情况的基础上，制订道路交通需要提供的图纸、文件、资料、档案、数据目录；
2. 编制《评价项目及分值表》，为各单元进行定性和定量评价做准备；
3. 确定每个评价单元的抽查样本选取数量，抽样方法为简单抽样法；
4. 根据《评价项目及分值表》和评价方法，进行打分；
5. 评价小组根据现场抽查和打分结果计算各评价单元的得分；
6. 计算评价总分和确定风险水平；
7. 评级报告。

三、道路交通安全评价指标

道路交通安全评价指标是政府相关职能部门用以比较、分析和评价道路交通安全水平的度量标准，也是研究机构衡量道路安全水平，客观寻求消除安全隐患措施的度量标准。这些指标对于全面衡量和评价道路交通安全水平起着重要的作用。

用于道路交通安全评价的指标通常可分为两类，即绝对指标和相对指标。目前较为常用的绝对指标有事故次数、死亡人数、受伤人数和经济损失；相对指标有10万人口死亡率、万车死亡率、交通事故致死率、亿车公里死亡率、综合事故率、交通事故预测指标等。

（一）绝对指标

交通安全度评价绝对指标是用来反应事故总体规模和水平的绝对数量，即对符合一定统计条件的交通事故数据进行简单的累加。一般有四项，即事故次数、死亡人数、受伤人数、直接经济损失。

例如，2018年，全国共发生道路交通事故244937起，造成63194人死亡、258532人受伤，直接财产损失13.8亿元，如图8-1所示。

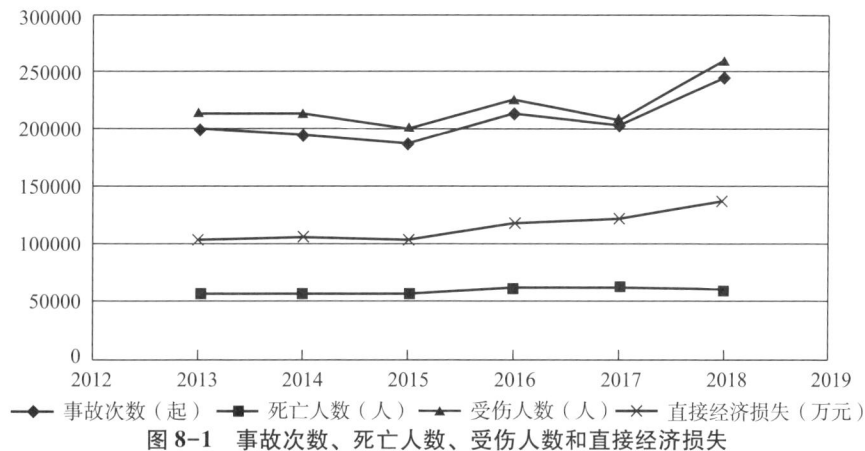

图 8-1　事故次数、死亡人数、受伤人数和直接经济损失

（二）相对指标

相对指标是通过对交通事故统计数据中有关数值进行分类对比而得出的用于揭示交通事故内部规律的指标。相对指标一般有 10 万人口死亡率、万车死亡率、交通事故致死率、亿车公里死亡率、综合事故率、交通事故预测指标等。根据交通安全度评价方法的不同，可以采用适当的相对指标来评价道路交通安全状况。

1. 万车交通事故死亡率（又称车辆事故率）。这是一定时期内，交通事故死亡人数与机动车保有量的比值，是反映交通事故死亡人数的相对指标。侧重于评价机动车数量对交通事故死亡人数的影响。

$$R_V = \frac{D}{V} \times 10^4 \tag{8-1}$$

式中：R_V——每 1 万辆机动车的事故死亡率；

　　　D——全年或一定期间内事故死亡人数；

　　　V——机动车保有量。

2. 10 万人口交通事故死亡率（又称人口事故率）。这是一定时期内，交通事故死亡人数与人口数量的比值，也反映交通事故死亡人数的相对指标。侧重于评价人口数量对交通事故死亡人数的影响。但若用于不同地区或国家，因交通环境相差较大，其可比较性较差，不适合像我国这样人口多、机动车少、路网密度低的国家。

$$R_P = \frac{D}{P} \times 10^5 \tag{8-2}$$

式中：R_P——每 10 万人的事故死亡率；

　　　D——全年或一定时期内的事故死亡人数；

　　　P——统计区域人口数。

3. 交通事故致死率。这是一定时期内,交通事故死亡人数与交通事故死亡总人数的比值,交通事故致死率综合反映车辆性能、安全防护设施、道路状况、救护水平等因素的影响,是衡量交通管理现代化及交通工具先进性的一个重要指标。

$$R_Z = \frac{D}{D+S} \times 100\% \tag{8-3}$$

式中:R_Z——交通事故致死率;

D——全年或一定时期内的事故死亡人数;

S——全年或一定时期内的事故受伤人数。

4. 亿车公里事故指标(又称运行事故率)。侧重于评价交通量对交通事故的影响,可综合反映交通工具的先进性、道路状况及道路交通管理的现代化水平,也是国外评价交通安全的常用指标之一。

$$R_N = \frac{D}{N} \times 10^8 \tag{8-4}$$

式中:R_N——1年间亿车公里事故次数或伤亡人数;

D——全年交通事故次数或伤亡人数;

N——全年总计运行车公里数。

关于车公里数,可采用以下几种计算方法:

(1) 以每辆车的年平均运行公里数乘以运行车辆数;

(2) 用道路长度乘以道路上的年交通量(或由年平均日交通量推算出年交通量);

(3) 以所辖区全年总的燃料消耗量(升)除以单车每公里平均燃料消耗量(升/车公里)。

5. 综合事故率。该故率是万车事故率与万人事故率的几何平均值,其表达式为:

$$R_{PV} = A/\sqrt{V \times P} \times 10^4 \tag{8-5}$$

式中:R_{PV}——综合事故率;

A——事故数量(起);

V——机动车保有量(量);

P——区域内总人口数(人)。

6. 交通事故预测指标,一般是对交通事故死亡人数或者事故次数进行预测。它是根据历史统计资料整理出回归方程,然后将年度参数代入,就可以求出此年度的交通事故死亡人数或交通事故次数的预测值。将此预测值与当年的实际数值比较,可以对安全状况的改善程度进行评价。

第三节　公路及城市交通安全评价概述

一、公路交通运行安全评价

公路安全性评价（Highway Safety Audit，简称 USA）是从公路使用者行车安全的角度对公路设施的规划、研究、设计成果或现有公路路况影响行车安全的潜在因素进行评价。

20 世纪 80 年代以前，世界各国多采用警告标志、限速标志、改线等措施降低运营期间的公路交通事故率，效果虽然很好，但往往需要很长时间，造成很多人员和财产损失之后才来逐步解决。如果能在交通事故发生前或在公路设施规划、研究、设计阶段就能发现公路设施存在的影响交通安全的潜在因素并加以纠正，就能大大减少人员和财产损失。公路安全评价的概念和方法就是在这样的背景下逐步形成的。1985 年前后，英国首先开始研究并逐步推广应用公路安全评价技术，并规定从 1991 年起对所有新建高速公路和汽车专用公路进行公路安全评价。1992 年以后，澳大利亚、新西兰、马来西亚、丹麦、荷兰等国家相继开展了公路安全评价的研究和应用。美国公路安全研究起步很早，1967 年 AASHTO 就发表了"考虑公路安全的公路设计与操作实践"，1974 年修改、扩充再版；1985 年建立了公路安全信息系统，积累交通事故数据，从 1990 年开始进行公路安全评价的理论研究并取得了重要的成果；1991 年形成 AASHTO 标准《道路安全设计与操作指南》，1997 年 AASHTO 又公布了《道路安全设计与操作指南》的最新版；2003 年推出了路侧安全分析程序 Roadside Safety Analysis Program（RSAP）和交互式公路安全设计程序 Interactive Highway Safety Design Model（IHSDM），使公路安全性评价从定性评价方式过渡到了定性与定量评价相结合的方式。

《公路项目安全性评价指南》（JTG/T B05-2004）中规定：在目前已开展公路安全性评价的国家，评价工作大都分为可行性研究、初步设计、施工图设计、试通车及运营五个阶段。由于我国公路基本建设阶段划分及各阶段内容深度与其他国家不尽一致，同时我国公路安全评价的研究也刚刚起步，所以暂分为可行性研究、设计和运营三个阶段。工程可行性研究、设计阶段的评价工作宜在政府主管部门对项目正式批复前完成；运营阶段的评价工作宜在竣工验收前完成。

我国公路点多、线长、面广，东西部地形地貌以及经济社会发展阶段不同带来的交通环境差异较大，对公路交通安全影响不均衡。同时，公路交通运行受恶劣天气、突发事件等不确定因素影响突出，车辆行驶速度相对较高，易导致重特大事故。世界各国安全评价实践表明，推行安全评价制度是政府为降低公路交通安全事故所采用的一种重要手段。

《公路项目安全性评价指南》(JTG/T B05-2004)中规定：公路安全评价宜采用第三方独立工作的方式进行，以达到客观公正评价的目的。通常由项目法人委托并协调。

由于高速公路和一级公路功能定位均为通达性，运行速度、交通量和公路沿线设施设置等有较高的相似性。因此将公路交通运行安全评价对象划分为高速公路和一级公路、二级及以下等级公路以及包含各类公路的区域路网三种类型。

（一）高速公路和一级公路安全评价

高速公路和一级公路的安全评价主要以运行速度为基础，对公路设计指标符合性进行安全检查，鉴别事故多发位置。一方面高速公路及一级公路由于设计规定而严格要求，道路交通沿线设施设置完善，中央分隔带都能够最大限度地避免交通冲突的产生。另一方面高速公路运行速度比较快，一旦发生交通事故，将产生严重的后果，造成经济财产损失甚至人员的伤亡。所以，高速公路安全评价重点是运行速度一致性的核查，从而检查设计指标的符合性来识别交通隐患。

高速公路和一级公路设计指标符合性检查是以保证公路运行速度协调性、设计速度与运行速度协调性为目标，对道路平、纵、横线形，道路超高、加宽、视距等指标进行符合性检查。

高速公路和一级公路相对于其他等级公路交通安全设施齐全、路面质量好、行程速度快，但发生交通事故，后果往往较为严重。根据统计数据分析事故的严重程度与车速、车速差等指标相关性较高。高等级公路车辆运行速度是驾驶员操作心理、道路设计结合线形、道路环境、汽车动力性能等因素综合作用的结果。因此，选择运行速度作为高等级公路安全评价的关键指标。

高等级公路车辆运行速度是与设计速度相对的一个概念。公路设计一致性，是指公路使用者在高等级道路正常行驶时，驾驶体验不发生突变，公路设计与驾驶体验达到一致性，从而有效降低事故发生率。其中设计速度（又称为计算行车速度），是指当气候条件良好、交通密度比较小、车辆运行只受道路本身条件影响时，中等驾驶技术的驾驶员能够保持安全顺畅行驶的最大运行速度；运行速度，是指在天气良好、路面干净潮湿和自由流状态的交通条件下，85%的驾驶人不会超过的行驶速度 V_{85}。

高速公路和一级公路的几何线形要素构成是否合理、线形组合是否协调对交通事故的发生有较大的影响。相邻路段车速差 Δv_{85} 是保证线形设计质量的关键参数,也是保证统一设计区段内,驾驶员能够采用连贯的驾驶方式行车,从而避免或最大限度地减少由于出乎意料和判断失误造成的操作错误,提高驾驶的安全性和稳定性。

高等级公路设计一致性的评价标准,联邦德国和美国分别建立了对小客车行车速度差的控制值,也就是说在路线线形设计中采用两个安全评价标准,路段间的速度连续性和实际运行速度及设计速度之间的一致性,如表8-1所示。

表8-1 公路速度连续性设计安全评价标准

评价条件	设计连续性
$\Delta v_{85} \leqslant 10$km/h	好的设计
10km/h $< \Delta v_{85} \leqslant 20$km/h	可以接受的设计
$\Delta v_{85} > 20$km/h	不良设计

注:Δv_{85}是相邻路段间的速度差。

表8-2 实际运行速度及设计速度安全评价标准

评价条件	设计速度一致性
$\mid v_{85} - v_d \mid \leqslant 10$km/h	好
10km/h $< \mid v_{85} - v_d \mid \leqslant 20$km/h	中等
$\mid v_{85} - v_d \mid > 20$km/h	不良

注:$\mid v_{85} - v_d \mid$指路段上运行速度和设计速度之差。

另外,同济大学阎莹在我国高速公路安全性服务水平的基础上,根据路段运行特征指标和安全性评价指标的关系模型,确定公路交通安全评价标准,如表8-3所示。

表8-3 基于速度的公路交通安全评价标准

评价指标 \ 安全等级	好	一般	差
车速变异系数(C_V)	$C_V \leqslant 0.031$	$0.031 < C_V \leqslant 0.046$	$C_V > 0.046$
路段车速离散度(S)	$S \leqslant 0.95$	$0.95 \leqslant S \leqslant 2.34$	$S > 2.34$
断面车速差	$\mid \Delta v_{85} \mid \leqslant 10$km/h	10km/h $< \mid \Delta v_{85} \mid \leqslant 15$km/h	$\mid \Delta v_{85} \mid > 15$km/h
车速降低系数(SRC)	$0.90 \leqslant SRC \leqslant 1.095$	$0.87 \leqslant SRC < 0.90$ $1.095 < SRC \leqslant 1.12$	$SRC < 0.087$ $SRC > 1.12$

注:涉及的公式计算作为课外的自学内容,不作详细讲解。

(二) 二级及以下等级公路安全评价

《公路标准》规定：二级及以上的干线公路应在设计时进行交通安全评价，其他公路在有条件时也可进行交通安全评价。

不同于高速公路和一级公路通达性的功能定位，二级及以下等级公路主要定位于集散性，即加强道路与周边地块的联系。由于公路的出入口较多，且受低等级公路建设预算或者现场工程条件的制约，道路沿线设施的配置相比高等级公路比较匮乏，加之不强制要求设置中央分隔带、护栏等，一定程度上提高了交通事故发生率以及严重程度。因此，二级及以下等级公路安全评价内容侧重于公路沿线设施的配置和路侧安全性核查。

二级及以下等级公路道路交通安全管理设施评价是对道路交通标志标线等安全提醒设施、防护栏隔离设施等安全防护的布局合理性以及布局完好情况进行检查。

二级及以下等级公路路侧安全性评价是以路侧宽容性为评价指标，对路侧净宽度和路侧危险规避管理措施进行安全评价，以尽可能降低驶入路侧的车辆发生二次事故的可能性和严重性。

道路交通安全管理设施的类别包括公路交通标志、公路交通标线、其他交通安全设施。公路交通标志依据国家标准《道路交通标志标线》（GB 5768-2009）实施，其中涉及公路安全标志的有警告标志、禁令标志、道路施工安全标志。涉及的其他交通安全设施包括防护栏、隔离栏、隔离设施、视线诱导设施、防眩设施等。

对二级及以下等级公路交通安全管理设施评价时，首先要检查设计是否符合标准，然后重点考核设施的设置是否符合人的生理、心理交通行为的特点以及防护要求。评价过程中应突出安全设施需设置和已设置的比例关系以及完好情况，并分析设施的设置与道路交通实际条件的结合情况，最后根据设施设计的绝对数与相对数进行综合评价。

二级及以下等级公路安全评价的另一个重点，是依据路侧设计指标和可能造成的事故后果，评测路侧安全等级，为制定公路运行安全保障措施提供参考依据。公路部门已经逐渐意识到，路侧安全设置对路侧二次事故的影响，主要是由于防护性能不足或设置不当，以及边坡和变更设计不当。因此，路侧安全的设计应作为二级以下公路设计的组成部分。

宽容性设置理念，是指当驾驶员犯错时，公路条件有足够的空间和时间来容忍，使得所犯的错误付出最小的代价，而这个时间和空间是由道路设计和管理者提供，目的是尽可能降低驶入路侧车辆发生二次事故的可能性和严重性。公路路侧宽容性设计体现了以人为本的理念，从保障人的安全和人本身的生理、心理特点出发，最大限度地保护人车安全。从设施角度来看，路侧宽容性设计需要更人性化的路侧净区来保障安全。人性化的路侧禁区是车辆驶出路外后,路侧环境应该为侵入路侧的车辆提供一个平缓且没有障碍物的空间,保障车辆和行人的安全。

(三) 区域路网安全评价

区域路网由不同功能定位和不同技术等级的公路组成,往往存在着总体容量不足、等级结构偏低、骨架不明确、空间布局不合理等诸多问题。基于区域路网的复杂性特点,其侧重于以交通事故评价指标评估路网安全状况。

区域路网交通安全评价的目的,是考察区域路网交通安全性。区域路网运行安全评价指标种类繁多,描述的侧重点各异。因此,区域路网安全评价指标选取应该可以用于不同地区之间的比较,以便发现路网存在的安全问题,采取有效措施改善路网安全状况,减少事故数量和降低事故的严重性。研究发现,事故统计指标是区域路网安全性能评价的重要指标之一,与其他指标之间相关性不同。因此,区域路网评价指标体系的建立不仅受交通事故因素影响,还要受事故本身的影响。我们将区域路网安全评价指标按数据特征,划分为绝对指标、相对指标、综合指标三部分。

绝对指标是由影响区域路网安全特性的主要因素组成,包括由人、车、路组成的交通系统和社会系统两部分。因此,将区域路网安全评价指标,划分为事故、人、车、路、社会环境五种类型。

相对指标是为了对不同区域路网安全水平进行对比而提出的。相对指标的分子由区域路网事故次数、死亡人数、受伤人数和直接经济损失构成,分母由人口数、周转量、公路当量里程构成。

二、城市道路交通运行安全评价

城市道路交通运行安全评价是从人、车、路、环境综合要素出发,以预防交通事故、降低交通事故发生的可能性和严重性为目的,对城市道路进行全方位的安全评价。因此,城市道路安全评价可定义为:在城市道路范围内,以保障道路使用者出行安全为核心,由有评价资质的第三方评价机构采用系统方法发现道路潜在安全问题,提出安全隐患解决方案的评价活动。

城市道路交通系统适用人、车、路、交通环境要素组成的动态体系,各要素都会影响城市道路交通的安全运行。其中人是影响城市道路安全的关键因素,也是最不可控因素;道路条件是城市道路安全的基础,它可以通过一定的工程措施和管理措施来改善;车辆特征决定了单车的行驶安全风险,进而影响城市道路交通安全水平;环境要素是交通运行的外部条件。城市道路交通事故中完全由单一因素引起的事故数量极少,大多数事故是由几个因素共同作用引发的。因此,城市道路交通安全是各个要素及其相互作用共同决定的。

城市道路交通运行安全特性是人、车、路、环境综合作用的结果，单一的评价指标反映单一方面的交通安全状况，不同的评价指标得出的评价结果经常出现相互矛盾的情况，加之城市道路交通安全评价具有系统性、模糊性以及复杂性等特点，往往采用综合评价方法。主要采用主成分分析法（PCA）、层次分析法（AHP）和灰色关联法进行城市道路安全评价，进一步确定城市道路交通安全评价方法的特点及使用范围。

思考题

1. 分析道路交通安全评价的作用
2. 道路交通安全评价的指标有哪些？
3. 简述道路交通安全评价的流程。

参考文献

1. 《公路工程技术标准》（JTG B01-2014）。
2. 《公路交通安全设施设计规范》（JTG D81-2017）。
3. 《公路交通安全设施设计细则》（JTG/TD81-2017）。
4. 《公路路线设计规范》（JTG D20-2017）。
5. 《城市道路工程设计规范》［CJJ37-2012（2016 年版）］。
6. 《城市道路工程技术规范》（GB51286-2018）。
7. 《城市道路交通设施设计规范》（GB50668-2011）。
8. 《道路交通标志和标线》（GB 5768-2019-1.2.3.4.5.6.7.8）。
9. 《公路交通标志和标线设置规范》（JTG D 82-2009）。
10. 《城市道路交通标志和标线设置规范》（GB 51038-2015）。
11. 《道路交通信号控制机》（GB 25280-2016）。
12. 《道路交通信号灯设置与安装规范》（GB 14886-2016）。
13. 《城市公共交通"十三五"发展纲要》。
14. 《城市综合交通体系规划标准》（GB/T51328-2018）。
15. 公安部交通管理局、公安部交通管理科学研究所：《道路交通信号灯与交通标志标线规范设置应用指南》，2017 年版。
16. 张雪梅等编著：《道路交通管理警务基础教程》，山西人民出版社 2018 年版。
17. 唐琤琤等编：《道路交通标志和标线手册》，人民交通出版社 2009 年版。
18. 蔡果、何树林：《道路交通工程》，中国人民公安大学出版社 2018 年版。
19. 张秀娟主编：《公路工程基础》，人民交通出版社 2016 年版。
20. 苏志忠编著：《道路与桥梁工程概论》，人民交通出版社 2017 年版。
21. 王连威主编：《城镇道路与市政工程》，人民交通出版社 2017 年版。
22. 郝瑞娜主编：《城市交通概论》，人民交通出版社 2017 年版。
23. 韩伟、李洋编著：《道路工程与交通管理设施》，中国人民公安大学出版社 2016 年版。

24. 吴继锋：《道路工程概论》，机械工业出版社 2018 年版。

25. 蔡果、何树林主编：《道路交通工程》，中国人民公安大学出版社 2015 年版。

26. 邵春福：《城市交通概论》，北京交通大学出版社 2016 年版。

27. 郝美英：《高速公路管理概论》，山西出版集团、山西科学技术出版社 2011 年版。

28. 许林新、苑仁腾：《基于模糊层次分析的道路交通安全评价研究》，载《北方交通》2019 年第 3 期，第 31-34 页。

29. 张晓博、刘朝峰、杜丽衡、贾慧、王子铭：《基于改进灰色关联法的安徽省道路交通安全评价》，载《河北工业大学学报》2019 年第 3 期，第 60-66 页。

30. 余豪、周江红：《基于 SEM 的道路交通安全评价研究》，载《公路与汽运》2019 年第 5 期，第 35-38 页。

31. 宋传增等主编：《道路线形安全分析与评价应用》，中国建筑工业出版社 2019 年版。

32. 刘君：《道路交通运行安全评价理论与实践》，人民交通出版社 2015 年版。

33. 裴欣：《道路交通安全评价技术与方法》，北京交通大学出版社 2013 年版。

34. 唐琤琤：《道路交通安全评价技术》，人民交通出版社 2008 年版。

35. 张殿业：《道路交通安全管理评价体系》，人民交通出版社 2005 年版。

36. 邵春福、张旭等：《城市交通设计》，北京交通大学出版社 2016 年版。

37. 吴继锋：《道路工程概论》，机械工业出版社 2018 年版。

38. 徐家钰、程家驹编著：《道路工程》，同济大学出版社 2004 年版。

39. 《公路项目安全性评价指南》（JTG/T B 05-2004）。

40. 李跃青、张贵：《浅谈〈公路工程技术标准〉的地位和发展方向》，载《公路》2015 年第 8 期，第 181-184 页。